Wanderwege in Skandinavien

Klaus Betz

Wanderwege in Skandinavien

Norwegen, Schweden, Finnland

Bruckmann München

Schutzumschlag Vorderseite:
Mittsommernächtliche Stimmung im Lurfjellet,
zwischen Saltfjell und Saltfjord bei Bodö gelegen;
im Vordergrund links: der Åselitindan mit 1176 Meter Höhe.

Schutzumschlag Rückseite:
Oben links: Voll bepackte Wandergruppe zu Beginn
ihrer Tour.
Oben rechts: Im schwedischen Rogen-Naturreservat.
Unten links: Spätherbst in der Hardangervidda.
Die frischgefangenen Bergforellen werden gewaschen
und inwendig gesalzen. So bleiben sie noch
tagelang haltbar.
Unten rechts: Das Rapa-Delta im Frühsommer,
morgens um fünf Uhr (siehe auch untenstehenden Hinweis
zu Seite 2/3).

Vorsatz: *Die Rentiere ziehen sich an heißen Sommertagen*
auf die kühlenden Schneefelder im Hochgebirge zurück.

Nachsatz: *Die Fischersiedlung Reine auf den Lofoten.*

Seite 1:   *Im weiten Lappland unterwegs.*
Der Rucksack ist für zwei Wochen »Natur« gepackt.

Seite 2/3:   *Der Rapaätno bildet ein ausgedehntes Delta,*
bevor er sich bei den Aktse-Hütten mit dem Laitaure-See
vereinigt. Blick vom Skierfe-Gipfel am Kungsleden III.

Seite 6/7:   *In der Stille eines Septembermorgens.*
Die Sarek-Berge spiegeln sich im Laitaure-See.

CIP-Titelaufnahme der Deutschen Bibliothek

Betz, Klaus:
Wanderwege in Skandinavien: Norwegen, Schweden,
Finnland / Klaus Betz. – 2., verb. Aufl. –
München: Bruckmann, 1988
ISBN 3-7654-2183-9

2., verbesserte Auflage 1988
© 1984 F. Bruckmann KG, München
Alle Rechte vorbehalten
Herstellung: Bruckmann München
Printed in Germany
ISBN 3-7654-2183-9
(ISBN 3-7654-1879-X, 1. Aufl.)

Inhalt

Vorwort

Eine rasante Ski-Abfahrt in den Alpen ist noch immer meine Schwäche. Seit ich jedoch vor zehn Jahren das erste Mal nach Skandinavien reiste – für eine Reportage über »Wilderness-Training« in Nordschweden –, habe ich kein einziges Mal mehr die Alpen besucht, wenn ich in der Natur sein wollte. Skandinaviens große Wildnis, überaus frei und unerhört schön, ist mir heute zur vielgeliebten Heimat geworden: zu einer »Mutter Natur«, von der ich jedes Jahr lerne, für die ich andererseits aber auch noch etwas tun kann. Nicht zuletzt mit und in diesem Buch.

Bei ihrer riesigen Ausdehnung ist der Natur Skandinaviens scheinbar nichts anzuhaben. Tatsächlich ist es dort oben genau so, wie man sich als Mitteleuropäer für gewöhnlich nur Kanada oder Alaska vorstellen kann. Doch auch die Wohlstandsgesellschaft in der »meist zivilisierten Wildnis von Europa« fordert ihren Tribut. Keines der skandinavischen Länder hat schließlich auf eine Industrialisierung, keines hat auf den Bau von unzähligen Wasserkraftwerken und Staudämmen, auf die Abholzung riesiger, uralter Wälder verzichtet. Und seit Tschernobyl haben wir lernen müssen, in völlig neuen Dimensionen zu denken (siehe dazu Seite 160). Da ich jedoch, statt bei den »Institutionen«, lieber beim Menschen beginnen will, möchte ich hier ein ganz simples Beispiel der Zerstörung geben, die von uns Wanderern verursacht wird: Würde man auf einen Blick, aus der Luft, alle skandinavischen Feuerstellen sehen können, die von Wanderern, Fischern und Jägern vor zehn Jahren verursacht wurden, der Schreck wäre groß. Sie sind immer noch gut zu erkennen, weil Wälder, Berge und Seen als untereinander verbundene Biotope im Norden mindestens zehnmal empfindlicher sind als irgendeine klimatisch verwöhnte, »fette« Landschaft in südlicheren Breitengraden. Kurz gesagt: Wo man einmal kräftig hintritt, wächst so schnell kein Gras mehr.

Die Tourenauswahl zu diesem Buch richtet sich zunächst an dem Wunsch aus, den jeder von uns natursuchenden Mitteleuropäern hat: Einmal für ein paar Tage oder auch Wochen in der Natur zu sein, ohne schon nach Stunden wieder auf Straßen oder Siedlungen zu stoßen. Wer diese Auswahl aufmerksam studiert, wird selbst entdecken, welche zum Teil wochenlangen Kombinationsmöglichkeiten bestehen, unabhängig davon, ob man per Auto, Bus oder Zug anreist. Das »Colorit« der Touren, etwa durch Fauna und Flora, durch die leuchtenden Herbstwälder, rauschenden Wasserfälle, hohen Berge und wirklich weiten, weiten Täler, es kam oder kommt ohne mein geringstes Zutun. Das ist dann der Norden! Aber auf zwei Dinge habe ich, obgleich es nicht einfach war, geachtet: Nur sehr, sehr wenige Touren-Bereiche liegen in der Nähe von Staudämmen oder aufgestauten Seen (das haben wir ja schließlich auch zu Hause), und fast alle Touren führen in oder durch Nationalparks hindurch.

Gleichwohl vermeide ich es, durch allzu popularisierende Beschreibungen schädliche Schwerpunkte zu setzen. Wie sich so etwas auswirkt, zeigt das Beispiel des schwedischen Sarek-Nationalparks (durch den es im übrigen keine Wanderwege gibt, der hier also auch nicht besprochen wird). Er galt solange als das Insider-Geheimnis, als die »Wildnis-Bewährungsprobe«, als die »letzte Wildnis Europas«, bis er das übliche Schicksal eines solchen Mekkas erlitt: er ist überlaufen; im Rapa-Tal sogar total überlaufen.

Viele würden daher so manche Gebiete am liebsten sperren. Ich bin für Offenhalten, weil ich weiß, daß es am Menschen selbst liegt, Schaden zu vermeiden. Sein falsches Verhalten in der Natur beruht oft auf Unkenntnis und Unsicherheit, letztlich auf verlernten Fähigkeiten. Es ist vielleicht tröstlich, daß ein Durchschnitts-Stockholmer für gewöhnlich auch nicht mehr über Lappland weiß als ein Durchschnitts-Düsseldorfer. Dennoch darf es nicht sein, daß man als Besucher nur genießt, darüber aber die Probleme verdrängt, die in 20 Jahren bereits nicht mehr lösbar sind. Mir persönlich sind deshalb die Wanderer immer noch lieber, die, mit 18 bis 22 Kilo bepackt, von Hütte zu Hütte gehen und langsam die notwendigen Erfahrungen sammeln, als die berüchtigten 30- bis 35-Kilo-Rucksack-Bären, deren Konservendosen-Spur ich verfolgen kann.

Beim Wandern in Skandinavien geht es hauptsächlich darum, zu erfahren, zu erahnen, wie es bei uns einstmals ausgesehen hat: – Deutschland mit Sümpfen, Wäldern, Bären, Auerhahn, Elchen – und wie man hierzulande etappenweise, ohne es zu bemerken, die Natur abgeschafft hat. Erst wer dies weiß und also wahre Natur wiederentdeckt, ist bereit, für sie zu streiten. Demnach wäre für mich dieses Buch auch erst dann ein Erfolg, wenn der Leser nun nicht gleich fragen würde: »Was ist das interessanteste Gebiet?«, sondern akzeptieren könnte, daß es viele interessante Gebiete gibt – jedes auf seine Weise großartig – und eben nicht nur einen Sarek.

Der Wanderer in Skandinavien sollte sich nicht verpflichtet fühlen, einen Weg, genau wie hier vorgeschlagen, in einer bestimmten Zeit gehen zu müssen oder gegangen zu sein. Meine Angaben dienen lediglich der Urlaubsplanung und Vorbereitung. Denn Skandinaviens Natur braucht Zeit, braucht Mut, braucht mitfühlende Menschen. Dies ist also meine große Bitte:

Man muß niemandem etwas beweisen,
einzig der Natur schuldet man allen Respekt!

»Zur vielgeliebten Heimat geworden:
Skandinaviens große Wildnis, überaus frei und unerhört schön!«

Zehn Schritte bis zum Aufbruch

Da wir niemandem etwas beweisen müssen, können wir herrlich unbelastet beginnen und jede rein sportliche Forderung beiseite legen. Gefordert werden wir, aber es besteht mit Sicherheit kein Muß zur verkrampft erzwungenen Leistung. Der Aufenthalt in der nordischen Natur setzt zwar genau wie in den Alpen Wissen voraus, zähe Bereitschaft und gute Kondition, aber er hat rein gar nichts mit pseudo-expeditionsähnlichen Tests zu tun, denn dieses »Gelobt sei, was hart macht« ist eine Mär. Also versuchen wir einmal in zehn Schritten, das Wissen zu vermitteln, den Weg zu finden, der in die Natur führt.

1. Schritt: Der Unterschied zu den Alpen

Mit Ausnahme von Südnorwegen ist ein direkter Vergleich mit alpinem Bergwandern oder Bergsteigen nicht möglich. Wenn es Ähnlichkeiten gibt, dann die zum »Trekking«, mit je nach Region leicht bergsteigerischen Einlagen. In der Regel folgt man den Flußläufen oder Tälern. Ein Gebirgsmassiv, ein Hoch-Plateau oder einen Paß überquert man erst, wenn es durch die Geländeformation praktisch erzwungen wird bzw. wenn das angestrebte Tagesziel auf der anderen Seite des Berges liegt. Das sind dann herrliche Panorama-Touren ohne den Charakter von schwierigen Gratwanderungen. Hauptkriterium für die Schwierigkeit einer Tour ist immer die Distanz von Hütte zu Hütte oder Lagerplatz zu Lagerplatz bzw. der voraussichtliche Aufwand an Stunden. Erst in zweiter Linie ist dabei die Überwindung von Höhenunterschieden maßgeblich (Südnorwegen ausgenommen).

Die Wanderwege führen selten über Berge, die so steil sind wie in den Alpen. Viele haben sich schließlich aus Wildwechseln oder Rentierpfaden entwickelt, und das sind immer noch die Wege des geringsten Widerstandes. Lediglich die Norweger geben wegen ihrer alpinen Tradition die Gehzeiten in Stunden an. Finnen und Schweden aber rechnen mit Kilometern. Es läßt sich für alle drei Länder relativ leicht ein Richtmaß ermitteln: Untrainierte sollten nicht mehr als drei Kilometer und Durchtrainierte nicht mehr als vier Kilometer pro Stunde veranschlagen.

Fast alle in diesem Buch beschriebenen Wanderwege sind markiert. Wenn abschnittsweise einmal die Markierung fehlt oder schlecht sichtbar ist, wird in der Tourenbeschreibung detailliert darauf hingewiesen. Bei einigen Flüssen oder Seen muß man mit dem Ruderboot übersetzen. Eiserne Regel: An jedem Ufer liegt und hat wieder ein Boot zu liegen. Man muß also dreimal rudern! Na, . . . klar?

Um gleichwohl Beurteilungskriterien zu schaffen, habe ich drei **Schwierigkeitsgrade** gebildet:

leichte Tour: bis zu 5 Std. (15 km) Gehzeit
mittelschwere Tour: bis zu 8 Std. (24 km) Gehzeit
schwere Tour: bis zu 12 Std. (36 km) Gehzeit

So kann sich jedermann ausrechnen, wenn er die Angaben in den Tourenbeschreibungen studiert, was auf ihn zukommt. Noch eines: Mitteleuropäer haben am Anfang einige Probleme, mit den *Dimensionen* zurechtzukommen. Was in den Alpen ein ganzes Gebirgsmassiv ist, kann in Lappland mitunter nur ein einzelner Berg sein; Berge und Bergrücken, die man glaubt, in zwei Stunden zu erreichen, sind daher manchmal einen ganzen Tagesmarsch weit weg.

Für Familien: Es ist durchaus möglich, mit Kindern zu wandern, allerdings empfehle ich eine Altersgrenze von »nicht unter zwölf«. Ab mittelschweren Touren würde ich auf »nicht unter vierzehn« heraufgehen. Von schweren Touren rate ich vollkommen ab, weil hier die Grenze bis zur körperlichen Verausgabung schneller erreicht ist, als man denkt. Allerdings: Je leichter der Rucksack, um so größer die Leistungsfähigkeit.

2. Schritt: Ausrüstung

Alles steht und fällt mit dem Wetter. Die scheinbar härteste Wildnis-Tour abseits von Wegen kann harmlos sein, wenn das Wetter mitspielt. Die scheinbar harmloseste Wanderung entlang der markierten Pfade kann sehr hart werden, wenn es tagelang stürmt oder regnet. Demnach hat der Satz: »Es gibt kein schlechtes Wetter, es gibt nur schlechte Ausrüstung« im Norden noch wesentlich mehr Bedeutung als hier im Süden. Oft ist man ja mehrere Tagesmärsche von der nächsten Ortschaft entfernt.

Die Ausrüstung bleibt im Grunde immer dieselbe, egal ob man nun drei oder acht Tage unterwegs ist. Lediglich bei Zelttouren kommen Kocher, Zelt und andere Lager-Utensilien hinzu. Der jeweilige Gewichtsunterschied wird in der Regel nur von Lebensmitteln verursacht, nicht aber von Ausrüstungsteilen! Und damit zunächst zu Gegenständen, die mir für Skandinavien-Neulinge am wichtigsten erscheinen.

Erfreulicherweise muß ich mich über **Zelte** am wenigsten auslassen. Ich habe noch keinen Deutschen getroffen, der sich mit einem billigen, sturmuntauglichen oder schwergewichtigen Zelt nach Skandinavien getraut hat. Nicht so mit dem Rucksack.

Benötigt wird ein gut verarbeiteter und gut vernähter **Tragegestellrucksack**. Was hie und da als preisgünstiger »Interrail«-Rucksack angeboten wird, ist für unser Vorhaben absolut untauglich. Der Rucksack sollte ein Volumen von zwischen 50 und 70 Litern haben, je nach körperlicher Statur des Trägers. Wichtig ist, daß er hoch sitzt. Der Rucksack selbst hat nichts auch nur in der Nähe des Gesäßes zu suchen, nur die unteren Enden des Tragegestells dürfen so weit herunterreichen. Sehr wichtig: Das spätere Gewicht muß von einem *echten* Hüfttragegurt auch auf die beiden Hüftknochen übertragen werden, da wir das Gewicht auf vier Punkte – Schultern und Hüften – verteilen. Und übrigens, das Benutzen von Hüfttragegurten wird die ersten zwei Tage etwas schmerzen. Die Hüftknochen sind diese Art von Gewichtsbelastung nicht gewohnt.

Gummistiefel oder Bergstiefel? Um (m)ein jahrelanges Hin und Her kurz zu machen: den idealen Stiefel gibt es nicht. Zwar verstehe ich jeden, der sich von sogenanntem »festem Schuhwerk« nicht trennen will, aber Tatsache ist, daß nur bei etwa 10 bis 15% aller Touren Bergstiefel eindeutig besser sind. Früher oder später wird fast jeder zu Gummistiefeln überlaufen, weil er die nassen Füße satt hat. Im übrigen sollten die Gummistiefel, die man dort oben zum Wandern trägt, nicht irgendeine Billigware aus dem Supermarkt sein. Ich muß allerdings gestehen, daß ich augenblicklich mit einem recht teuren Kompromiß – meinen kombinierten »Gummibergstiefeln« – wandere und im Winter damit auch Ski fahre. Die Schuhe sind im Aussehen den Fallschirmspringer-Stiefeln ähnlich, im Bereich des Fußes stabile Gummistiefel, aber der Schaft ist aus Leder.

Kocher: Esbit- und Gaskartuschen-Kocher verlieren jeden Vergleich, weil es im Gegensatz zur leidigen Stiefelfrage hier nur einen Favoriten gibt; es ist ein mit Spiritus betriebener Sturm-Kocher schwedischer Herkunft. Er ist in fast allen deutschen Sportgeschäften erhältlich. Das Gerät ist leicht, unempfindlich, einfach zu bedienen, funktioniert bei Sturm und großer Kälte tatsächlich (Spiritus gefriert erst bei minus 90 Grad Celsius), ist im Notfall auch ein kleiner Heizofen und rundherum einfach nicht mehr zu verbessern.

Wollhosen: Welche Produkte auch immer in letzter Zeit auf den Markt gekommen sind, es gibt eigentlich nichts Besseres als eine Hose aus 100% reiner Wolle. Wer's nicht glaubt, sollte einmal nach einem Test in der Badewanne der Wollhose beim Trocknen zuschauen. Wer's immer noch nicht glaubt, wird bei stürmischem Regenwetter oder nach einem Sturz in einen kalten Bach erleben, daß eine durchnäßte Wollhose dennoch wärmt und am Bein zu trocknen beginnt!

3. Schritt: Rucksackpacken

Der Schwerpunkt im Rucksack liegt oben. Nur bei Flußüberquerungen sollte man manchmal doch nach unten umpacken, damit der Rucksack einen nicht vornüber stürzen läßt, falls man ausrutscht. Das erträgliche Maximal-Gewicht für Männer liegt zwischen ca. 20 und 25 Kilo, für Frauen bei 15 bis 18 Kilo, bei Kindern und Jugendlichen hängt es von Körperbau und Alter ab, kann aber zwischen 8 und 14 Kilo veranschlagt werden. Für die »starken Männer« sei gesagt, daß jedes Kilo über 25 doppelt wiegt und Gelenke, Bänder und Meniskus dadurch enorm beansprucht und gefährdet werden. Im übrigen gibt es selbst bei einer zehntägigen Wanderung selten einen Grund, auf über maximal 25 Kilo zu kommen.

Mein Rucksack ist in der Regel – schematisch gesehen – so gepackt (fast jeder einzelne Gegenstand wasserdicht verpackt):
1. Schlafsack, 2. Isoliermatte, 3. Fotoausrüstung/Fernglas, 4. Filme, 5. je 2 Objektive in Köchern, 6. Kleinteile wie Streichhölzer, Kompaß, Schleifstein etc., 7. Ersatzkleidung, 8. Ersatzkleidung, 9. Apotheke, Nähzeug, 10. Waschzeug, 11. Eßwaren, Beutel wasserdicht, Grün=Abendessen, 12. Eßwaren, Beutel wasserdicht, Blau=Lunch, 13. Eßwaren, Beutel wasserdicht, Rot=Frühstück, 14. Campschuhe, 15. Kocher mit Töpfen und Arbeitshandschuhen, 16. Anorak und Pullover, 17. Zelt, 18. Spiritusflasche, 19. Beil, 20. Alu-Tasse, 21. Besteck, 22. Handschuhe und Mütze, 23. Regenüberzug, 24. Schnüre, Riemen, Zange etc., 25. Karten, Geld, Schlüssel (Außentasche), 26. evtl. Angel, 27. Kleiner Spaten, 28. Rucksack-Regenschutz.

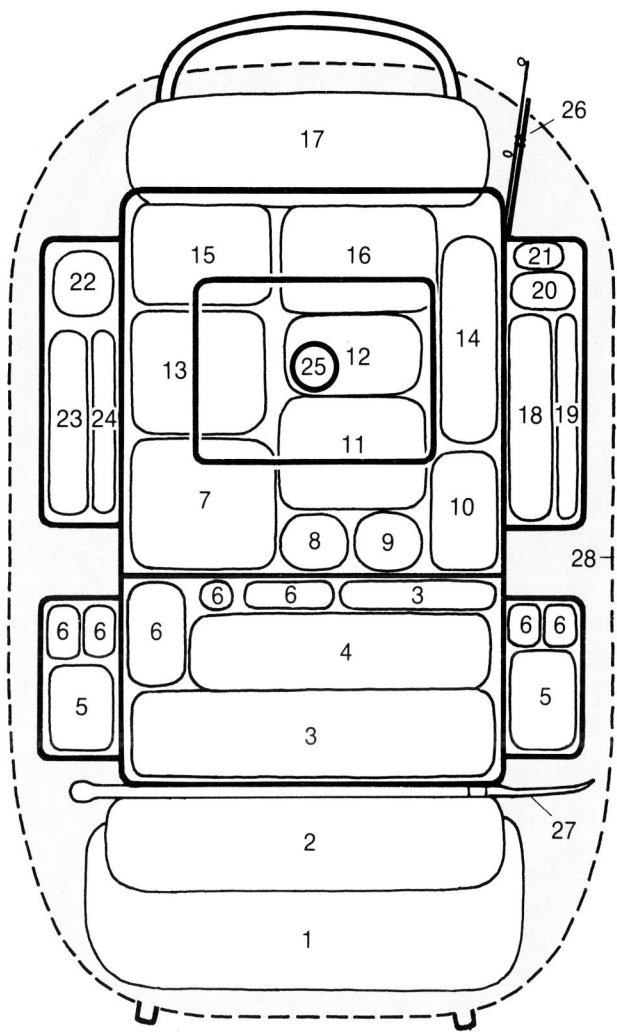

Nur müssen wir uns angewöhnen, mit jedem einzelnen Gramm so lange zu geizen, bis es fast zum Spleen wird.

Folgende Abbildung:
Die Hardangervidda im Abschnitt zwischen den Torehyttene und Stavali; mit Blick auf den Holmavatnet-See.

Meine **Ausrüstung (Rucksack-Packliste)** umfaßt folgende Gegenstände, Kleidung, die man angezogen hat, mitgezählt:

	Gegenstand	Hütten-tour	Zelt-tour	Hütten-Skitour
Kleidung	Gummistiefel oder komb. Stiefel	1	1	1
	Campschuhe/Turnschuhe	1	1	1
	Strümpfe, wollene, knielang	2	2	2
	Socken, kurz	2	2	2
	Gamaschen, baumwollene, knielang (wenn keine Gummistiefel)	1	1	1
	Wollhose (Kniebund oder lang)[1]	1	1	1
	Überzughose (leicht, wind- und wasserdicht)	1	1	1
	Thermohose, Skihose	–	–	1
	Hemden, wollene, lang	2	2	2
	Pullover, dünne[2]	2	2	2
	Unterhosen, kurz	2	2	2
	Unterhosen, lang	2	2	2
	Unterhemden, kurz- oder halbärmlig	2–3	2–3	2–3
	Mütze, Skimütze	1	1	1
	Strumpfmaske für Gesicht, Wolle	–	–	1
	Fingerhandschuhe, Wolle	1	1	1
	Fausthandschuhe	–	–	1
	Regenhut	1	1	–
	Regenschutz-Jacke, leicht, kein Poncho!	1	1	1
	Daunenjacke[3]	1	1	1
	Anorak, windabweisend und wasserdicht[3]	1	1	1
Tourenmaterial	Tragegestellrucksack	1	1	1
	Rucksack-Regenschutz (Nylon-Überzug)	1	1	1
	Schlafsack (Daunen oder moderne Synthetik)[4]	1	1	1
	Schlafsack-Schutzhülle, wasserdicht	1	1	1
	Isoliermatte, ca. 10 mm stark	1	1	1
	Alu-Rettungsfolie	1	1	1
	Skier mit Kabel-Bindung	–	–	1
	Skistöcke	–	–	1
	Ersatz-Skispitze	–	–	1
	Skiwachs	–	–	1
	Reserve-Bindungskabel	–	–	1
	Halstuch	–	–	1
Kleinteile	Befestigungsriemen, je 1 m	2–4	2–4	2–4
	Materialsäcke (wasserdicht)	5–6	5–6	5–6
	Tasse (Aluminium, auskochbar!)	1	1	1
	Alu-Topf, klein, mit Topfgriff[5]	1	–	1
	Messer und kleiner Schleifstein	1	1	1
	Löffel	1	1	1

	Gegenstand	Hütten-tour	Zelt-tour	Hütten-Skitour
Kleinteile	Moskitoschutz (schwedisches »Dschungelöl«)	1	1	–
	Waschzeug	1	1	1
	Seife (alkalifrei, PH 5,5)	1	1	1
	Taschentücher (Stoff)	2	2	2
	Notizblock mit Bleistift	1	1	1
	Fotoapparat, Filme, Fernglas	nach eig. Ermessen		
	Gletscherbrille	–	–	1
	Sonnenbrille	1	1	1
	Geld, Ausweis, Schecks[6]	1	1	1
	Ersatz-Plastiktüten	3–5	3–5	3–5
Gruppenmaterial für 2 Personen	Zelt	–	1	–
	Windsack	–	–	1
	Wanderkarten	1	1	1
	Kompaß	1	1	1
	Hüttenschlüssel (nur Norwegen)	1	–	1
	Toilettenpapier (wasserdicht verpackt)	1	1	1
	Klein-Spaten, leicht! (zum Toilettenbau)	–	1	–
	große Alu-Schneeschaufel (für Notbiwak)	–	–	1
	Sturmkocher mit Töpfen und Griff[7]	–	1	1
	Brennspiritus in Plastik- oder Metallflasche[8]	–	1	1
	Arbeitshandschuhe[9]	–	1	1
	Apotheke (Minimum)	1	1	1
	Kerze	2	2	2
	kleine Taschenlampe	1	1	1
	kleines Beil, leicht aber stabil	1	1	1
	evtl. Faltsäge	–	1	1
	Sonnenschutz-Creme, Lippenschutz-Creme	1	1	1
	Nähzeug, Sicherheitsnadeln	1	1	1
	Schuhputzzeug, Lederfett (nicht bei Gummistiefeln)	1	1	1
	Schnüre, Zeltschnüre (10 m)	1	1	1
	Reepschnüre, je 4 m (evtl. auch Karabiner)	2–4	2–4	2–4
	Stahldraht, dünn	1	1	1
	Kombizange für Reparaturen	1	1	1
	Feuerzeug	1	1	1
	Sturmstreichhölzer (wasserdicht verpackt)	1	1	1
	Angelzeug nach eigenem Ermessen	1	1	–

Plus Lebensmittel:
Grobe Rechnung = pro Tag, pro Person 1 Kilo

Anmerkungen zur Rucksack-Packliste

[1] Wer eine Wollhose hat, benötigt (im Sommer) keine Ersatzhose.

[2] Zwei dünne Pullover sind immer besser als ein dicker (Luftschichten).

[3] Man muß selbst entscheiden, ob man eine Daunenjacke oder einen Anorak mitnehmen will, um die Regenschutz-Jacke zu sparen. Im Sommer ist nur Regen der Hauptgegner, und es kommt auf wasserdichtes aber atmungsaktives Material an. Im Winter ist der beißende Wind in Gemeinschaft mit Naßschnee oder Regen das große Problem. Es kommt auf windundurchlässige und wasserdichte Kleidung an. Darunter dann erst wärmende Kleidung.

[4] Bei sommerlichen Hütten-Touren ist in Schweden und Norwegen kein Schlafsack erforderlich. Jedoch immer ein sogenannter »Juhe-Schlafsack« (Leinenlaken). In Finnland sind die Hütten nahezu immer ohne Decken ausgestattet, also Schlafsack mitnehmen.

[5] In finnischen Hütten benötigt man immer ein komplettes Kochgeschirr. Auf schwedischen und norwegischen Hütten ist alles vorhanden. Nur – was macht man, wenn man hungrig wie ein Bär ankommt, eine zuvor eingetroffene Gruppe gerade ißt und deshalb noch keine Töpfe gespült sind? Eben, den kleinen Topf aus dem Rucksack holen und kochen.

[6] Geld benötigt man immer (Hüttengebühren!). – Ausweis und Schecks: Es muß nicht immer ein schrecklicher Unfall sein, aber wer sich ein Gelenk verstaucht oder eines der Bänder überdehnt, sollte seiner Gesundheit zuliebe ausfliegen.

[7] Auf den Hütten gibt's – außer in Finnland – auch Teller. Auf einer Zelttour erspare ich mir diesen Luxus und esse aus den Töpfen. Auf einer Skitour von Hütte zu Hütte habe ich den Sturmkocher nur für ein mögliches Not-Biwak (Schneeschmelzen) dabei.

[8] Pro Tag kann man pro Person mit etwa 0,2 l Spiritus-Verbrauch rechnen, im Sommer die Hälfte. (Deutscher Spiritus brennt besser.)

[9] Bei dauerndem Kochen über offenem Feuer sollte man seinen Händen lieber Arbeitshandschuhe gönnen.

Ein Stock stützt wie ein dritter Fuß. Nicht nur, wie aus dem nebenstehenden Bild zu sehen ist, um den Rucksack griffbereit aufrecht zu stellen, sondern bei Flußdurchquerungen, im glitschigen Gelände. Er verhindert das Versinken im Moorgelände (abseits von Wegen), und schließlich läßt sich aus zwei Stöcken immerhin eine brauchbare Tragbahre, zum Beispiel zur Rettung von Verletzten, herstellen. Wie aber jeder Orthopäde bestätigen wird – ein Stock ist der beste Freund der Kniebänder, die ansonsten, um Stolperschritte oder einen Sturz abzufangen, schnell überdehnt werden.

4. Schritt: Ernährung

Es ist in ganz Skandinavien kein Problem – auch in abgelegeneren Ortschaften –, Lebensmittel zu bekommen. Siehe auch Tourenbeschreibungen.

Von Beutel-Suppen und Trockenobst abgesehen, bin ich weder für dehydrierte Lebensmittel (höchstens als Notproviant) noch für Konserven. Also ist meine Rucksacklast entscheidend vom Gewicht ganz normaler Lebensmittel bestimmt. Allerdings mit dem Vorteil, daß es von Tag zu Tag rapide abnimmt. Meist starte ich für eine achttägige Hüttentour mit ca. 23 Kilo Rucksack-Gewicht und ende nach Verbrauch der Lebensmittel bei ca. 15 Kilo (inkl. ca. 3 Kilo Fotoausrüstung!).

Alle Lebensmittel werden aus der Originalverpackung herausgenommen und in wasserdichte Frischhalte-Beutel verpackt. Danach erfolgt ein erneutes Verpacken in je einen wasserdichten roten (Frühstück), blauen (Lunch/Rast) und grünen (Abendessen) Materialsack. Hier eine Eßwaren-Auswahl:

Frühstück: Cornflakes (zerkleinert) mit Müsli vermischt, Trockenmilch, Zucker, Kakaopulver, Dextrose, Kaffee;

Lunch/Rast: Knäckebrot, Trockenobst div. Sorten, Haselnüsse, Käse, Schokolade;

Abendessen (Hauptmahlzeit): Suppen, Kartoffelbrei, Mehl, Spaghetti, Nudeln, Reis, Soja-Gerichte (Fleisch, Gulasch, Frikadellen), Margarine, Puddingpulver (Trockenmilch!), Trockenzwiebeln, Soßenwürfel, Bouillon-Würfel, Backpulver (für Fladenbrot), Salz, Beuteltee;

Pilze können eine sehr schmackhafte Ergänzung des Speiseplans sein. Allerdings sollte man die eßbaren und giftigen Pilze Skandinaviens genau kennen. Sonst gilt: Im Zweifelsfall nie!

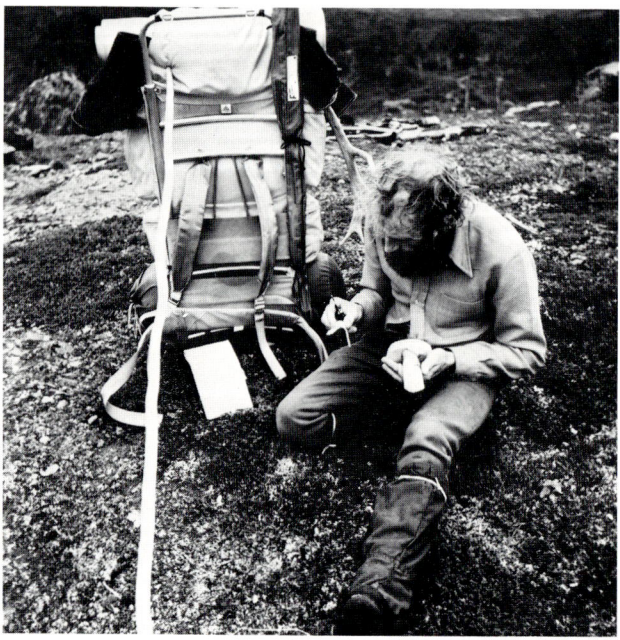

Als Notproviant: Gemüseeintopf (Beutel)
Unterwegs: Fast überall Trinkwasser, evtl. Fische, frische Beeren, Pilze. »Tschernobyl« siehe S. 160.
Ich habe es mir angewöhnt, mit einer stets gleichen Maßeinheit (z. B. meine große Alu-Tasse, 300 ccm) den voraussichtlichen Bedarf an Lebensmitteln auszuloten und aufzuschreiben. Am Anfang hatte ich immer etwas zuviel dabei. Heute sehe ich auf meiner Liste nach und lese: »4 (Alu-)Tassen Zukker/2 Pers./4 Tage«.

Fischen/Angeln: Wer angeln will, muß sich vor Beginn einer jeweiligen Tour bei den örtlichen Touristenbüros oder Hotels erkundigen und die jeweils notwendige Angellizenz erwerben. In Lappland sind die Seen oft auch Eigentum der Samen, die aber via Behörden bestimmte Seen – meist entlang von Wanderrouten – saisonal abgetreten haben.

5. Schritt: Karten, Vereine – Mitgliedschaften

Verwendet werden nur topographische Karten. Die schwedischen Karten sind hervorragend, trotz eines Maßstabs von 1:100 000. Die norwegischen Karten (1:50 000) sind recht gut, aber manchmal auch veraltet bzw. ohne Kennzeichnung über den Verlauf der Wanderwege oder die Lage der Hütten (Nordnorwegen). Die finnischen Wanderkarten (1:50 000) sind gut. Wer in Norwegen die Grenzgebiete zu Schweden durchwandert, kauft sich besser die schwedischen Karten. Das Nachbarland leistet sich nämlich den Luxus, weite Teile der norwegischen Grenzgebiete ebenfalls zu kartographieren, inkl. aller Angaben über Verlauf der Pfade und Lage der Hütten. Da 1986 in Schweden (schon wieder) neue Karten mit neuen Bezeichnungen erschienen sind, haben wir dies in der jeweiligen Tourenbeschreibung im »Tourenschlüssel« berücksichtigt. Damit aber Besitzer von Karten aus den Jahrgängen 84/85 nicht glauben, sie müßten ihr »altes« Kartenmaterial wegwerfen, haben wir auch die alten Bezeichnungen (in Klammern) beibehalten. So ist vergleichbar, was was war bzw. ist. Und dann kann immer noch vor Ort entschieden werden, ob eine neue Karte notwendig ist.

Bezug der Karten

Alle notwendigen Wanderkarten sind in allen drei Ländern in Buchhandlungen, Sport-Shops oder Hotels erhältlich, ebenso problemlos in Oslo, Stockholm und Helsinki.
Norwegen: Wer sich vor Reisebeginn Karten besorgen möchte, kann sie bei – DNT-Den Norske Turistforening, Postboks 1963-Vika (Besuchsadresse: Stortingsgaten 28), N-0125 Oslo 1 – bestellen (Vorauskasse/Euroscheck). Sinnvollerweise sollte man zuerst mitteilen, in welchem Gebiet man wandern möchte. Denn dann erhält man eine Gesamtübersicht über das erfragte Gebiet, sieht, welche Karten es noch gibt und ist über den jeweils aktuellsten Stand der Hüttenöffnungs- und

Der jeweiligen Tagestour geht genaues Kartenstudium voraus. Ob auf markierten oder unmarkierten Wegen, die Entscheidung der Gruppe sollte einstimmig sein.

Schließzeiten informiert. Erst dann sollte man bestellen.
Schweden: Ähnlich wie oben, jedoch bei STF Svenska Turistföreningen, Box 25 (Besuchsadresse: Vasagatan 48), S-101 20 Stockholm.
Finnland: Karten beim Finnischen Landesvermessungsamt: Maanmittaushallitus, P.O. Box 209, SF-00131 Helsinki.
Anderweitige Informationen beim Finnischen Touristenverband, Abt. Wandern: Suomen Matkailulitto R. Y., Mikonkatu 25, SF-00100 Helsinki 10. Anfragen in Deutsch oder Englisch.
Deutsche Bezugsadressen: Internationales Landkartenhaus, Postfach 80 08 30, 7000 Stuttgart 80; Dr. Götze, Hermannstr. 5–7, 2000 Hamburg 1.

Vereine – Mitgliedschaften: Die Eigner der Hütten sind in Norwegen und Schweden meist der DNT, dem DNT verbundene, lokale Vereine oder der STF. Sie sind als Organisation dem DAV ähnlich. Es empfiehlt sich dringend, bei entweder DNT, STF oder Suomen Matkailulitto R. Y. Mitglied zu werden, weil in allen drei Ländern die Mitgliedschaften untereinander anerkannt werden und nur so die reduzierten Mitglieds-Preise für Übernachtung oder Boots-Überfahrten in Anwendung kommen. Die DAV-Mitgliedschaft wird nirgendwo anerkannt. Die finnischen Hütten sind größtenteils vom Staat erbaut (siehe 6. Schritt), doch an den Ausgangspunkten stehen oft Hotels, die entweder dem Suomen Matkailulitto oder dem Suomen Latu (Finnischer Skiverband) gehören.

6. Schritt: Hütten und Schlüssel

Alle Hütten, bis auf die großen, hotelähnlichen Unterkünfte, sind Selbstversorger-Hütten. Alle Lebensmittel bringt man mit. Falls ein Hüttenwirt da ist, so ist er weder für Speisen und Getränke noch für die Reinigung der Zimmer zuständig. Ausnahmen siehe Norwegen.

In Norwegen und Schweden gelten ungefähr gleiche Verhaltensregeln. Wer nach einer Übernachtung wieder aufbrechen will, wischt vorher in der Hütte auf oder kehrt zusammen, spült Geschirr, lüftet, holt für den unbekannten Nachfolger frisches Trinkwasser, spaltet Holz und beseitigt den Abfall an der dafür vorgesehenen Stelle. Meist macht man diese Arbeiten mit anderen Wanderern gemeinsam. Es ist also halb so schlimm, aber ein unerhörter Genuß, wenn man am Abend müde in eine so liebevoll vorbereitete Hütte eintritt und sich nur noch, während das Kaffeewasser kocht, ins Hüttenbuch einzutragen braucht.

In Finnland ist es zwar genauso notwendig, es wird im allgemeinen aber nicht ganz so strikt praktiziert. Übrigens, wenn es nicht klar ersichtlich ist, noch eine Regel: Am Wasserlauf oberhalb der Hütte holt man Trinkwasser und unterhalb spült oder wäscht man.

Schweden: »*Stuga*« heißt Hütte, »*Stugor/Stugorna*« heißt Hütten. Die STF-Hütten sind durchweg nicht bewirtschaftet, wohl aber, saisonal, von einem »*Stugvärd*« beaufsichtigt. Ihm oder ihr bezahlt man die Übernachtung. Wenn kein Hüttenwirt da ist, bezahlt man auf der nächsten Hütte oder per Post-Bareinzahlung. Auf manchen Hütten kann man Proviant ergänzen (siehe jeweils Tourenbeschreibung).

Die Hütten in Schweden sind grundsätzlich immer geöffnet. Minimum ist ein offener Winterraum. Dies und das folgende gilt auch für »*Naturvårdsverket*«-Hütten in Nationalparks. Außer vielleicht in der extremen Nebensaison (Nov., Dez., Jan.) sind normalerweise gefüllte Gasflaschen und -herde vorhanden. Ansonsten kocht man auf dem Ofen, den man ja eh zum Heizen benützt. Geschirr, Töpfe, Tassen etc., Betten mit Matratzen und Decken sind vorhanden. »*Dryckvatten*« oder »*Vatten*« heißt Trinkwasser, aber der Abwassereimer ist mit »*Slask*« beschriftet.

»*Fjällstation*« nennt man die großen Gebirgsstationen, um die man manches Mal nicht herumkommt. Es sind im Prinzip Gebirgshotels mit entsprechenden Preisen und entsprechender Atmosphäre. Ausländischen Touristen ist recht wenig bekannt, daß es auch dort Selbstversorger-Abteilungen gibt. Die »*Självhushålls-Avdeling*« kann aber auch einmal ausgebucht sein!

Ein »*Rastskydd*« (früher: Vindskydd) ist eine kleine Rast- oder Windschutzhütte, in der – außer im Notfall – nicht übernachtet werden darf. Sie sind meist mit einem Ofen und einer Holzpritsche ausgestattet, jedoch nicht immer mit Brennholz.

Finnland: Finnische Hütten sind im allgemeinen mit dem Wort Einöd-Hütten verknüpft und nicht übermäßig groß. Es gibt nur recht selten mal Gaskocher oder anderes Zubehör. Hier muß also alles, restlos alles mitgebracht werden. Sie sind immer offen (wenigstens ein Raum), und ihre Einrichtung besteht in der Regel aus Tisch, Bänken, ungepolsterten Kojen oder Holzpritschen und einem Ofen. Dafür aber kostet die Übernachtung nichts.

Auf finnischen Hütten herrscht, besonders in lappländischen, im Hochsommer reger Betrieb bzw. bei großer Hitze (da taghelle Nachtwanderungen möglich) manchmal ein ständiges Kommen und Gehen. Im Vergleich zu den etwas steifen norwegischen oder schwedischen Hütten wirkt das mitunter so richtig südländisch-temperamentvoll. Man kann es zugleich lieben und hassen lernen, je nachdem ob man gerade Schlaf benötigt oder nicht. Da man zur Hochsaison nie so ganz genau weiß, ob man einen gemütlichen Schlafplatz ergattert, ob vielleicht nicht auch Myriaden von Moskitos in der Hütte herumschwirren, weil einer vor lauter Begeisterung über seinen Wildnis-Urlaub vergessen hat, die Türe zu schließen, empfehle ich auf jeden Fall: Zelt mitnehmen!

Auf finnischen Hütten gibt es, wenn sie überfüllt sind, eine ungeschriebene Regel. Wer sich am längsten ausgeruht oder schon geschlafen hat, macht demjenigen Platz, der als letzter die Hütte betritt. Einfach ausgedrückt: dem Nachkommenden Platz machen.

Hier die dennoch wichtige, offizielle Klassifizierung der Hütten:

»*Autiotupa*«, häufigste Form der Einöd-Hütte. Wie oben beschrieben. Ohne Entgelt für *eine* Nacht. Manchmal steht in den Karten noch nicht einmal das Wort »Autiotupa«. Aber wenn bei einem kleinen, schwarz gedruckten Rechteck zum Beispiel nur »10 henk« (Betten) steht, ist dies eine offene Hütte.

»*Varaustupa*«, Hütte für Vorbesteller. Im Prinzip sind dies verschlossene Hütten, für die man am Ausgangspunkt der Wanderung (Hotel, Ferienzentrum u. ä.) den Schlüssel gegen recht geringes Entgelt erhalten kann. Meist ist aber doch ein Raum unverschlossen, manchmal ist gar die Hütte nur geteilt, in einen verschlossenen und einen offenen Teil.

»*Kämppä*«, eigentlich eine Waldarbeiter-Hütte. Doch ein Teil steht Wanderern offen.

»*Laavu*«, dies ist das finnische Wort für Windschutz, und Laavus sind sehr oft entlang der Routen in den Wanderkarten eingezeichnet. Man sollte sich keinesfalls auf diese Eintragungen verlassen. Im Durchschnitt ist jeder zweite oder dritte Laavu durch Schneebruch im vorausgegangenen Winter zerstört worden und wird erst im Laufe der Sommersaison evtl. wieder aufgebaut.

Norwegen: Im ersten Moment wirkt das norwegische Hütten-System etwas kompliziert, hat aber doch seine Logik. Gäbe es nicht zwei wesentliche Unterschiede, wären die norwegischen Hütten, auch in der Ausstattung wie Geschirr, Betten etc., dem schwedischen System ganz ähnlich. Hier die Unterschiede:

1. Man benötigt sehr oft bzw. fast immer einen Schlüssel (!), und es gibt saisonale Öffnungs- und Schließzeiten. Wer glaubt, dies sei für einen Schlüsselinhaber ohne Belang, kann sich in der Vor- oder Nachsaison sehr (ent)täuschen: Manchmal sind nämlich die Brücken schon ab- oder noch nicht wieder anmontiert (hauptsächlich Nordnorwegen wegen Eisbruch und Schneeschmelze). Siehe deshalb in den Tourenbeschreibungen. Da jedoch die Hütten-Öffnungszeiten von Jahr zu Jahr etwas variieren, besorgt man sich am besten das jährlich neue Informationsblatt vom DNT oder vor Ort im Touristenbüro. Dort sind, wie beim DNT auch, die Schlüssel, meistens Einheitsschlüssel, erhältlich.

2. In manchen Hütten sind Lebensmittel in einer separaten Kammer eingelagert. Wer den Hüttenschlüssel hat, findet auch den Schlüssel für die Lebensmittel. Das Bezahlen der Lebensmittel bzw. der Übernachtungs-Gebühren ist Ehrensache! In jeder Hütte befindet sich ein Geld-Briefkasten, oder es gibt Einzahlungsscheine für eine Postbarüberweisung.

Die offizielle Typisierung der Hütten in Norwegen und die entsprechenden Zeichen im norwegischen DNT-Infomaterial (nicht verwechseln mit den Zeichen in den Karten dieses Buches!).

■ *Bewirtschaftete Hütte* (kann schon mal den Charakter eines Gebirgshotels haben),

◪ *Touristenhütten für Selbstverpflegung* (also eingelagerte Lebensmittel),

□ *Unbewirtschaftete Hütten* (Lebensmittel selbst mitbringen),

▲ *»Seter«*, Bergbauernhof oder *»Fjellstue«* mit Unterkunftsmöglichkeit,

○ △ ⊠ *»Seter«*, Schutzhütte ohne Unterkunft.

Es ist immer besser, sich den Schlüssel schon beim DNT zu besorgen. Vor Ort soll es schon vorgekommen sein, daß die Schlüssel alle ausgegeben waren und man warten mußte. Doch merke: für Nordnorwegen hat der DNT seltener Schlüssel. Siehe Adressenangaben in den Tourenbeschreibungen.

7. Schritt: Klima und Wetter, Flußdurchquerungen

In sechs aufeinanderfolgenden Jahren habe ich nur einen wirklich verregneten Sommer in Skandinavien erlebt. Andererseits mußte ich es auch einmal erdulden, daß es am 11. Juni im südlicheren Teil Nordfinnlands 15 cm Neuschnee gab, während gleichzeitig in ganz Norwegen wochenlang die Sonne schien. Dies hat aber weniger etwas mit Finnland oder Norwegen zu tun, sondern mit der riesigen Ausdehnung Skandinaviens. Und hier unterliegen die meisten Mitteleuropäer zwei Denkfehlern:

1. Am häufigsten wird ganz einfach vergessen, daß Skandinavien eigentlich ein Subkontinent ist. Die Ausdehnung in der Längsachse ist immerhin 3100 Kilometer lang, d. h., es reicht gut von Hamburg bis nach Istanbul. Wenn es also in Budapest aus Kübeln regnet, muß in Hannover noch lange kein Schlechtwetter sein. Und

2. der warme bzw. heiße Sommer legt oft erst nach Mittsommer so richtig los, und bloß weil etwa ab Mitte oder Ende

Die Rosta-Hütte mit Blick auf das Liggafjellet (1475 m) am Grenzpfad von Troms (Tour 20). Auf die Troms-Hütten paßt auch der Schlüssel des DNT.

Folgende Abbildung:
Der Kungsleden (III) berührt auf der Tagesetappe von Aktse nach Pårte den Sarek-Nationalpark. Hier liegen auch die Herbstweiden der Rentiere. Rechts der Plateaugipfel des Tjakkeli (1214 m).

August die Nachttemperaturen an den Gefrierpunkt herangehen, beginnt noch lange kein Winter, höchstens der Frühherbst, und das ist die schönste Zeit für Wanderungen.

Ein Mitteleuropäer tut demnach gut daran, sein Jahreszeit-Denken um drei bis vier Wochen hinauszuschieben.

Beste Zeiten

Für Skitouren = April bis Anfang/Mitte Mai (Südfinnland und Südschweden auch Februar/März).
Für Wanderungen/Sommer = Mitte Juli bis Ende August.
Für Wanderungen/Herbst = Ende August bis Ende September.

Nur muß man noch unterscheiden, ob man im »nördlichen« Norden oder im »südlichen« Norden unterwegs sein will und – welche Gebiete dem Golfstromklima unterliegen und welche dem Festlandklima. Zwar ist das Golfstromklima (norwegische Küstenregionen) wärmer, aber dafür sind alle diese Gebirge unmittelbar dem Atlantik-Wetter ausgesetzt. Dies bedeutet für den Winter wesentlich schneereicher, für den Sommer entsprechend späte Schneeschmelze. So ist es also nicht verwunderlich, weshalb man in der »Hardangervidda« erst später starten kann als in dem mehr dem Festlandklima ausgesetzten »Rondane-Gebirge«. Nach Norden hin verschiebt sich dann die Schneeschmelze um nochmals zwei bis drei Wochen, so daß für Hochgebirgstouren ab Polarkreisnähe immer die Regel gilt: Nach Möglichkeit nicht vor dem 20. Juli. Während aber z. B. in Narviks Gebirgsregion noch Schnee liegen kann, ist im schwedischen Abisko-Tal, da es im Regenschatten der Berge von Narvik liegt, beinahe schon das Gras ergrünt. Hinzu kommen die Höhenmeter im jeweiligen Gelände. Allgemein gültig ist:
1. Die Baumgrenze liegt bei ca. 700 m.
2. 1000 Höhenmeter entsprechen in Lappland dem landschaftlichen Charakter von etwa 2000–2300 Höhenmetern in den Alpen, 1800–2000 m sind 3000–3500 alpinen Höhenmetern gleichzusetzen.

Wer sich eine Karte von Skandinavien genau betrachtet, kann bald folgende grobe **Regeln** aufstellen:

Waldgebiete, keine hohen Berge – Inlands- oder Festlandklima, südliches Skandinavien:
frühe und späte Touren möglich. Fast ganz Finnland, aber nur Südschweden. Schon ab Ende Mai/Anfang Juni bzw. bis Ende September/Anfang Oktober.

Hohe Berge (auch in Südnorwegen), späte Schneeschmelze – nördliches Skandinavien, Golfstromklima bzw. regenreiche Küstengebirge:
nur hochsommerliche Touren, frühestens ab ca. 20. Juli bis ca. 10. September empfehlenswert. Fast ganz Norwegen, Nordschweden und im hochgebirgigen Nordwest-Finnland.

Flußdurchquerungen hängen sehr stark vom Wetter und hauptsächlich von der Schneeschmelze ab, denn die Schneeschmelze entscheidet darüber, ob ein Bach nur ein Bach oder ein wildreißender Fluß ist. Wer sich ab Polarkreisnähe und in Hochgebirgen nicht an die Regel vom »20. 7.« hält, muß statt mit harmlosen mit u. U. lebensgefährlichen Flußdurchquerungen rechnen, und da hört der Spaß dann endgültig auf. Wenn eine Watstelle nicht gekennzeichnet ist:
1. Extrem viel Zeit lassen, um eine günstige Stelle zu finden.
2. Schräg aufwärts gegen den Strom waten. Das Gesicht und der Körper ist dabei gegen die Strömung gerichtet. Der Wanderstock ist ebenfalls gegen die Strömung gerichtet (»dritter Fuß«).
3. Niemals barfuß durch einen Fluß waten!
4. Ab einem Wasserstand über Kniehöhe wird das Waten schwierig bis gefährlich. Manchmal fällt der Wasserstand während der Nacht oder im Morgengrauen.
5. Eventuell den Schwerpunkt des Rucksacks nach unten verändern.
6. Hüftgurt lösen, andernfalls dauert es beim Sturz zu lange, sich des Rucksacks zu entledigen.

8. Schritt: Der Notfall in Wildnis und Gebirge

So selbstverständlich es auch klingen mag, die erste Maßnahme, um einem Notfall vorzubeugen, liegt in der Bereitschaft, ein eventuelles Zug- oder Flugticket oder das bevorstehende Ende des Urlaubs vollständig ignorieren zu können. Denn ein Zeitplan darf niemals der Grund sein, um risikoreiche Entschlüsse zu fassen.

Es gibt in ganz Skandinavien kein Notsignal wie etwa in den Alpen. Es ist daher schwer möglich, eine stets wirkungsvolle Empfehlung abzugeben. Möglicherweise würde eine rote, ja selbst eine grüne Signalpatrone als Hilferuf verstanden werden, wohl aber nur deshalb, weil es für die Gegend atypisch ist. Die Funktion der Bergrettung übernimmt im Norden die Polizei, in Schweden die »Fjällpolis«. Gleichzeitig gilt stets die Regel: »Je tiefer in Gebirge oder Wildnis, um so länger dauert die Rettung«, und zwar nicht bis eventuell ein Helikopter eintrifft, sondern bis man in der Lage ist, einen solchen zu alarmieren! Wichtig ist auch, die Schwelle des Notfalls recht tief anzusetzen. Wer z. B. die Orientierung verloren hat, ist in Not. Wer im Winter von extremem Wetterwechsel überrascht wird, muß ohne Panik, aber auch ohne geringstes Zögern Notfall-Maßnahmen vorbereiten. Es kann ein lebensgefährlicher Irrtum sein, die »nur noch zwei oder drei Kilometer entfernte Hütte« erreichen zu wollen (Kühleffekt des Windes, siehe Seite 23); es kann aber lebenserhaltend sein, sich statt dessen, die Scheu überwindend, in den Schnee zu graben!

Abstieg von der Hardangervidda-Hochebene, hier zwischen Stavali und Kinsarvik. Längs der markierten Route liegen mehrere große Wasserfälle.

So schläft und überlebt man im Schnee

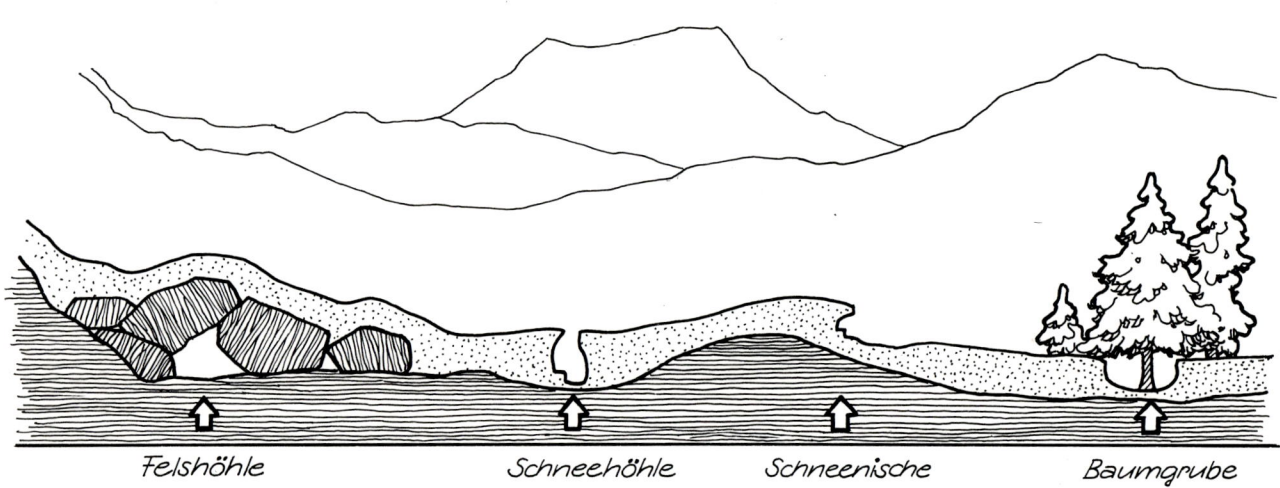

Felshöhle   Schneehöhle   Schneenische   Baumgrube

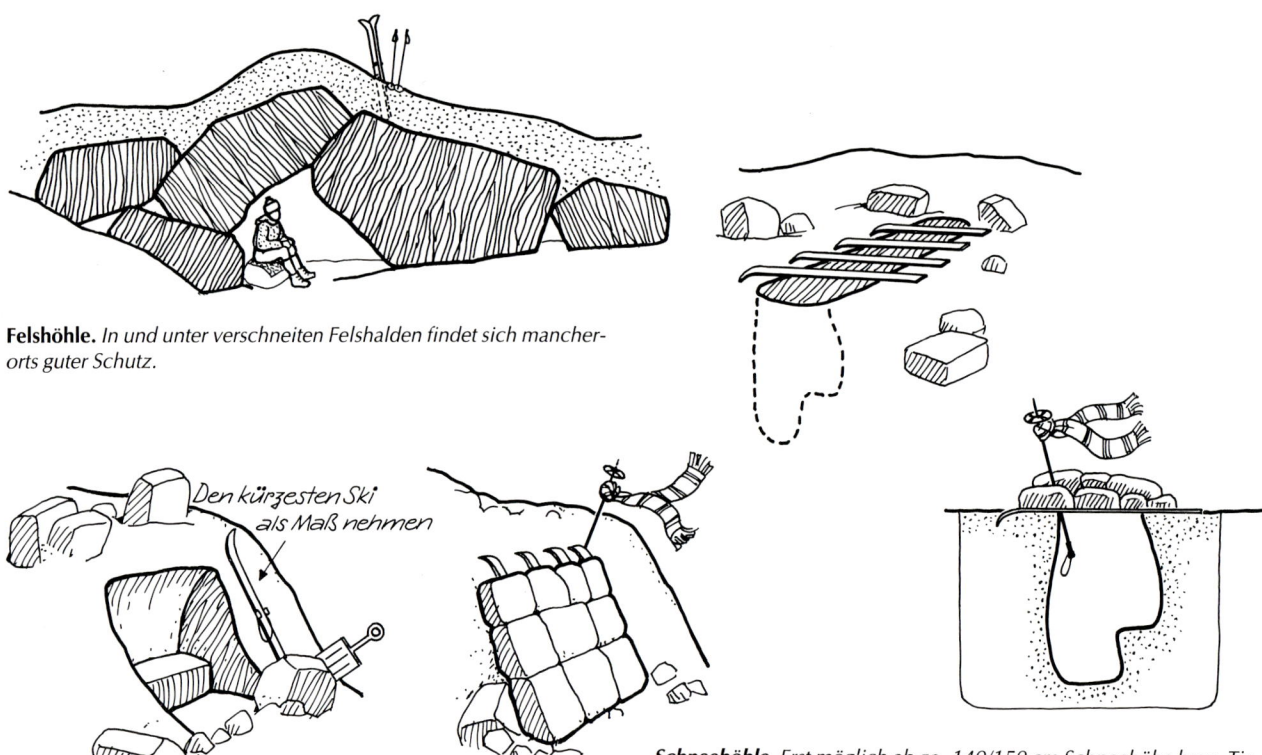

Felshöhle. *In und unter verschneiten Felshalden findet sich mancherorts guter Schutz.*

Den kürzesten Ski als Maß nehmen

Im Windschatten von **Schneewächten** *(nie in Gratwächten!) lassen sich solche Nischen eingraben.*
Als Bankbreite = ½ m pro Person.

Schneehöhle. *Erst möglich ab ca. 140/150 cm Schneehöhe bzw. Tiefe. Zuerst die Grube ausheben, dann erst die Sitzbank formen. Das Einstiegsloch so eng wie möglich. Die Skier dienen als Stützbalken für das »Dach« (Einstiegsloch). Darauf kommt dann Schnee, bis es gut verschlossen ist. Wer in einer Schneehöhle mit dem Spiritusbrenner kocht, muß für Frischluft-Zufuhr sorgen!*

22

Baumgrube. Notdürftigen und kurzfristigen Schutz bieten auch die vom Wind ausgewehten Kolke um die Stämme in tief verschneiten Wäldern. Eine an Skistöcken aufgehängte Alufolie reflektiert Wärme.

Hier die Zusammenfassung der in ganz Skandinavien angewandten und zu beachtenden **Regeln für Gebirgs- und Einödwanderungen:**

1. Gehe nie auf eine längere Tour ohne Training.
2. Melde wohin du gehst, und informiere dich im voraus über Stellen, von denen du bzw. über die du Hilfe erwarten kannst (z. B. Telefon).
3. Trage farbige, gut sichtbare Kleidung.
4. Respektiere das Wetter und die Wettermeldungen.
5. Höre auf erfahrene Leute (Einheimische) im Gebirge.
6. Sei gut gegen Schlechtwetter ausgerüstet, selbst auf kurzen Touren. Nimm immer einen Rucksack mit und die Ausrüstung, die das Gelände erfordert (im Winter zusätzlich einen Spaten).
7. Begib dich nie ohne Karte und Kompaß, Reserveverpflegung und Streichhölzer ins Gelände.
8. Mache dir im Notfall klar, in welcher Kompaßrichtung du am schnellsten aus dem Gelände herauskommst (z. B. auf eine Straße).
9. Gehe nicht alleine.
10. Kehre rechtzeitig um, abzubrechen ist keine Schande.
11. Sei sparsam mit deinen Kräften und grabe dich, falls notwendig, an der Windschattenseite in den Schnee.

Wer Hilfe erbittet, gibt an: Name und Standort, was wann wo geschehen ist, Anzahl der Verletzten, eventuelle Einweisungshilfen.

Vom Boden aus an Luftfahrzeuge zu gebende **Hilfezeichen:**

I	Wir bitten um einen Arzt
II	Wir bitten um Erste-Hilfe-Ausrüstung
F	Wir bitten um Lebensmittel
X	Wir sind bewegungsunfähig
△	Landung an dieser Stelle wahrscheinlich ohne Gefahr möglich.

Wie wichtig die Bereitschaft ist, sich notfalls schützend in den Schnee zu graben, dokumentiert die nachstehende Tabelle über den (Aus-)Kühleffekt des Windes.

Physiologisches Temperaturempfinden entsprechend der Windgeschwindigkeit

Windgeschwindigkeit		Temperatur					
m/sek	Bezeichnung nach Beaufort	−0	−5	−10	−15	−20	−25
2	leichte Brise	−2	−7	−12	−17	−23	−28
7	mäßige Brise	−11	−17	−25	−32	−38	−45
11	starker Wind	−16	−23	−31	−38	−46	−53
16	stürmischer Wind	−18	−26	−34	−42	−49	−57
20	Sturm	−19	−28	−36	−43	−52	−59

9. Schritt: Natur- und Umweltschutz

Feuerstelle: Wie im Vorwort schon erwähnt, entsteht durch Wanderer und Einödgänger im Laufe der Jahre ein unglaublich großer Schaden, wenn beim Feuermachen und bei der Abfallbeseitigung nicht nach ganz einfachen, aber penibel zu beachtenden Grundsätzen gehandelt wird. Ich kenne nur einen Mann, der es fertigbringt, mit einer Gruppe von z. B. 20 Personen durch weitab gelegene Wildnis zu ziehen, ohne auch nur die geringsten (Feuerstellen- oder Abfall-)Spuren zu hinterlassen. Es ist Martin Epp, ein Schweizer Bergführer und

1 ausgestochene Grassoden
2 evtl. loses Erdreich
3 runde Steine als Isolations-Hohlraum zwischen
4 flachen Steinplatten und dem Erdreich
5 seitlich angebrachte, flache Steine, zum Schutz der Vegetation am Rande der Feuerstelle
6 Brennholz und Feuer

Survival-Spezialist aus Andermatt, der jeden Sommer mit seinen vorbildlichen »Wilderness-Training«-Kursen unterwegs ist. Er hat die nachfolgend beschriebene Methode »Feuerstelle ohne Schaden« entwickelt und – da ihm der Schutz der Natur wichtiger ist als ein z. B. kommerziell-engstirniges Unter-Verschluß-Halten eines winzigen Bruchteils seiner Kursinhalte – sofort seine Zustimmung gegeben, diese Methode hier zu beschreiben.

1. Zuerst halten wir Ausschau nach Böden ohne Vegetation. Dies ist etwa ein Sandboden oder eine Stelle am Flußrand auf trockenen Steinen, wo bei hohem Wasserstand alles wieder geputzt wird. Keine Steine aus dem Fluß verwenden, sie explodieren!

2. Auf erhöhten Steinen im Gelände ist eine Feuerstelle ideal, da der Wind immer genug Sauerstoff bringt. Die Asche und die Kohle kann am Schluß gut weggeputzt werden. (Wohin, siehe 3.)

3. Feuerstellen auf Böden mit Vegetation: Das Ziel ist, den Boden und die Wurzeln nicht zu verbrennen, damit beides nach Verlassen des Lagerplatzes sofort wieder an- bzw. nachwachsen kann. Dazu heben wir mit unserem leichten Spaten eine kleine Grube aus. Etwa 15 cm tief. Die Erdschollen legen wir nach dem System beiseite, wie wir sie ausgegraben haben. Am besten etwas von der Feuerstelle weg.

In die Grube legen wir runde Steine als Unterlage für eine oder mehrere flache Steinplatten (gibt's alles im Gelände). Damit bildet sich ein Isolier-Hohlraum zwischen Platte und Erde, und wenn darauf dann das Feuer entfacht wird, hält sich die Hitze länger in der Steinplatte, der Holzverbrauch ist geringer, vor allem aber: der Boden wird nicht verbrannt. Und nicht vergessen – auch die Ränder der Feuerstelle müssen mit Steinen ausgekleidet werden. Beim Abräumen streuen wir Kohle und Asche ins Wasser. Danach wird die Grube gut eingewässert, die Steine werden weggeräumt und der Rasen – ganz einfach – wieder eingesetzt. Er wächst an.

Ich weiß, daß sich die ganze Sache zeitaufwendiger anhört als sie ist, aber ich kann versprechen – wer dies zwei- oder dreimal gemacht hat, macht es im Schlaf. Bis der zweite Mann, die Frau, das Zelt aufgebaut und eingeräumt hat, ist die Feuerstelle fertig.

Abfallbeseitigung: Da wir alle mitgenommenen Lebensmittel aus der Original-Verpackung in wasserdichte Plastikbeutel umgepackt haben, gibt es eigentlich keinen Grund, die leeren, federleichten Beutel im Feuer zu verbrennen. Wir nehmen sie einfach wieder mit in die Zivilisation. Ebenso Alufolie, falls wir etwas in Alufolie verpackt haben, sie ist nicht brennbar. Deshalb bestehen unsere Rückstände in der Feuerstelle aus rein natürlichen Materialien: nämlich aus Holz und Asche.

Die einzigen Abfälle, die wir tatsächlich beseitigen müssen, sind unsere eigenen, menschlichen. Deshalb bauen wir in der Nähe des Lagerplatzes eine Toilette, sprich heben eine Grube aus (20×30 cm genügt). Wenn wir vor unserem Abmarsch die Erde wieder draufschütten und das Gras einsetzen, wird niemand jemals bemerken, hier wie an der Feuerstelle, daß Menschen übernachtet haben.

10. Schritt: Tiere und Menschen

Alle reden von **Moskitos** – wir auch. Nur wollen wir keine der üblichen Horror-Storys verbreiten, sondern die lästige Plage an ihrem real-existierenden Stech- und Saugrüssel packen. Unbequem kann die Begegnung mit den Moskitos wirklich nur zwischen Mittsommer und Anfang August werden. Aber:

1. Sie übertragen keine Krankheiten wie in den Tropen.

2. Es gibt das ausgezeichnete schwedische »Djungelolja«.

3. Das wirksamste Gegenmittel, unterstützt durch das Dschungelöl, ist ein kumpelhaftes Verhältnis. Für meine Frau sind das kurz und gut »die Brooklyn-Boys«.

Rentiere: So komisch es auch klingen mag, bitte den Rentieren immer genug »Platz« lassen, damit sie sich, wenn sie wollen, in Ruhe zurückziehen können und nicht in panischer Flucht viele Kilometer weit davonrasen. Vor und während der Kälbermarkierung (etwa zwischen 15. 7. und 5. 8.) wird von Wanderern in Lappland eine Super-Sensibilität erwartet, sofern nicht schon die Samen bestimmte Pfade kurzfristig sperren. In dieser Zeit werden in mühseliger Arbeit die Rentiere zu einem Sammelplatz getrieben, um die im Frühjahr geborenen Kälber zu markieren. Wenn auch nur *ein* Wanderer – in seiner Unwissenheit und vor lauter Freude, eine große Rentierherde zu sehen – einen Jubelschrei losläßt oder in hektischem Fotografiereifer auf die Herde zurennt, waren zwei Wochen Arbeit der Samen umsonst, denn wahrscheinlich stiebt die Herde auseinander. Alles schon passiert.

Manche **Vögel**, insbesondere immer wieder das zutiefst von seiner Tarnung überzeugte Schneehuhn, haben das merkwürdige Talent, ihre Gelege in der Nähe eines Wanderpfades unterzubringen. Daher unbedingt auf die Tricks und Ablenkungsmanöver »hereinfallen« und den Tieren folgen.

Elche: Es ist keineswegs selten, daß einem Autofahrer ein Elch kurz vor der Kühlerhaube über die Straße läuft. Es ist aber extrem selten, einen Elch in freier Wildbahn zu sehen, geschweige denn, sich ihm bis auf 100 Meter anzunähern.

Bären: Wer je auf einer normalen Wanderung einem Braunbären begegnet, hat einen »Sechser im Lotto«. Sie sind sehr, sehr menschenscheu.

Oben links: Der erste Nachtfrost überzieht die Gräser mit Rauhreif.
Oben rechts: Rentiermoos.
Unten links: Unerschrocken macht der Mornellregenpfeifer auf sich aufmerksam, um von seinem Gelege abzulenken.
Unten rechts: Das zutiefst von seiner Tarnung überzeugte Schneehuhn wird tatsächlich häufig übersehen. Oft flüchtet es im allerletzten Moment.

Kungsleden – ein »Hotel Vier Jahreszeiten« der Natur

An keinem anderen Wanderweg Skandinaviens läßt sich so beispielhaft darstellen, was das »Draußen sein« im Norden bedeuten kann. Es ist immer eine Entdeckungsreise über die Natur und über sich selbst.

Bevor wir den klassischen, 430 km langen »Königspfad« – reine Wanderstrecke ca. 390 km – in vier Ein-Wochen-Touren (Jahreszeiten) aufschlüsseln, müssen wir auf die zwei grundverschiedenen Abschnitte, nämlich Nord und Süd, hinweisen: Nord verläuft von Abisko bis Kvikkjokk überwiegend durch Hochgebirgstäler, ist im Sommer wie Winter sehr stark besucht und hat in Abständen von je einem Tagesmarsch (13–24 km) eine Aneinanderreihung von insgesamt 15 STF-Hütten vorzuweisen. Der Südabschnitt, von Ammarnäs bis Kvikkjokk, ist vom STF weniger betreut und nur als reine Zelttour zu bewältigen, obwohl vereinzelt Übernachtungsmöglichkeiten bestehen. In diesem Teil verläuft der Pfad zwar sehr oft unterhalb der Waldgrenze, hat aber bei zwei Gebirgsüberquerungen die eigentlich schönsten Panoramen des gesamten Kungsleden zu bieten. Süd ist außerdem sehr wenig begangen und zwischen Jäkkvik und Kvikkjokk etwas undeutlicher oder manchmal auch unmarkiert.

Darüber hinaus gibt es jetzt west- bis südwestlich verlaufend – von Ammarnäs bis Hemavan – ein neues Kungsleden-Anhängsel, das wir aber nicht beschreiben. Der Kungsleden wird nämlich eines Tages ganz Schweden durchziehen – immer unter der »fördernden« Ägide des STF.

Wer den gesamten Kungsleden begehen will, muß mit 20 Tagen rechnen (ohne An- und Abreise). Die Lebensmittel ergänzt man unterwegs. Kvikkjokk ist deshalb als Mittelpunkt zu empfehlen, weil es stets das verkehrsgünstigere Wegkommen – zurück zum Ausgangspunkt – garantiert.

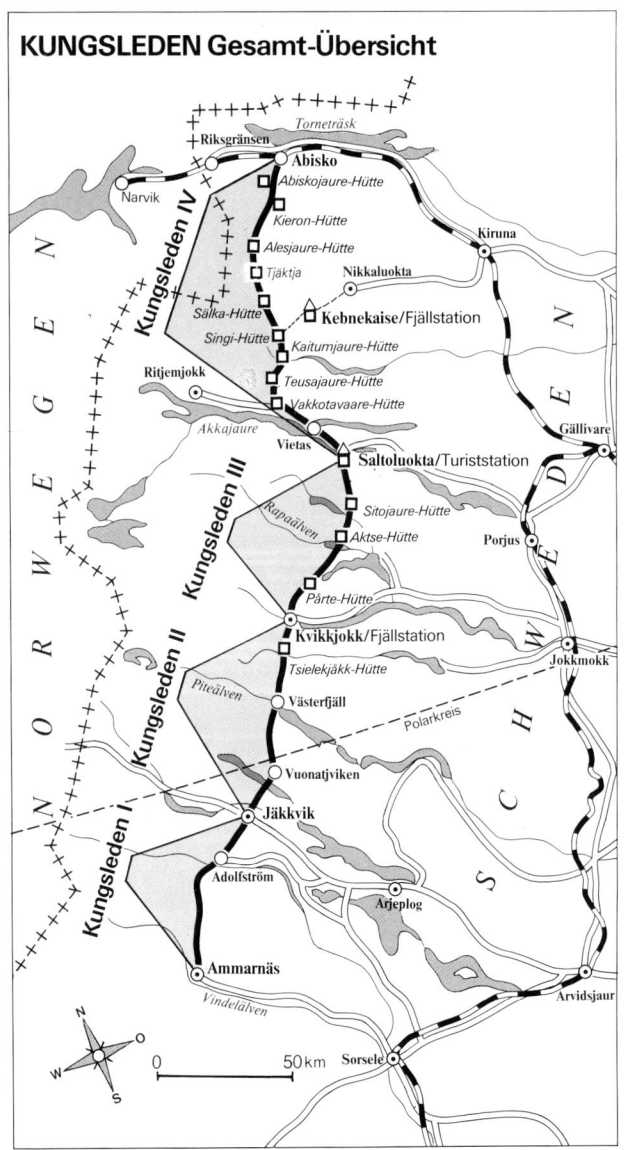

Alle Bäche oder Flüsse längs des Kungsleden werden auf sicheren Brücken überquert. Auf einigen Seen muß man jedoch eventuell mehrmals rudern.

1. Kungsleden I
Kein Frühling – sondern eine Explosion

Von Ammarnäs nach Jäkkvik

Tourenschlüssel ⓢ
3–4 Tage, 82 km, mittelschwer
reine Zelttour, Gummistiefel notwendig
Beste Zeit: 1. 7.–20. 9.
Karten: Fjällkartan 25 G und 26 H
(frühere Version: Blad BD 16)

Den klassischen Frühling gibt es im Norden nicht. Wenn, dann hat es sonntags noch Naß-Schnee, eine gute Woche später aber schon Blüten und Blätter. Weitere drei, vier Tage – und es ist Sommer. Die Zeit der Schneeschmelze, der nassen Wiesen und überfluteten Bäche, der knietief aufgeweichten Sümpfe, dies ist eigentlich der Frühling; und dies ist zum Wandern die schwierigste Zeit des ganzen Jahres überhaupt. Wer aber trotz aller Widrigkeiten einmal miterleben möchte, wie Anfang, eher Mitte Juni die arktische Natur aus ihrem langen Winterschlaf herausexplodiert, der muß mit Umsicht walten. Es ist gut, vorab mit einer Tagestour mal »reinzuschnuppern« und nachzufragen, ob noch alle Brücken vorhanden sind. Wenn notwendig, sollte man auf (schon hellen) Nachtwanderungen den eventuell wieder gefrorenen Boden ausnützen. Oberhalb der Waldgrenze ist noch mit Matsch und Schnee zu rechnen, denn der Frühling vollzieht sich mit den Höhenlinien und leider schwankt dies von Jahr zu Jahr.

1. Tag: *Ammarnäs – Dellikälven, 25 km. 7–8 Std.*

Aus dem Ortszentrum von Ammarnäs heraus, geht es an Kirche und Friedhof vorbei. Rechter Hand liegt der *Potatisbakken* (Kartoffel-Hügel), ein eigenartiger Moränen-Kegel, den die Einwohner von Ammarnäs zum Kartoffel-Anbau nutzen. Wir folgen der Straße, bis sie den *Vindelälv* überquert. Unmittelbar nach der Brücke, bei der Straßenkreuzung, findet sich das erste Hinweisschild auf den Beginn des Kungsleden, nämlich ca. 150 m links der Straßenkreuzung. Von Beginn bis zum Schluß ist die gesamte Strecke sehr gut markiert und stets deutlich erkennbar. Wir folgen diesen hölzernen Andreaskreuzen den kräftig ansteigenden Waldhang hinauf. Diese Holzkreuze sind normalerweise die Wintermarkierung, hier aber identisch mit dem Sommerpfad. Nach zwei Kilometern erreichen wir eine stille, bewaldete Hochfläche, auf der unser Weg in fast nördlicher Richtung weiterläuft.

Zwischen den beiden Seen *Stor-* und *Lill-Bissitjaure* hindurch, wandern wir bis zur »*Renslakteri*«, die allerdings erst im September Hochbetrieb hat. Bis hierher könnte man außenherum auch mit dem Taxi fahren und so 12 Kilometer Marsch sparen. Wir sollten auf alle Fälle damit kalkulieren, gleich am ersten Tag das gesamte *Björkfjället* zu überqueren. Bei einem Wettersturz gibt es auf der Hochfläche keinen wirklich guten, geschützten Lagerplatz.

Nach der »*Renschlachterei*« führt der Pfad über die Waldgrenze hinaus, bis er die Höhenlinie 800 erreicht. Von hier an, wo das Gelände nur noch sachte ansteigt, folgen wir der Sommermarkierung (Steintafeln oder -männchen), die abwechselnd mal mit, mal getrennt von der Wintermarkierung verläuft. Die Hütten am *Dautajaure* (877 m) und am folgenden *Lisvojaure-See* (902 m) sind privat und verschlossen. Der höchste Punkt ist erreicht, wenn man die auf der Karte als »*Länsgräns*« (Provinzgrenze) bezeichnete Linie überschreitet. Es sind knapp tausend Meter Höhe. Sollte dort kein Schnee mehr liegen, finden sich bei den zwei, drei kleineren Seen halbwegs akzeptable Zeltplätze. Sonst aber steigen wir in das *Dellikälven-Tal* hinab und suchen uns diesseits des Tales einen Lagerplatz. Rinnsale gibt es genug und daher ist es unnötig, vom Pfad weg, bis zum Fluß hinunterzugehen.

2. Tag: *Dellikälven – Bäverholmen, 22–25 km, 7–8 Std.*

Der Kungsleden verläuft auf einer recht bequemen Strecke in nördlicher Richtung. Zur Linken steigen die Felswände des *Laddevardo* (1111 m) auf, zur Rechten liegt die Seenkette von *Stikojaure* und *Njallabläkke* (718 m). Nach etwa fünf Kilometern erreichen wir den *Vourojukke-Fluß*, über den eine stabile Hängebrücke führt. Nach der Brücke windet sich der Sommer-Pfad etwas – den Sümpfen ausweichend – während die Wintermarkierung schnurgerade hindurchzieht. Schließlich wandern wir bis an die Telefonleitung bei *Sinjultje* heran. (Das Telefon liegt 1 km westlich.) Die nun folgenden vier Kilometer bis zum Barasjåkkå-Fluß sind, bis auf eine kurze Moraststrecke beim See »737 m«, völlig unschwierig. Nach der Hängebrücke über den *Barasjåkkå* geht es wieder leicht bergan. Alsbald haben wir die Waldgrenze erneut hinter uns und stoßen auf der namenlosen Hochfläche auf eine Wegkreuzung mit Richtungsschildern. Nordöstlich führt der Kungsleden nach Adolfström hinab, südwestlich geht es zu den *Ribas-lappläger*. Die gesamte Zeit, während wir über das Plateau auf Adolfström zugehen, grüßt aus Nordosten das *Pieljekaise-Massiv*, das wir morgen problemlos überqueren werden. Der Abstieg durch den Wald führt bis an eine »*Rastskydd*« genannte, kleine Hütte heran (ohne Betten), die am Ufer des *Barasjåkkå* liegt. Diese Stelle ist ein ausgezeichneter Zeltplatz. Wer noch fit genug ist, kann über die Brücke und gut zweieinhalb Kilometer bis nach *Bäverholmen* (Biber-Insel) weiterwandern.

3. Tag: *Bäverholmen – Pieljekaise 22 bzw. 29 km, 7–8 Std.*

Von Bäverholmen aus fahren wir mit dem Motorboot durch das *Laisälven-Delta* nach Adolfström. Dort gibt es nur einen Kiosk. Längs der Dorfstraße treffen wir bald wieder auf das Kungsleden-Schild und lesen: »Jäkkvik 22 km«. Der wie immer gut markierte Weg führt dann kurzzeitig steil hoch, bis wir die Brücke am *Rapajåkåtj* erreichen. Etwa auf der Weghälfte zwischen *Lutaure-See* (629 m) und Adolfström folgt der Kungsleden einer neu ausgezeichneten Route. Die alte Ruderboot-Strecke über den Lutaure existiert nicht mehr. Die neue Route führt exakt auf das Ostsüdost-Ende des Sees zu, wo an seinem Abfluß eine Brücke installiert ist (Rastplatz). Nach der Brücke beginnt der *Pieljekaise-Nationalpark.*

Die Markierung führt dann vom Nordostufer weg und etwas steil in die bewaldeten Hänge hinauf. Bei der Höhenlinie 660 treffen die alte und die neue Kungsleden-Route wieder zusammen. Bevor wir ca. vier Kilometer nordöstlich des Lutaure wiederum eine Brücke überschreiten, ist vom Pieljekaise-Gipfel (1137,5 m) nichts zu sehen. Weitere knapp zwei Kilometer später, in den bewaldeten Südhängen des Pieljekaise-Massivs, kommen wir zu einer für Touristen offenen *Kota.* Obwohl schon vor 26 Jahren erbaut, ist diese Hütte noch immer ein brauchbarer Schlechtwetter-Schutz. Den besseren Lagerplatz aber, nach noch einmal anderthalb Stunden Gehzeit, finden wir auf der anderen Seite des Berges. Die Wanderung über den nur 800 m hohen, flach auslaufenden Bergrücken des *Pieljekaise* ist ein wunderschöner Abschluß. Die Aussicht hier oben, besonders nach Norden, ist ein Schauspiel. Zur Mitsommer-Zeit ist der Blick zur Sonne uneingeschränkt und frei. Jenseits des Bergrückens liegt dann – früher nur als »Windschutz« dienend – die kleine Pieljekaise-Hütte mit jetzt vier Betten (Schlüssel: Rolf Sundquist in Adolfström). Daneben finden wir zwei, drei recht gute Zeltplätze.

4. Tag: *Pieljekaise – Jäkkvik*

Bei schönem Wetter sollte man von der Hütte aus und mit nur leichtem Gepäck den unschwierigen *Pieljekaise-Gipfel* (1137,5 m) besteigen. Man wird mit einer herrlich weiten Aussicht belohnt. Anschließend ist der Abstieg durch den Bergwald nach *Jäkkvik* hinunter kaum noch ein Problem.

Touristische Angaben

Ammarnäs (300 Einw.) gehört zur Gemeinde Sorsele und ist mit Auto und Postbus sehr gut zu erreichen. Die schwedische Inlandseisenbahn stoppt in Sorsele. In Ammarnäs gibt es einen Lebensmittelladen, Tankstelle, Post und eine Jugendherberge sowie, während der Saison, ein Touristenbüro.

Jäkkvik ist ein noch kleineres Dorf, hat aber, mit Ausnahme des Touristenbüros, trotzdem alles wie oben. Der Ort liegt an der Fernstraße Nr. 375, die nach Norwegen führt (Silvervä-

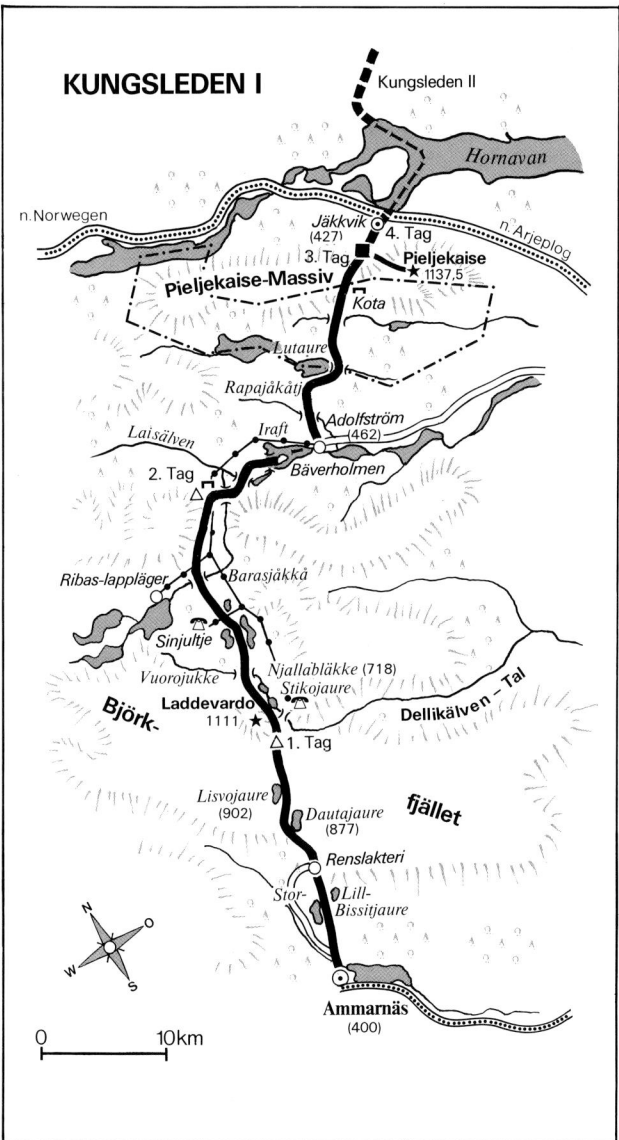

gen). Neben »Jäkkviks Fjällgård«, dem Sommerheim der Schwedischen Kirche und zugleich Jugendherberge, liegt ein kleiner Campingplatz.

Bäverholmen ist eine idyllisch gelegene Einöde, die von einer sehr freundlichen Familie bewirtschaftet wird. Hüttenvermietung, Angeln, Kaffee und frische Waffeln (!).

Kvikkjokk ist noch immer ein kleiner Dreißig-Häuser-Ort. Dennoch hat er sich in den letzten Jahren zu einem Wanderzentrum entwickelt.

Folgende Abbildungen:
Links: Zeltlager im Hochgebirge. Die Zelte müssen auch im Hochsommer sturmtauglich sein.
Rechts: Auf dem Prinskullen (749 m) kurz vor Kvikkjokk. Unten windet sich der Tarraätno.

2. Kungsleden II
Sommer: Zeit der reifen Beeren

Von Jäkkvik nach Kvikkjokk

Tourenschlüssel (S)
4 Tage, 75 km + 26 km mit Boot
mittelschwer bis teilweise schwer
reine Zelttour
Gummistiefel notwendig
Beste Zeit: 20. 7.–15. 9.
Karten: Fjällkartan Blad 26 H und 27 H
　　　　　(früher: Blad BD 14)
Ausreichend Geld mitnehmen (Bootsfahrten!)

Beeren gibt es nach der ersten Augustwoche in Hülle und Fülle. Kronjuwel aller süßen Früchte Lapplands sind die bei uns völlig unbekannten »Hjortron« (Moltebeeren). Ein allzu langes Auskosten ihrer süßen Seite weiß die Natur aber schon zu verhindern: Sie schickt uns nach dem Zuckerbrot die Peitsche – Moskitos. Und das ist dann der Sommer.
Die folgende Zeltwanderung hat abweichende Besonderheiten: die Gehzeiten sind »Gesamt-Unterwegszeiten«, da wir an vier Seen mit Motorbooten übersetzen müssen. Die Strecke ist zwischendurch schlecht, am 3. und 4. Tag unmarkiert.

1. Tag: *Jäkkvik–Polarkreis, 17 km, 10–11 Std.*

In der Jugendherberge haben wir uns am Vorabend, für heute 8.00 Uhr, das Boot bestellt. Die zwölf Kilometer lange Fahrt über den *Hornavan,* mit 222 m Schwedens tiefster See, dauert eine halbe Stunde. In *Saudal* angekommen, bitten wir den Bootsführer, für den späteren Transport über den *Riebnesjaure-See* für nicht vor 13.00 Uhr ein Boot aus Vuonatjviken zu bestellen. Wir bezahlen und marschieren rechts um das dortige Haus herum. Dicht dahinter beginnt ein deutlicher Pfad in den Wald hineinzuführen. Plötzlich vermissen wir für die vor uns liegenden sieben Kilometer die sonst so übliche orangerote Markierung. Da aber nur *ein* Pfad den sehr steilen Waldhang hochsteigt, ist dies der Kungsleden. Nach einer schweißtreibenden Stunde haben wir die Waldgrenze erreicht. Anschließend geht es mühelos über die Hochfläche des *Tjidtjakvalle* (793 m) hinweg. Zwischendurch waren wohl alte rot-weiß-rote Markierungsreste zu sehen, aber die Hochfläche ist nun deutlich mit Steinmännchen gekennzeichnet. Obwohl steil, ist der Abstieg bis zum *Riebnesjaure-Ufer* unproblematisch. Bis hierher rechnen wir 2½ Stunden Gehzeit, und der Bootsführer wird pünktlich sein.
Nach der Überfahrt wandern wir von *Vuonatjviken* aus noch

zehn Kilometer weiter. Unser Ziel ist, so nebenbei, eine Nacht lang auf dem Polarkreis zu schlafen und die 30 Kilometer lange Distanz bis Västerfjäll schon heute abzukürzen. In Vuonatjviken bestellen wir gleich das morgige Boot für *Västerfjäll* auf nicht vor 17.00 Uhr. Von Beginn an ist die bewaldete Strecke wieder sehr deutlich bzw. frisch markiert, weil die Routenführung am *Gåbdok-See* (früher per Ruderboot) etwas verändert wurde. Vier Kilometer nördlich von Vuonatjviken spannt sich dann eine neue Stahl-Hängebrücke über den *Bartek-Fluß,* weshalb die Route statt zum Gåbdok- nun zum benachbarten *Lika-See* heranführt. Auf schmalen, teils gestelzten Holzstegen verläuft die Wegführung über kleine Inseln und Kiesrücken bis über das jenseitige Ufer der beiden Seen hinaus. Bald darauf passieren wir das Gatter eines Rentierzaunes. Weitere drei Kilometer nördlich treffen wir endlich auf das Schild »Pol-Cirkeln«. Dies, bzw. bei der Brücke am *Vilitjåkkå,* ist unser heutiger »Polarkreis-Lagerplatz«.

2. Tag: *Polarkreis–Västerfjäll, 20 km, 7½ Std.*

Wir sollten spätestens gegen 9.00 Uhr aufgebrochen sein, um das bestellte 17.00-Uhr-Boot ohne Hetze zu erreichen. Allerdings beginnt nun ein zehn Kilometer langer, allmählicher Anstieg bis hinauf zum 1000 m hohen Plateau des *Barturte.* Die 3½ bis 4 Stunden Gehzeit sind scheinbar endlos. Auf dem offenen Plateau haben wir fantastische Ausblicke auf die großen und dutzendweise kleinen Seen hinter uns, wenig später sind es gewaltige Gebirgsketten am nördlichen Horizont. Die gesamte Strecke ist ausgezeichnet markiert. Vom jenseitigen Ufer des *Tieggelvas-Sees* blitzt uns ein noch kleiner, weißer Punkt entgegen. Es ist die Kapelle von Västerfjäll.
Wenn wir in die seenreiche Senke des *Ardnavagge* (808 m) hinabgestiegen sind, müssen wir der beinahe entnervend-markierten Wegführung unbedingt folgen. Andernfalls werden wir uns in dieser mit großen Felsbrocken übersäten Hochgebirgs-Mulde verlaufen und nur unter großem Zeitverlust die Waldgrenze erreichen. Teilweise folgt nun ein steiler Abstieg durch den Hochwald. Erst auf Höhe der 500-Meter-Marke wird das Gebiet flacher und führt auf Holzstegen durch die nassen Sumpf- und Moraststrecken. Wer hier Hjortron sammelt, kann sich die Wartezeit auf das Boot versüßen oder später in *Västerfjäll* ein Dessert servieren.

3. Tag: *Västerfjäll–Tsielekjåkk, 23 km, 8 Std.*

Der Kungsleden ist von hier an unmarkiert, als Pfad hingegen sehr deutlich erkennbar. Zwar helfen die rot-weiß-roten Markierungsreste, dennoch werden wir heute zweimal den Pfad verlieren. In *Västerfjäll* finden wir den Weganfang so: Von der Bootsanlegestelle blicken wir zur weißen Kapelle. Etwa gut hundert Meter rechts davon, am Waldrand, beginnt der Kungsleden. (Keinesfalls den roten Kreuzen folgen, sie führen zu den »Falehaure-lappläger«.) Er zieht nach Norden und über ca. sechs Kilometer durch Wald und kurze Sumpfstrekken. Einmal, zum »Training«, wird der Weg auf 200 Meter fehlen, ist aber bestimmt schnell wiedergefunden. Weiter nördlich treffen wir zwangsläufig auf einen Rentierzaun. Hier sollte man gleichzeitig nordwestlich des *Sattermjaure* stehen. Unmittelbar nach dem Gatter hört der Kungsleden für knapp zwei Kilometer auf. Wir ignorieren den am Zaun entlanglaufenden Pfad völlig. Es ist nur ein Verbindungsweg zwischen »Parka- und Falehaure-lappläger«. Unsere Richtung: Im Nordosten sichtbar, peilen wir den 1266 m hohen Südgipfel des *Kåbtatjåkkå-Massivs* an und halten direkt darauf zu (bei Schlechtwetter mit Kompaß). Dabei müssen wir den günstigsten Weg durch das Gelände selbst suchen. Bevor wir dann überhaupt auf die Schlucht des *Svalesjåkkå* treffen, stolpern wir 50 Meter vorher auf den jetzt wieder sichtbaren Pfad.

Ab hier (Steinmännchen) geht es flußaufwärts und über die Waldgrenze hinaus bis an die Südhänge des angepeilten Gipfels heran. Der vor uns liegende Anstieg östlich des Gipfels ist beschwerlich. Wichtig ist, die Steinmännchen-/tafeln nicht zu verlieren! Oben aber, auf dem 1250 m hohen *Spietnam-Plateau*, erwartet uns das schönste und weiteste Panorama des gesamten Kungsleden (ca. 300°). Der Abstieg in das gewundene Tsielekjåkkå-Flußtal ist recht steil und kniebelastend. Direkt am Fluß liegt dann die *Tsielekjåkk-Hütte* (STF), ein bestenfalls ziemlich mitgenommener »Rastschutz«.

4. Tag: Tsielekjåkk–Kvikkjokk, 15 km, 5 Std.

Der Fluß windet sich nördlich um unseren Lagerplatz herum. Dort finden wir diesseits und jenseits des Ufers Ruderboote. Wenn wir übersetzen, müssen wir wie üblich dreimal rudern, damit an jedem Ufer wieder ein Boot vorhanden ist. Nach gut einem Kilometer verliert sich der Pfad erneut im sumpfigen Gelände. Vor uns bzw. zur Linken liegt eine 809 m hohe einzelne Erhebung. Diesen kleinen Berg umgehen wir zuerst ostwärts, dann deutlich nordostwärts schwenkend im Abstand von 800–900 Metern. Wir finden, indem wir eventuell im Zick-Zack suchen, mit Sicherheit wieder einen sehr gut ausgetretenen Pfad – den Kungsleden; und dieser führt strikt in nordöstlicher Richtung von der Höhe 809 weg. Obwohl dann immer noch nicht markiert, ist der Pfad bis nach *Mallenjarka* deutlich ausgetreten. Beim Telefonkasten in Mallenjarka rufen wir einen der dort angegebenen Bootsführer an, und eine Viertelstunde später fährt unser Boot zurück zur Zivilisation nach *Kvikkjokk*.

Touristische Angaben

Västerfjäll und ***Vuonatjviken*** sind kleine, von einigen Same-Familien ganzjährig bewohnte Wildmark-Weiler, die sonst nur mit dem Boot zu erreichen sind. In Vuonatjviken gibt es auch Hüttenvermietung. Wenn wir in Västerfjäll unser Zelt

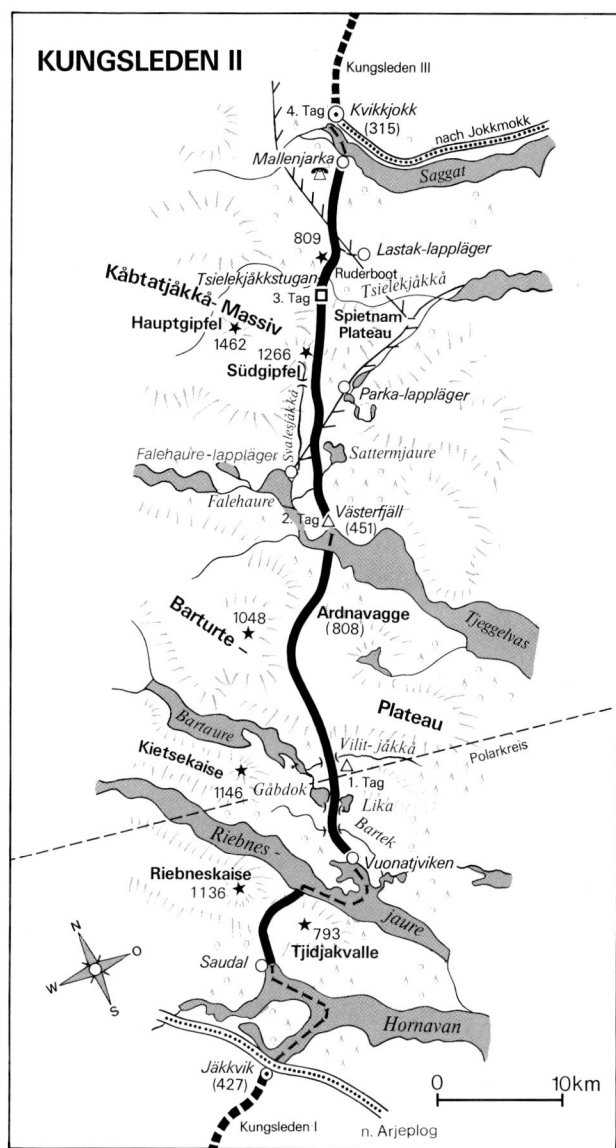

aufschlagen wollen, sollten wir auch einen der Einwohner von unserer Absicht informieren.

Jäkkvik: siehe Kungsleden; **Kvikkjokk:** siehe Padjelanta III.

Wer auch immer behauptet, es gäbe in Västerfjäll keine Bootsverbindung, der kann sich bei den Touristenbüros in Jokkmokk, Arjeplog oder direkt beim Bootsführer Sven Rankvist (Tel. 0961/ 45020) vom Gegenteil überzeugen.

Lebensmittel: Nur in Jäkkvik oder Kvikkjokk.

Folgende Abbildungen:
Links: Blick vom Pårtekietje (816 m) zu den Suobbat-Seen.
Der Kungsleden (III) führt während einer Tagesetappe durch die Randgebiete des Sarek-Nationalparks.
Rechts: Lennart, einer der samischen Bootsführer am Kungsleden,
hat im Sommer ein ständiges Lager am Laitaure-See.

3. Kungsleden III
Herbst: Inmitten einer Farben-Orgie

Von Saltoluokta nach Kvikkjokk

Tourenschlüssel Ⓢ
4–5 Tage, 76 km, mittelschwer
Gummistiefel, auch Bergstiefel möglich
Zelt- oder Hüttentour
Beste Zeit: 20. 7.–20. 9.
Karten: Fjällkartan Blad 27 H, 28 I evtl. 28 H
(früher: BD 11)

Den Satz »och nu har vi höst« werden aufmerksame Wanderer um den 25. August herum erstmals hören können. Auch in den Tälern treten nun Nachtfröste auf. Die Tage aber sind meist über Wochen hinaus noch sonnig und angenehm warm – und etwas Schneefall im Gebirge macht noch lange keinen Winter! Der Herbst also hält seinen Einzug. Mit flammenden Farben und würzigem Duft offenbart die Natur noch einmal alles, was sie zu bieten hat. Die verbleibenden vier Wochen sind eine sich steigernde, maßlose Farben-Orgie: zuerst gelb, dann orange, dann rot, dann ausgepumpt und tot.

Nach *Saltoluokta* kommt man per STF-eigenem Motorboot. Die Überfahrt kann von Vietas oder von Kebnatsbryggan aus erfolgen. Leider wird der Motorbootverkehr über den Paijeb-Lulejujaure- und Akkajaure-See immer schon zwischen 4. und 7. September eingestellt. Man sollte sich in Gällivare oder Jokkmokk genau erkundigen oder eventuell einrechnen, hier und später am Sitojaure- und Laitaure-See per Ruderboot übersetzen zu müssen. Vorsicht bei starkem Wind, dies sind keine Stadtparkseen!

1. Tag: *Saltoluokta–Sitojaure, 22 km, 6½–7 Std.*

Bei der *Saltoluokta-Turiststation*, eigentlich ein Hotel mit 85 Betten, zeigen zwei Hinweis-Schilder den Weg nach Sitojaure. Wir folgen natürlich nicht dem skifahrenden, sondern dem wandernden Männchen, jedenfalls dem breit ausgetretenen, markierten Sommerpfad. Nach vierzigminütigem Aufstieg stehen wir über der Waldgrenze und haben rückwärtig einen herrlichen Ausblick auf den Paijeb-Lulejujaure. Von links kommen dann die Kreuze der Wintermarkierung zu uns heran und verlaufen bald nahe dem Sommerpfad (orangerot markierte Steintafeln), bald mit Abstand parallel zu uns nach Süden. Der recht ebene Weg durch das *Autsutjvagge-Hochtal* (744 m) ist unproblematisch, bei kaltem Wind aber ausgesetzt. Deshalb finden wir auch schon nach neun Kilometern den *Autsutjvagge-Rastschutz.*

Nach einer kurzen Pause setzt sich der Weg durch die Hochebene noch weitere 2½ Stunden so fort, bevor man kaum merklich die Wasserscheide überschreitet und vereinzelt wieder die ersten Birken findet. Es bedarf dann aber trotzdem noch knapp einer weiteren Stunde, bis wir östlich des *Tjirak-Gipfels* (979 m) stehen und endlich den *Sitojaure* (630 m) vor uns liegen sehen. Die restlichen zwei Kilometer verlaufen sehr flach abfallend durch den Wald hinunter. Beide STF-Hütten (zus. 38 Betten) liegen direkt am Seeufer. Eine der Hütten, wie üblich in Schweden, ist ganzjährig geöffnet.

2. Tag: *Sitojaure–Aktse, 9 km, 3 Std. oder 13 km, 6½ Std.*

Zweihundert Meter neben den STF-Hütten liegt die Sitojaure-Same-Siedlung (Kotas). Wenn Anfang/Mitte September nicht gerade Elchjagd ist, finden wir dort sicher einen Bootsführer, der uns per Motorboot über den Sitojaure bringt und uns dadurch 3 mal 4 Kilometer rudern oder gut 3½ Stunden Zeit erspart. Andernfalls müssen wir die Ruderboote benutzen und werden nicht vor zwölf Uhr mittags vom südlichen Seeufer aus starten können. (Da der Sitojaure sehr flach ist, unbedingt den Bojen folgen!) Vom Südufer aus, wo auch ein Rastschutz steht, sind es dann schließlich nur noch 9 Kilometer nach Aktse. Vor uns liegt eine imposante Strecke. Zuerst folgen wir den südwestlich verlaufenden Markierungen durch den Wald. Oberhalb der Waldgrenze, auf rund 500 Metern Länge, steigt der Kungsleden dann sehr steil an. Wenn wir schließlich westlich des *Martevaratj-Gipfels* (939 m) auf dem Plateau stehen, folgt eine grandiose Entschädigung für unsere kurze Mühsal: Unter uns liegt der tiefblaue *Sitojaure*, kesselartig umgeben von Wäldern und Mooren, von Farben und Farbtönen, die »uns zu Hause kein Mensch glaubt«. Wenn wir uns sattgesehen haben, sollten wir zuerst die etwas mit dem Gelände verschmolzenen Steinmännchen wiederfinden. Daraufhin setzen wir unseren Weg Richtung Südsüdwesten fort. Wir benötigen etwa 1 Stunde, bis das später 950 Meter hohe Plateau überschritten ist, aber nur, um nochmals das gleiche lodernde Farbenschauspiel erleben zu können.

Bevor der Weg zum Schluß steil hinabführt, war oben noch eine Abzweigung ausgeschildert: Dieser nach Westnordwest verlaufende Pfad führt zum Hausberg von Aktse, dem 1179 Meter hohen *Skierfe.* Wer diesen sehr leicht zu besteigenden Berg über dem Rapa-Delta besuchen will, bleibt einfach einen Tag länger in Aktse (deshalb ein 5. Tag), steigt am nächsten Morgen mit leichtem Gepäck nochmals nach hier oben und folgt dem markierten Skierfe-Pfad (Aktse–Skierfe 3 Std.)

3./4. Tag: *Aktse–Pårte, 24 km, 8–8½ Std.*

Die *Aktse-Hütten* des STF (34 Betten, Telefon, Proviant bis Anfang September) liegen einen Kilometer nördlich des Seeufers. Der Transport über den *Laitaure* (494 m) ist meist noch bis 15. September per Motorboot möglich. Jedermann sollte aber um diese Zeit auch schon das Ruderboot einkalkulieren. Vom Südufer an (Rastschutz) ist die gesamte Strecke sehr gut markiert. Die ersten sechs Kilometer führen angenehm und flach durch den Wald. Dabei betreten wir den *Sarek-Nationalpark*. Wenn wir die *Pårtekietje-lappläger* passiert haben, beginnt nach insgesamt 1½ Stunden ein recht mühsamer Aufstieg bis über die Waldgrenze hinaus. Wir stehen dann auf der zum *Ivarlako-Massiv* gehörenden Hochfläche auf 840 Meter Höhe.

Der Kungsleden setzt sich als Bilderbuch-Panorama-Weg in westsüdwestlicher Richtung fort und führt unbeschwerlich bis an den *Rittak-Rastschutz* heran. Dies ist die heutige Weghälfte. Auch danach hält das Gefühl an, wir wären mit einer Schwebebahn über den Wäldern unterwegs und niemand will Eintritt. Knapp fünf Kilometer nach dem Windschutz, rechts liegt der *Faunåive-Gipfel* (1117 m), links der *Huornatj* (884 m), beginnt der Abstieg in den dichten Wald. Nach so viel freier,

Auf dem Kungsleden wird einige Male mit Booten übergesetzt. Empfindliche Gegenstände müssen im Rucksack gut verpackt sein, damit beim Stapeln nichts kaputtgeht.

atemberaubender Aussicht scheinen die restlichen fünf Kilometer bis zu den *Pårte-Hütten* (32 Betten) eingrenzend und endlos verlaufen zu wollen. Man zählt die Brücken über den *Kallakjåkkå* und den *Sjabtjakjåkåtj* (auch samisch will gelernt sein!), sieht auf dem Schild, daß man den »Sarek« wieder verläßt, bis dann endlich doch noch die ersehnten Hütten am Nordufer des *Sjabtjakjaure* auftauchen.

4./5. Tag: *Pårte–Kvikkjokk, 17 km, 5½ Std.*

Nach drei Tagen mit landschaftlichen Superlativen können bei einer 17 Kilometer langen Waldstrecke keine Höhepunkte mehr erwartet werden. Dennoch ist die erste Weghälfte nach Kvikkjokk sehr schön. Von den *Pårte-Hütten* weg führt der breite und bis auf Fels und Steine ausgetretene Pfad (daher beschwerlich) nach Südwesten. Der Kungsleden steht hier (im Hochsommer) schon unter dem Einfluß von vielen Kurzausflüglern aus Kvikkjokk und so mancher »Expedition«, die in den Sarek aufbricht. Nach 1½ Stunden befinden wir uns am Ostufer des *Stuor-Tata-Sees,* an dem sich der Pfad entlangschlängelt, um kurz darauf den Waldhang hoch anzusteigen. Dem manchmal forstwegbreiten Kungsleden folgen wir bis *Kvikkjokk.*

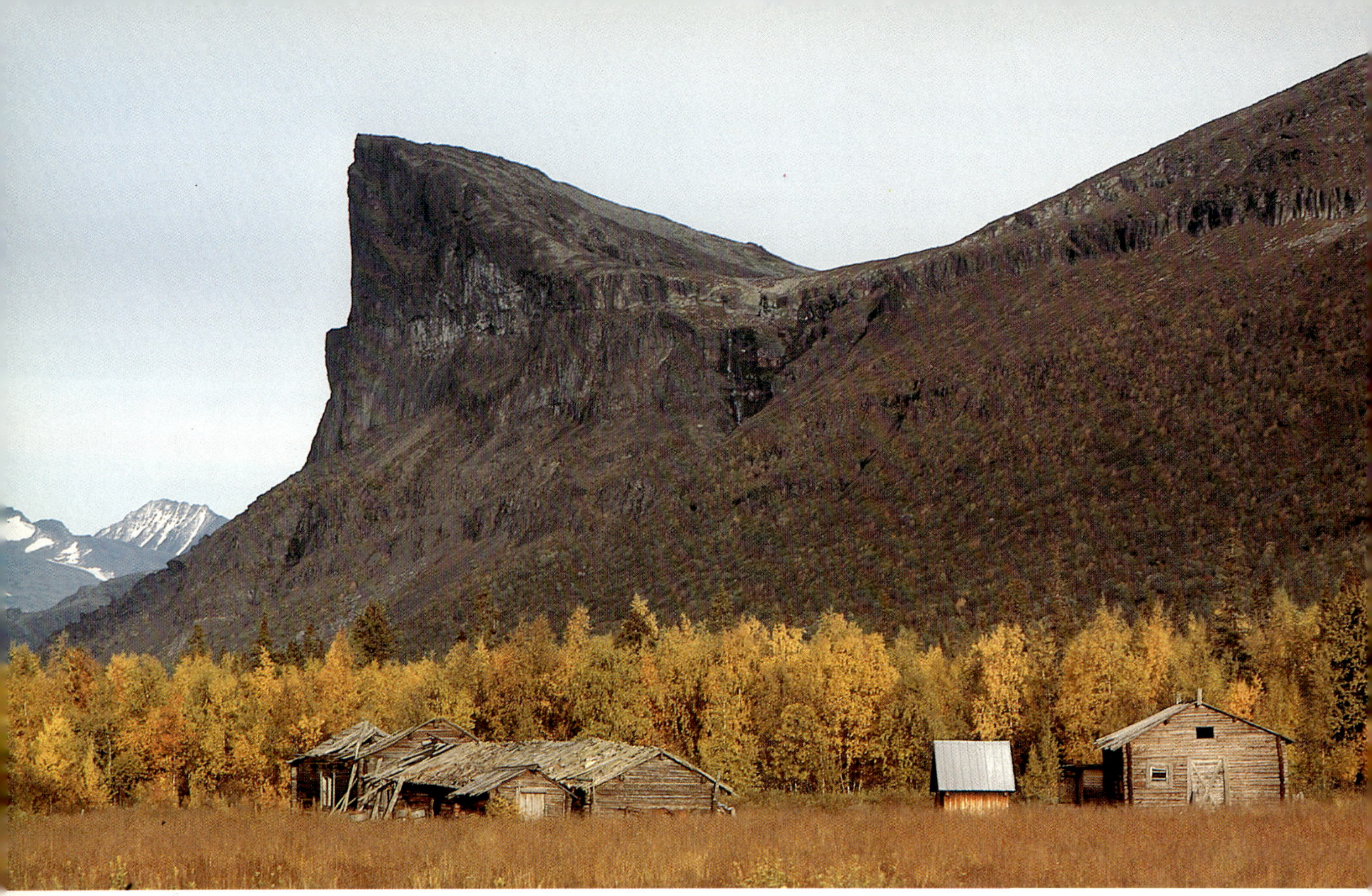

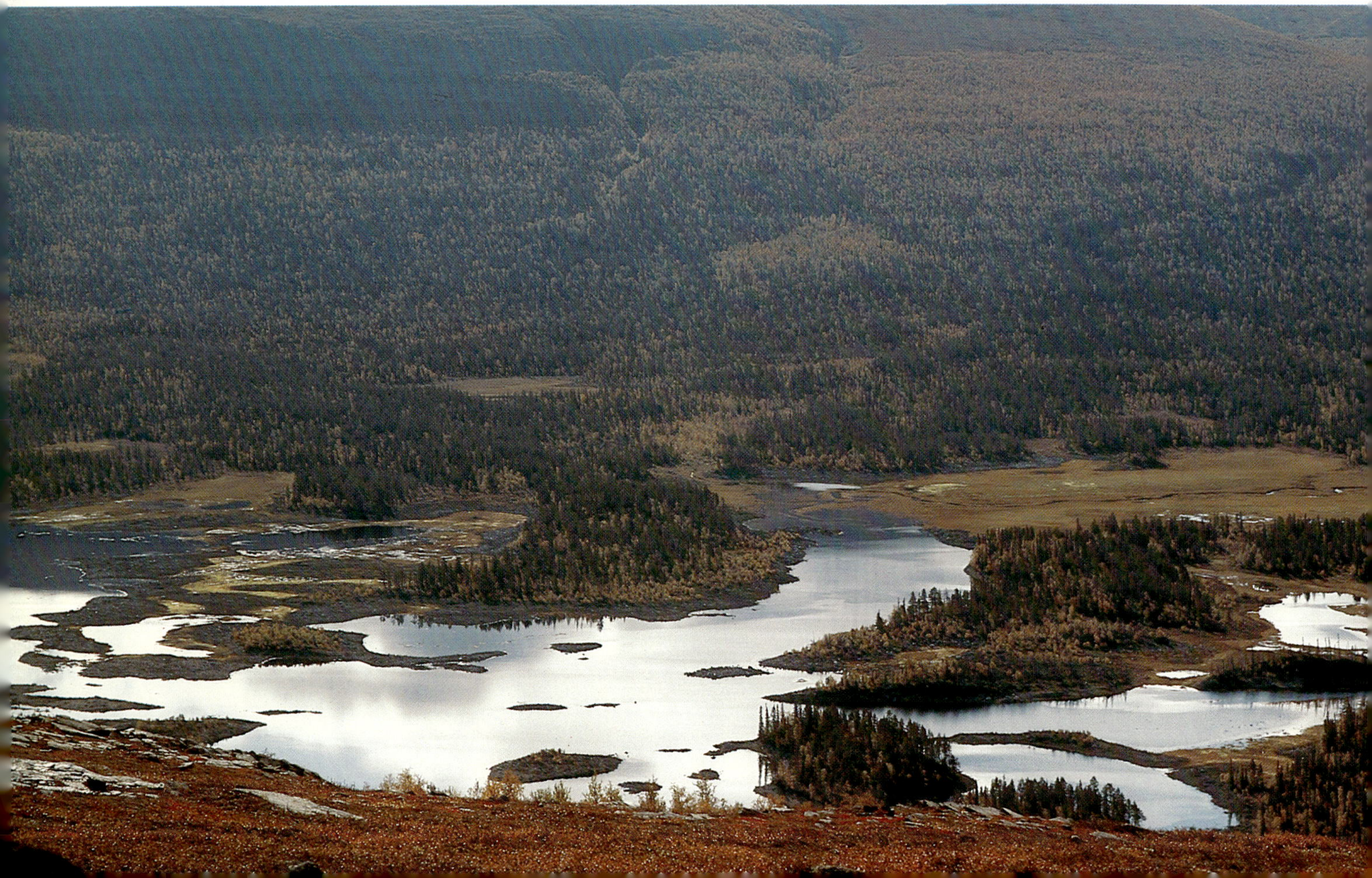

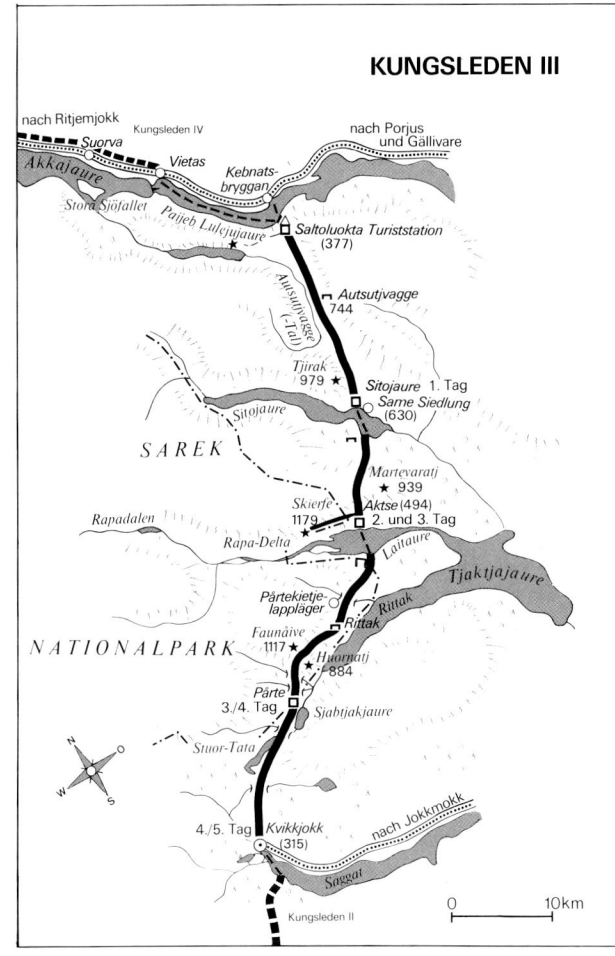

KUNGSLEDEN III

nach Ritjemjokk
Suorva
Kungsleden IV
nach Porjus
und Gällivare
Akkajaure
Vietas
Kebnats-
bryggan
Stora Sjöfallet
Patjeb Lulejaure
☐ *Saltoluokta Turiststation*
(377)
☐ *Autsutjvagge*
744
Autsutjvagge
(-Tal)
Tjirak
979 ★
☐ *Sitojaure* 1. Tag
Sitojaure
Same Siedlung
(630)
S A R E K
Martevaratj
★ 939
Skierfe
1179 ★
Aktse (494)
☐ 2. und 3. Tag
Rapadalen
Rapa-Delta
Laitaure
Tjaktjajaure
*Pårtekietje-
lappläger*
Rittak
☐*Rittak*
N A T I O N A L P A R K
Faunåive
1117 ★
Hiornatj
884
Pårte
3./4. Tag ☐
Sjabtjakjaure
Stuor-Tata
4./5. Tag ☐ *Kvikkjokk*
(315)
nach Jokkmokk
Saggat
Kungsleden II
0   10km

Touristische Angaben

Von Gällivare fährt über Porjus 2mal täglich ein Postbus nach Ritjemjokk und zurück. Dieser stoppt in Kebnatsbryggan, Vietas, Suorva und Vakkotavaare.

Stora-Sjöfallets (der »Große Wasserfall«) existiert nur mehr verkümmert, weil der Stora-Lulevatten/Akkajaure-See aufgestaut ist (Wasserkraft).

Saltoluokta: Jedes Jahr in der 2. oder 3. Augustwoche findet das Saltoluokta-Musikfestival statt. Es wird hauptsächlich Volksmusik und -tanz aus Norrbotten (nördlichste Provinz Schwedens) geboten. Sehr populär. Wenn Anfang September der Hotelbetrieb eingestellt wird, bleiben zwei Selbstversorgerhütten ganzjährig geöffnet.

Kvikkjokk: Siehe Padjelanta III, Seite 57.

Lebensmittel: In Jokkmokk, Gällivare, Porjus, Kvikkjokk.

Oben: Der Skierfe-Gipfel (1179 m) ist der Hausberg von Aktse und in 3 Stunden leicht zu besteigen.
Unten: Auf der Panoramatour zwischen Aktse und den Pårte-Hütten über die Rittak-Seen.

4. Kungsleden IV
Winter: Eine Maitour ohne Bowle

Von Abisko nach Nikkaluokta/Vietas

> *Tourenschlüssel*   ⓢ
> *Ski:* 5–6 Tage, 107 km
> *Wandern:* 7–8 Tage, 128 km
> Sommer und Winter mittelschwer
> Gummistiefel notwendig (Sommer)
> als reine Hüttentour möglich
> *Beste Zeit:* Ende März – Anfang Mai (Ski)
> 20. 7.–15. 9. (Wandern)
> *Karten:* Fjällkartan BD 6 + BD 8 (Bezeichnung noch identisch mit früheren Karten; später evtl. 30 I, 29 I, 28 I notwendig).

Skiwanderungen kann man in Lappland auf zwei Arten erleben: entweder glaubt man sich im »Siebten Himmel« oder in der »allererersten Hölle«. Deshalb empfehlen wir Skitouren in Nordschweden nicht vor Ende März, favorisieren gar die beiden letzten Wochen im April und die erste im Mai. Dann sind Schneestürme seltener, die Tage sonnig, schon wärmer und lange hell. Alle Hüttenwirte entlang des Kungsleden hängen morgens eine Wettervorhersage aus. Im Zweifelsfall sollte man sich mit dem »Stugvärd« beraten. Erfahrungen aus den Alpen sind nur mit großen Einschränkungen anwendbar. Die lebenswichtigste Regel heißt: »Grabe dich im Notfall in die Tiefe!« Persönliche Ergänzung: ein Zeitplan darf nie der Grund sein, um risikoreiche Entschlüsse zu fassen!

1. Tag: *Abisko-Turiststation–Abiskojaure, 15 km, 4–5 Std.*

Jenseits der Bahnlinie Kiruna–Narvik beginnt der markierte Kungsleden. Im Winter ist der zugefrorene *Abiskojåkkå-Fluß* freilich nur anhand des Ufersaumes erkennbar. Ende April können die ersten zehn Kilometer durch den Abisko-Nationalpark doch schon recht pappig und teilweise schneefrei sein, weil das gesamte Abisko-Tal im Wetterschatten der westlichen Gebirgsmassive liegt. Wir folgen selbstverständlich der mit roten Kreuzen gekennzeichneten Wintermarkierung bzw. den sehr deutlichen Skispuren bis zum Nordost-Ende des *Abiskojaure-Sees.* Die Hütten, die wir zur Linken sehen, sind verschlossen. Unser Ziel sind die am Südwest-

Folgende Abbildungen:
Links: Ein Schlittenhunde-Gespann erreicht die Sälka-Hütten.
Rechts: Zwischen Sälka und Singi ist der Kungsleden (IV) ohne deutliche Wintermarkierung.

Ende liegenden *Abiskojaure-Hütten* (50 Betten). Man kann sich nun viel Zeit und Mühen ersparen, wenn man in Begleitung eines Einheimischen oder Kenners quer über den zugefrorenen See auf die Hütten zuläuft. Andernfalls sollte man unbedingt den roten Kreuzen oder dem See-Ufer folgen. Denn: Je näher wir zu den Hütten kommen, um so größer wird die Gefahr einzubrechen (Wasserwirbel, Strömung).

2. Tag: *Abiskojaure-Alesjaure, 20 km, 5 Std.*

Wir müssen unabhängig von der Sonne immer mit Gletscherbrille gehen, um nicht schneeblind zu werden. Unsere Skier zeigen nun tagelang nach Süd-Südwest, und wenn die Sonne scheint, gehen wir stundenlang auf sie zu. Zuerst durchqueren wir das *Kamajåkkå-Flußtal* bzw. folgen der Wintermarkierung, bis wir über die Nordhänge des *Kartinvare* (1154 m) aufsteigen. Der Aufstieg ist knapp zwei Kilometer lang, überwindet aber fast dreihundert Höhenmeter. Linker Hand sehen wir alsbald die verschlossene Kieron-Hütte (STF, 4 Betten) und vor uns im Süden das vergletscherte *Kåtotjåkka-Massiv* (1991 m). Von nun an ist der markierte Skipfad ein flaches, unbeschwerliches Vergnügen bis hin nach Alesjaure. Wahrscheinlich werden wir jedoch feststellen, daß fast alle Skispuren die Kungsleden-Markierung verlassen und auf den zugefrorenen *Miesakjaure* (771 m) zuhalten. Wir können dieser Abweichung bei ausgezeichneter (!) Wetterlage folgen. (Sommer-Wanderer bleiben auf dem markierten Kungsleden.)
Am Südwest-Südufer dieses eispanzerten Sees liegt dann die *Miesakjaurestugan.* Diese Hütte ist zwar offen, aber nicht öffentlich (gehört den Samen). So werden wir nur eine kurze Rast einlegen. Danach geht es mühelos Richtung Südwesten (Skispuren) über den *Alesjaure* hinweg, bis wir nach etwa

Während der eine Partner das Zelt aufbaut und die Ausrüstung versorgt, bereitet der andere die Mahlzeit vor.

acht Kilometern auf sein Südende treffen. Falls sich unterdessen eine Wetterveränderung abzeichnet, sollten wir sofort zu der am Westufer verlaufenden Kungsleden-Markierung hinschwenken und dieser bis zu den Alesjaure-Hütten (90 Betten, Telefon, Proviant) am Südende des Sees folgen.

3. Tag: *Alesjaure-Tjäktja, 13 km, 3–4 Std. oder Alesjaure-Sälka, 25 km, 8 Std.*

Vor Jahren noch war die Strecke Alesjaure-Sälka eine Muß-Tagestour, heute jedoch kann man sich die immer noch problematische Route – wegen des 1150 m hohen Tjäktja-Passes – auf zwei Tage aufteilen.
Die ersten acht Kilometer durch das Alesätno-Tal (845 m) – jetzt östlich des Flusses verlaufend – sind unbeschwerlich. Ab der linker Hand liegenden Renwächter-Hütte steigt der südwestlich ziehende Weg allmählich an und führt bis zur Höhenlinie 1020 m hinauf. Dort sehen wir schon die neue Tjäktja-Hütte (20 Betten, Telefon) am jenseitigen Hang liegen; für die Wanderer im Sommer ist eine Brücke installiert.

4. Tag: *Tjäktja-Sälka, 12 km, 3–4 Std.*

Ab der neuen Hütte sind es jetzt nur noch drei Kilometer bis zum Tjäktja-Paß, auf dem nach wie vor noch ein Rastschutz verankert ist. Doch dieses Teilstück hat's wie zuvor in sich. Denn das Gelände bildet eine Art flachliegendes »Kanonenrohr«. Dadurch gibt's oft starken Gegenwind, und das kann Kraft kosten. Wer schließlich auf dem Paßscheitel steht, kann sich auf einen Paukenschlag gefaßt machen. Der *Tjäktja-Paß* fällt nämlich nach Süden hin sehr steil ab. Die Abfahrt ist alpin und wird ein Vergnügen sein, vorausgesetzt, man ist die Kabel-Bindung gewohnt. Im *Tjäktjajåkka-Hochtal* angekommen (900 m), geht es dann in süd-südöstlicher Richtung bis an die vier *Sälka-Hütten* heran (56 Betten, Telefon).

5. Tag: *Sälka–Singi, 13 km, 3 Std.*

Obwohl die Markierung bis Singi fehlt, ist die heutige Strecke relativ leicht. Die Skispuren zeigen durch das breite *Tjäktjavagge* in Richtung Süden. Nach vier Kilometern passieren wir einen Rentierzaun, nach weiteren zwei Kilometern stehen wir schon am *Kuoperjåkka-Rastschutz*. Von nun an allerdings müssen wir die Karte lesen können, da die Singi-Hütten in einem großen Täler-Kreuz hinter Kuppen und Hügeln versteckt sind. Unser Rastschutz liegt auf östlicher Seite des Tales. Wir müssen nun – meist führt eine eindeutige Skispur nach dort – auf die westliche Seite des Tales überwechseln. Es genügt, wenn wir dies in südwestlicher Schrägfahrt tun (nicht von Spuren verwirren lassen, die östlich bleiben), so daß wir

Zwischen zwei Regenschauern. Mittsommernächtliche Stimmung bei Kvikkjokk.

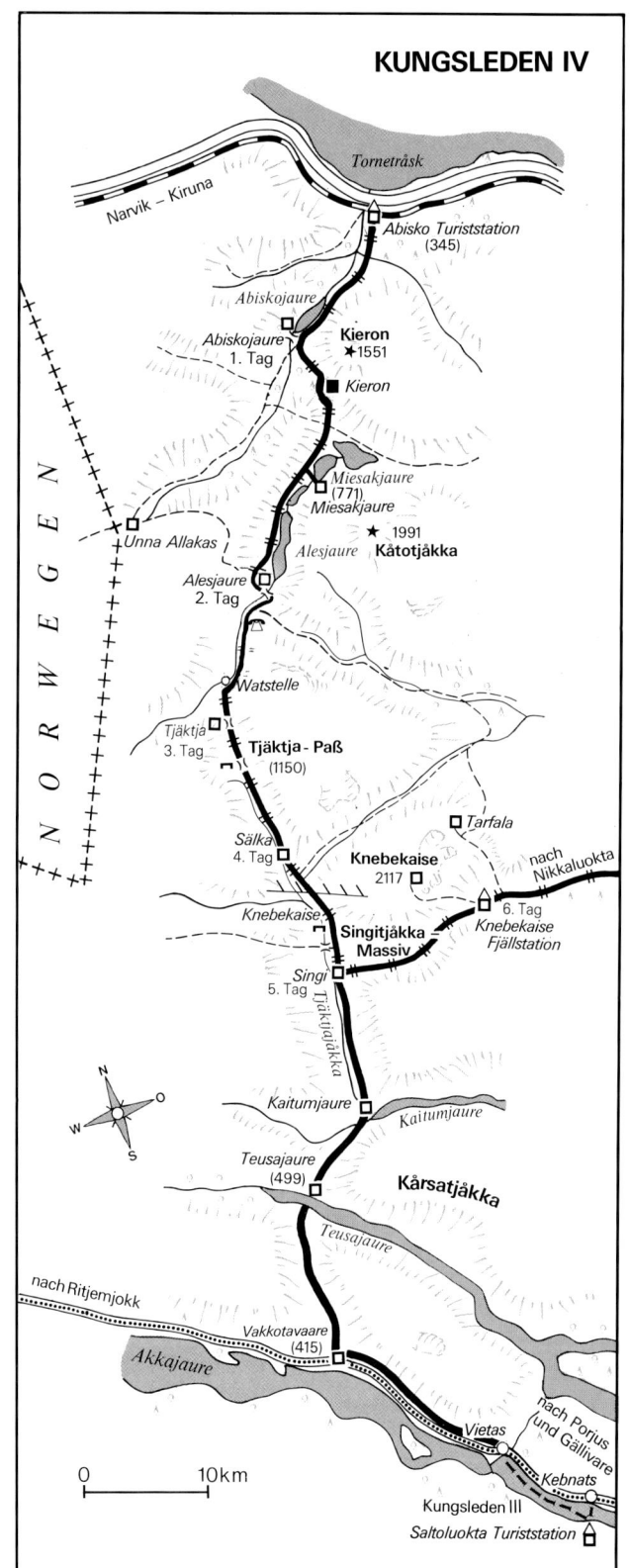

KUNGSLEDEN IV

Tornetråsk

Narvik – Kiruna

Abisko Turiststation (345)

Abiskojaure

Abiskojaure 1. Tag

Kieron ✷1551

■ *Kieron*

Miesakjaure (771)

Miesakjaure

★ 1991 **Kåtotjåkka**

Unna Allakas

Alesjaure

Alesjaure 2. Tag

Watstelle

Tjäktja 3. Tag

Tjäktja - Paß (1150)

Tarfala

Sälka 4. Tag

Knebekaise 2117

nach Nikkaluokta

6. Tag *Knebekaise Fjällstation*

Knebekaise

Singitjåkka Massiv

Singi 5. Tag

Tjäktjajåkka

Kaitumjaure

Kaitumjaure

Teusajaure (499)

Kårsatjåkka

Teusajaure

nach Ritjemjokk

Vakkotavaare (415)

Akkajaure

nach Porjus und Gällivare

Vietas

Kebnats

Kungsleden III

Saltoluokta Turiststation

N O R W E G E N

0   10km

---

unterhalb des *Gipfels 1078* eine Brücke sehen. Mit viel Fingerspitzengefühl für das Gelände (auf Ski- und Scooterspuren achten) sollten wir nun, halb am Hang bleibend, halb dem Tal zustrebend, weiter flußabwärts ziehen. Schon nach wenigen hundert Metern werden wir die *Kårtjevuolle-Same-Siedlung* sehen. Einen Kilometer weiter süd-südöstlich stehen dann die *Singi-Hütten* (56 Betten, Telefon).

6. Tag: *Singi–Kebnekaise Fjällstation, 14 km, 4 Std.*

Von Singi aus startet die markierte Strecke nach Osten, die Bergflanke hoch. Der Anstieg ist nicht schwer und erstreckt sich über drei Kilometer. Oben angekommen, sind die Singi-Hütten schon vom Gelände verschluckt. Unser Weg führt genau nach Osten in die *Ladtjopatta-Schlucht*. Wer sich am linker Hand liegenden *Singitjåkka-Massiv* orientiert, kann gar nicht falsch gehen. Nach insgesamt sieben Kilometern Wegstrecke fällt das Gelände sachte, aber stetig abwärts. Am Ende einer wunderbaren Gleitstrecke kommen wir in der südwestlichen Talhälfte des *Ladtjovagge* an. Die *Kebnekaise Fjällstation* (158 Betten) liegt dann noch drei bis vier Kilometer im Nordosten des Tales (Sendemasten!)

7. Tag: *Kebnekaise–Nikkaluokta, 19 km, 4–5 Std.*

Wer sich abschließend eine Belohnung genehmigen will, kann zusammen mit anderen Skifahrern im »Keb« einen Schneescooter-Transport bestellen und so auf recht bequeme Weise nach *Nikkaluokta* kommen (Busverbindung). Die 19 Kilometer sind natürlich auch als Skiwanderung möglich, jedoch im Mai meist schon sehr naß und pappig.

Sommer: 6. Tag: *Singi–Kaitum, 12,5 km*
       7. Tag: *Kaitum–Teusajaure, 9 km*
       8. Tag: *Teusajaure–Vakkotavaare–*
             Saltoluokta, 15,3 km

Touristische Angaben

Abisko Turistation (400 Betten): Liegt an der bekannten Erzbahn Kiruna–Narvik; die Straße nach Narvik ist ebenfalls fertiggestellt. Abisko ist zur Hauptsaison einem Massenansturm an Besuchern ausgesetzt.

Kebnekaise Fjällstation (158 Betten): Ist ebenfalls ein Touristenmagnet, da sie am Fuße des berühmten *Kebnekaise-Gipfels* (2117 m) liegt, Schwedens höchstem Berg.

Bei der *Vakkotavaare-Hütte* stoppt ein Bus (auf Handzeichen). Im Winter fährt der Bus Gällivare–Vietas–Ritjemjokk nur 1- bis 2mal pro Woche, im Sommer 2mal täglich.

Lebensmittel: In Kiruna oder Gällivare kaufen.

Zwischen Tarraluoppal und Tuottar am Padjelanta-Leden (I).
Um empfindliche Moraststrecken vor Erosion zu schützen, sind
einige Abschnitte der Wanderpfade mit Holzdielen verstegt.

5. Padjelanta-Leden I
Durch das Tarratal
zum »Sommerland«

Von Kvikkjokk bis Staloluokta

Tourenschlüssel   Ⓢ

4–5 Tage, 82 km, mittelschwer
als reine Hüttentour möglich
Herbst-Anfang: Auch Bergstiefel möglich
Beste Zeit: 20. 7.–10./15. 9.
Karten: Fjällkartan 27 H + 28 G (früher: Blad BD 12)

Von *Kvikkjokk* starten wir mit den frühmorgens verkehrenden Motorbooten zum Ausgangspunkt *Bobäcken* (5 km). Dies ist der Auftakt zur Wanderung nach Staloluokta, der Sommersiedlung der Tuorpon-Samen. Dort, am mächtigen Virihaure-See, im Herzen des Padjelanta-Nationalparks, liegt ihr »Sommerland«, also der westlichste Punkt, den sie mit ihren Rentieren aufsuchen.

1. Tag: *Kvikkjokk–Tarrekaise, 25/20 km, 7 Std.*

Die flache Wegstrecke von *Bobäcken* bis zur *STF-Hütte Njunjes* ist etwa zwölf Kilometer lang (3½ bis 4 Std. Gehzeit). Der hier noch nicht markierte, aber gut sichtbare Pfad – es gibt nur diesen einen – geht allerdings über Stock und Stein. Rechts und links davon wuchert dichter Urwald fast tropischen Charakters. Große Farnkräuter, würziger Moorduft, Wacholder, Silberweide, Espen, Birken und Ebereschen sind ständige Begleiter.

Wer die halb verfallenen Hütten von »Bäcken« erreicht, hat knapp die erste Hälfte der Tagesetappe hinter sich gebracht. Bald darauf passiert man auch die verlassene *Njunjes-Siedlung*, die durch den Lappenmissionar Olof Holmbom im 18. Jahrhundert gegründet wurde. Hierher wurde eine Telefonleitung gelegt, damit die aus Westen kommenden Wanderer z. B. die Bootsführer von Kvikkjokk nach Bobäcken bestellen können. Zwei Kilometer westlich davon liegt die *Njunjes-Hütte* des STF (20 Betten).

Nach der Rast brechen wir zur nur noch acht Kilometer entfernten Tarrekaise-Hütte auf (2½ bis 3 Std. Gehzeit). Von Njunjes führt ein kurzer, steiler Aufstieg zu einer Anhöhe über dem Tarratal. Von hier an ist der Weg übrigens entweder mit roten Baumringen oder mit Steinmännchen markiert. Oben angekommen, öffnet sich erstmals ein herrlich-schöner Ausblick auf das unten liegende *Tarratal* und wenig später auch noch ein Panorama auf den *Tarrasee* (Tarraure), an dessen Nordseite die Tarrekaise-Hütte liegt. Der Abstieg zum Tarrasee hinunter ist unschwer, an einigen bis auf den Fels ausgetretenen Stellen jedoch etwas rutschig und naß. Auf halber Strecke liegt seitlich im steilen Felsabhang des Tarrekaise-Massivs (1828 m) ein ehemaliger samischer Opferplatz. »*Passeuksa*« (Die heilige Tür) sieht tatsächlich wie der Eingang zu einem verborgenen Felsenversteck aus. Die *Tarrekaise-Hütten* (STF, 28 Betten) bemerkt man leider erst wenige Meter, bevor man davorsteht. Dafür aber liegen die beiden vom Birkenwald und dem Tarrasee umgebenen Hütten sehr schön.

2. Tag: *Tarrekaise–Såmmarlappa, 13 km, 4 Std.*

Von der Tarrekaise-Hütte verläuft der Pfad leicht ansteigend durch einen dünner werdenden Birkenwald an der Nordseite des *Tarraätno* entlang. »Ätno« ist die samische, »Älv« die schwedische Bezeichnung für »Fluß«. Das Tarratal schwenkt nun langsam von West über Nordwest nach Norden ab. Über dem Tal dominiert der Gipfel des *Måskatjkaise* (1724 m). Der Padjelanta-Leden führt vorübergehend durch einen von Schädlingen schwer verwüsteten Birkenwald. Danach, wie durch ein stilles Signal, öffnet sich nun mehr und mehr die Natur. Wanderfalken sieht man in der Luft stehen, hie und da sausen Lemminge davon, die Rentierspuren verlaufen jetzt ungeniert neben dem Stiefelabdruck des Menschen. Ein Pfad also für Mensch und Tier. So geht schließlich der Weg fort, und ohne sonderliche Schwierigkeiten erreicht man die *Såmmarlappa-Hütte* (STF, 20 Betten), die direkt am Ufer des Tarraätno liegt.

3. Tag: *Såmmarlappa–Tarraluoppal, 15 km, 5–5½ Std.*

Auf dem lang ausgedehnten Weg von Såmmarlappa zu den Tarraluoppal-Hütten liegt gleich zu Beginn ein kleiner Höhepunkt. Nach etwa 500 Metern steht über der Biegung des Flusses auf einer erhöhten Kuppe eine alte STF-Kota, die ein beeindruckend-stilles Bild vom Tarratal freigibt. Die Kota darf selbstverständlich – unter Berücksichtigung der STF-Hüttenbedingungen – zur Übernachtung benutzt werden. Vier Kilometer weiter nördlich durchquert der Pfad den *Slittajåkkå*. Der Bergbach bildet zugleich die Grenze zum *Padjelanta-Nationalpark*. Das Durchwaten der nicht zu verfehlenden Furt ist bei Niedrigwasser völlig problemlos. Doch soll gerade dieser so leicht zu querende Bach manchmal sehr empfindlich für

---

Oben: Die hier gezeigte Flußdurchquerung bei Staloluokta ist recht harmlos und heute auch nicht mehr notwendig, weil es seeabwärts eine Brücke gibt. Doch Training schadet nichts: Gesicht, Körper und Füße sind der Strömung zugewandt. Der Stock stützt wie ein dritter Fuß.
Unten: Klarer Septembermorgen bei den Tuottar-Hütten auf 1000 Meter Höhe.

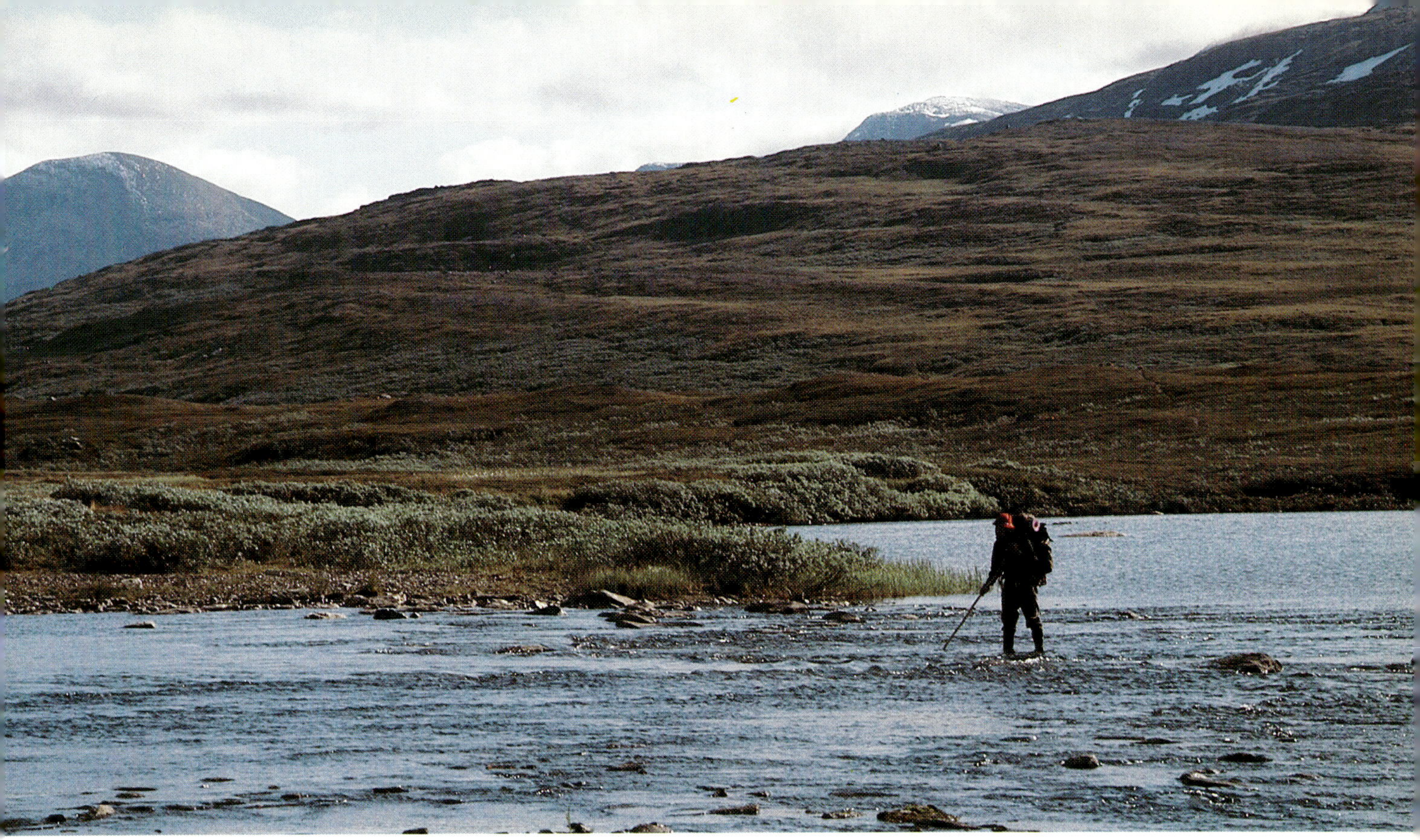

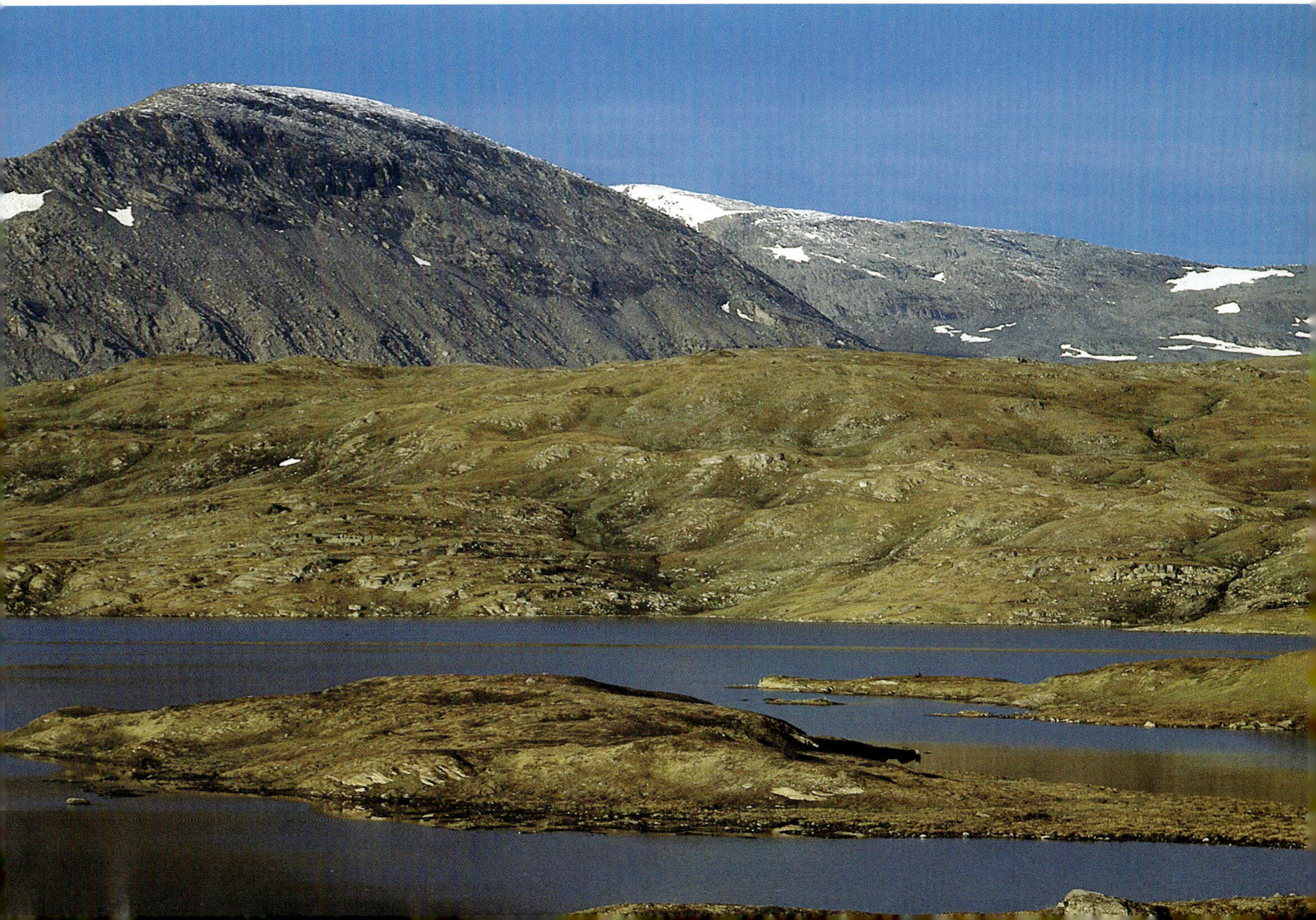

plötzlichen Regen und Schmelzwasser aus dem nördlichen Bergmassiv sein.

Von nun an folgt ein mit Dielen verstegter Pfad durch Moorland und niedrigen, aufgelockerten Birkenwald bis *Puokkijokk*. Nach einer letzten, langgestreckten Steigung steht man schließlich oberhalb der Baumgrenze auf dem eigentlichen Rentierweideland. Schon bald kommen der Tarraluoppal-See und in noch großer Entfernung die *Tarraluoppal-Hütten* von »Naturvårdsverket« in Sicht (36 Betten, das staatliche »Naturvårdsverket« ist für die Nationalparks zuständig.) Der Pfad führt östlich des Weidelandes an die Hütten heran (Radio-Telefon), doch dauert es noch eine geraume Weile, bis sie endlich größer werden! Hier am Tarraluoppal-See endet das Tarratal.

4. Tag: *Tarraluoppal–Tuottar, 10 km, 3–3½ Std.*

Die Tuottar-Hütten liegen auf knapp 1000 Meter Höhe. Deshalb folgt nach der Brücke über den *Vassjajåkkå* ein etwa vier Kilometer langer, kräftiger Anstieg bis hinauf zur hügeligen *Padjelanta-Hochebene* (900–1000 m), die mit zahllosen Seen bespickt ist. Je höher man unterdessen kommt, um so schöner wird die Aussicht. Besonders im Osten beeindruckt das wilde, hochalpine Sarek-Gebirge mit Gletschern und Sommerschnee-Feldern. Hat man den höchsten Punkt des nun nord-nordwestlich verlaufenden Pfades erreicht, öffnet sich ein weiter Horizont. Bei Schönwetter ist die Hochweide herrlich zu betrachten, doch bei schlechtem Wetter ist das weite, offene Land hier oben mitunter sehr starkem Wind, Regen und Kälte ausgesetzt. Die *Tuottar-Hütten* sind zur Mittagsrast erreicht (Naturvårdsverket, 32 Betten). Wer unterwegs nicht schon einige Abstecher gemacht hat, hier im offenen Gelände links und rechts der Hütten gibt es genügend Möglichkeiten. Und nicht zuletzt – man darf auf einen der schönsten Sonnenuntergänge der Wanderung hoffen.

5. Tag: *Tuottar–Staloluokta, 19 km, 5–5½.*

Wenn man nach und nach aus der Hochfläche absteigt, wird man den größten See des Nationalparks vergeblich suchen. Zwar blitzt der Wasserspiegel etwa bei der Weghälfte einmal kurz auf, aber den *Virihaure* und seine mächtige Ausdehnung zwischen den Gebirgen sieht man erst im letzten Moment kurz von der Ankunft in Staloluokta. Die gesamte Wegstrecke ist recht bequem zu gehen, weil es auf trockener Bergheide stetig bergab geht. Dennoch darf die Länge der Tour nicht unterschätzt werden. Und wer gar in Staloluokta beginnt, um umgekehrt nach Kvikkjokk zu wandern (Flugmöglichkeiten siehe touristische Hinweise), der hat hier schon am ersten Tag einen beschwerlichen Bergan-Marsch von sechs Stunden.

Den Wanderweg begleitet südlich das *Kierkevare-Massiv* (1639 m), nördlich des Weges bildet sich aus vielen Rinnsalen und Seen das Tal des »*Råtokjåkkå*«. Der fortlaufende Pfad ist immer gut erkennbar, endet jedoch nach der Brücke über den *Påltaurjåkkå* in einem z. T. hüfthohen bis mannshohen Weidengestrüpp, durch das die Wanderer verschiedene Pfade getrampelt haben. Das etwas verwirrende Wegespiel endet jedoch spätestens am südöstlichen Ende des *Kieddaure-Sees*. Von dort sind es nur noch vier Kilometer bis *Staloluokta* (Naturvårdsverket, 42 Betten, Radio-Telefon).

---

6. Padjelanta-Leden II Über den großen Seen

Von Staloluokta nach Änonjalme – alternativ nach Vaisaluokta

Tourenschlüssel (S)
3–4 Tage, 63 km, mittelschwer,
teilweise schwer
als reine Hüttentour möglich
Herbst-Anfang: Auch Bergstiefel möglich
Beste Zeit: 20. 7.–10./15. 9.
Karten: Fjällkartan 28 G + 29 GH (früher: Blad BD 9)

»Stalo« ist der samischen Erzählung nach ein Riese, der den Lappen feindlich gesinnt war; »luokta« heißt Bucht. Die »Sameviste« (Lappensiedlung) verteilt sich etwas nordwestlich der Touristen-Hütten, am Ufer des Virihaure (siehe touristische Hinweise).

1. Tag: *Staloluokta–Arasluokta–Låddejåkkå, 26 km, 8 Std.*

Bei den Staloluokta-Hütten sind alle drei auseinanderstrebenden Wege sehr gut ausgeschildert und fortlaufend gut mar-

Herbstliche Zeltwanderung durch den Padjelanta-Nationalpark. Um diese Zeit ist man für die wärmende Nachmittagssonne sehr dankbar.

Folgende Abbildungen:
Links oben: Die idyllisch über dem Tarratal gelegene STF-Kota bei Såmmarlappa.
Links unten: Der Padjelanta-Leden I zwischen Tarrekaise und Såmmarlappa. Über dem Weg dominiert der Gipfel des Måskatjkaise (1724 m).
Rechts: Die Wegführung zwischen Staloluokta, Arasluokta und Låddejokk erweist sich als einzigartige Panoramatour »über den großen Seen«. Hier ein Blick auf den mächtigen Virihaure-See und das norwegische Grenzgebirge.

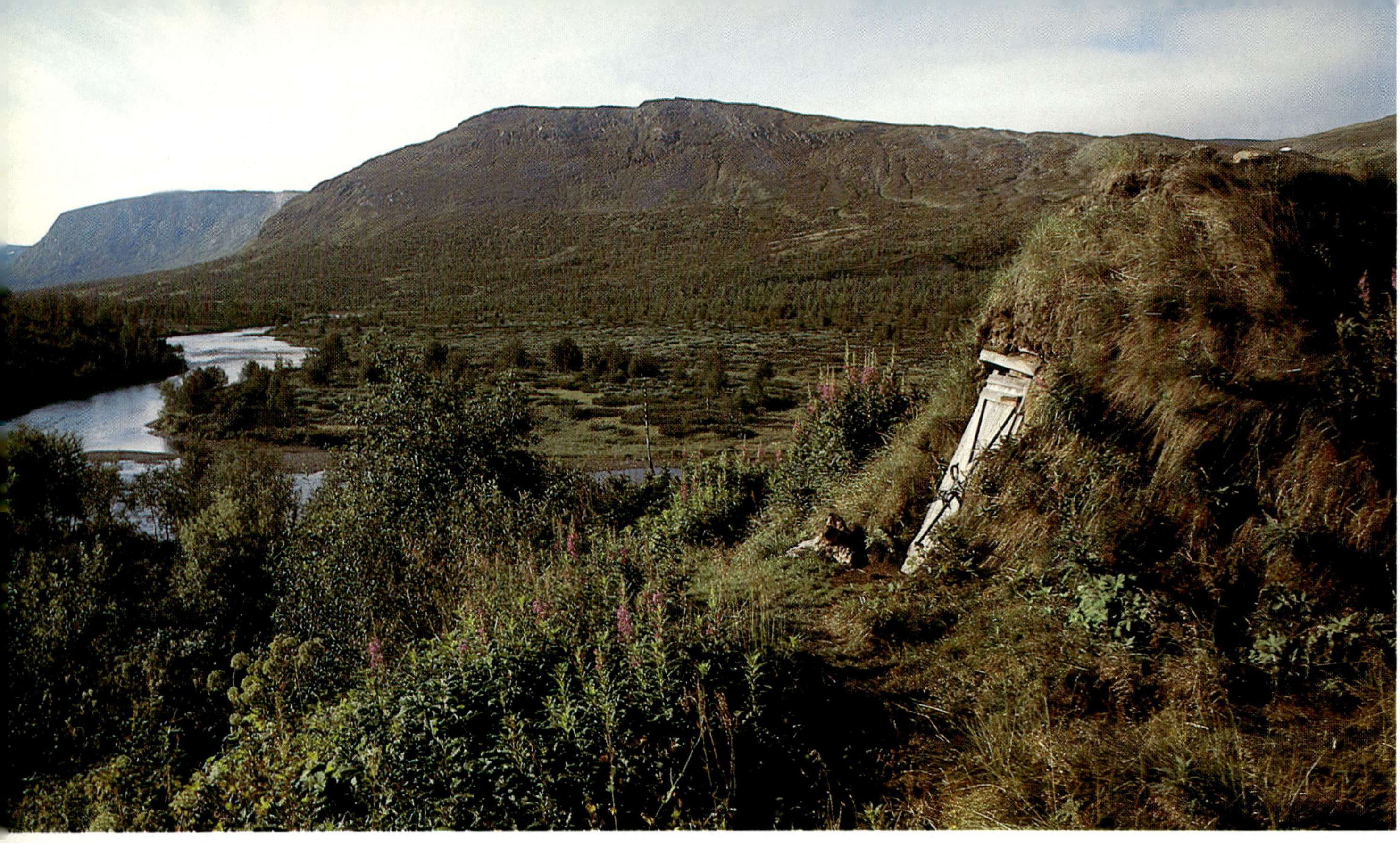
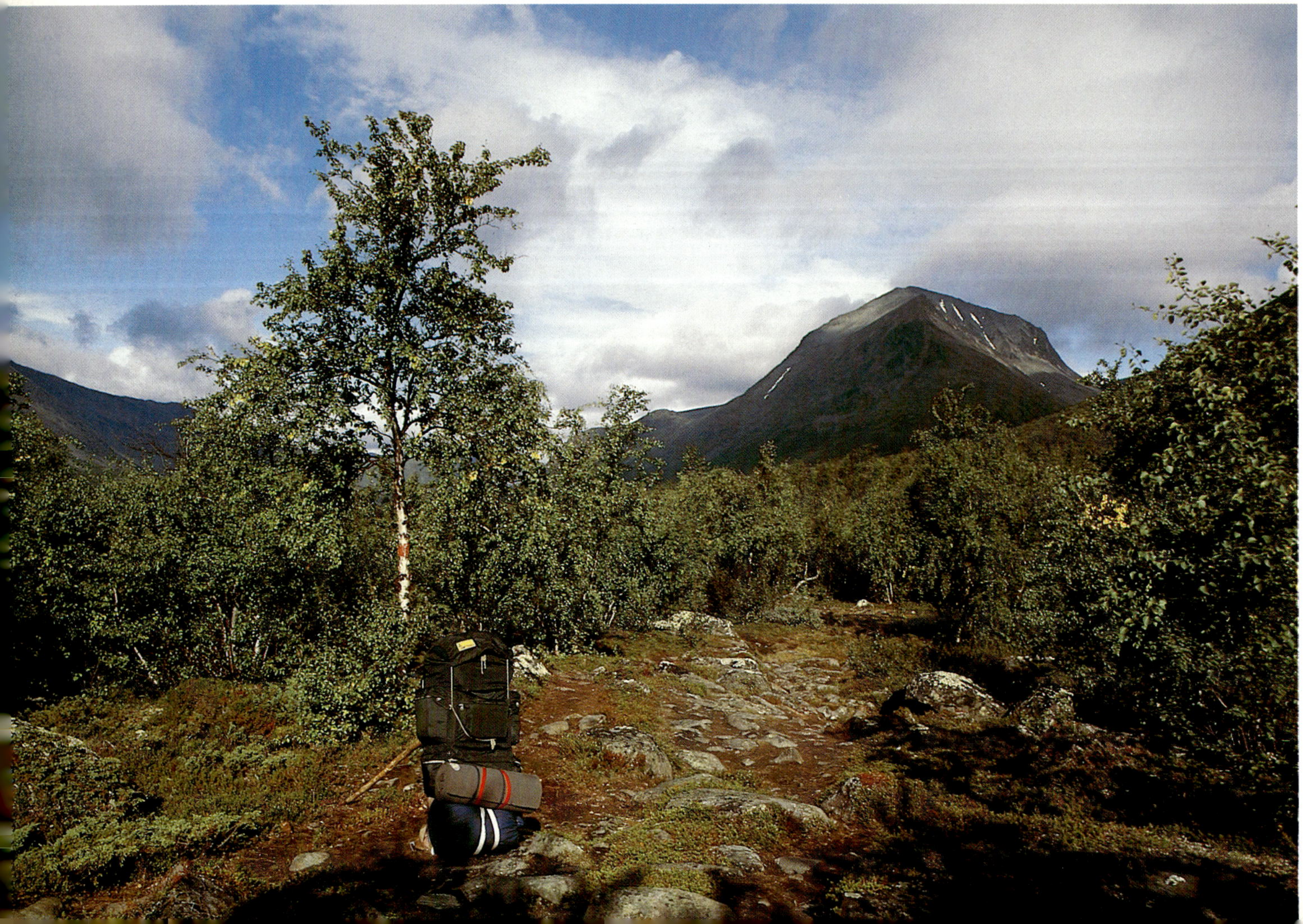

kiert. Der Pfad nach »Arasluokta«, jenseits des *Stuor-Titer-Massivs* (1036 m), führt in Richtung der Sameviste, doch kurz davor steigt er steil an. Die zum Teil nassen Wiesen am Westabhang des Stuor-Titer sind mit Holzdielen verstegt. So schont man die empfindliche Bergweide, die andernfalls schnell zertrampelt und einer unaufhörlichen Bodenerosion ausgesetzt wäre.

Die Wanderung, zunächst nach *Arasluokta* (12 km, 3–3½ Std.), wird zu einer einzigartigen Panorama-Tour. Ständig liegt unten der *Virihaure*, aus Nordwest blitzt der *Vastenjaure* herüber, im Westen und Südwesten wölben sich die gletscherreichen, mächtigen Grenzgebirge Norwegens über den Horizont. Die Wegstrecke, die entlang der Bergflanke verläuft, schwenkt alsbald von Nord nach Osten ab. Auf etwa der Weghälfte erreicht man nach einem kurzen, steilen Anstieg mit 800 m Höhe die höchste Stelle der Tour, die ein grandioses Panorama bietet. Anschließend geht es in die stärker abfallende Nordflanke des Stuor-Titer. Der Weg bleibt aber weiterhin problemlos, obwohl einige tiefere Bergbach-Einschnitte zu queren sind. Schon gut eine Stunde vor Ankunft sieht man die *Arasluokta-Hütten* (Naturvårdsverket, 32 Betten) im Tal des *Arasjåkkå*. Die Wegführung zu den Hütten hin scheint sehr umständlich, weil in einem größeren »Umweg« weit ausholend an die Hütten herangeführt wird. Man sollte sich unbedingt den Wegbauern anvertrauen! Sie wußten sehr geschickt das sumpfig-nasse Land vor den Hütten zu umgehen. Ebenso sollte man nur an der ca. 250 m vor den Hütten liegenden, mit »Wad« gekennzeichneten Stelle den Fluß überqueren.

Nach der Mittagsrast setzen wir die Wanderung nach *Låddejåkkå* fort (14 km, 4 Std.). Der Weg nach dort ist eigentlich unschwierig. Was aber belasten kann, sind die insgesamt 26 Kilometer an einem Tag. Nördlich Arasluokta liegt die Sommersiedlung der »Jåkkåkåska-Samen«, deren Kotas unterhalb des Wanderweges nach Låddejåkkå liegen. Hier sei noch auf einen Fünf-Minuten-Abstecher zur Kirchenkota hingewiesen, die am Ende der »Sameviste« kurz unterhalb des Wanderweges liegt. Sie ist weitaus einfacher und urtümlicher als die wirklich wunderschöne, mit Rentierfellen ausgelegte Kirchenkota in Staloluokta, aber genauso reizvoll eigenartig.

Bis zum *Miellätno* verläuft der Pfad recht flach bzw. neigt sich dem Flußtal zu. Über das reißende Wildwasser führt eine etwas längere, leicht schwankende, aber absolut sichere Stahl-Hängebrücke. Wenige hundert Meter danach beginnt ein ausgedehnter, fast zweistündiger Aufstieg zum flach auslaufen-

Bootslände Änonjalme. Wie auf ein geheimes Kommando hin treffen sie plötzlich aufeinander, die Freunde des hohen Nordens, denn das letzte September-Schiff kommt über den großen Akkajaure, um sie abzuholen. Aber nächstes Jahr stehen wieder die selben Leute hier.

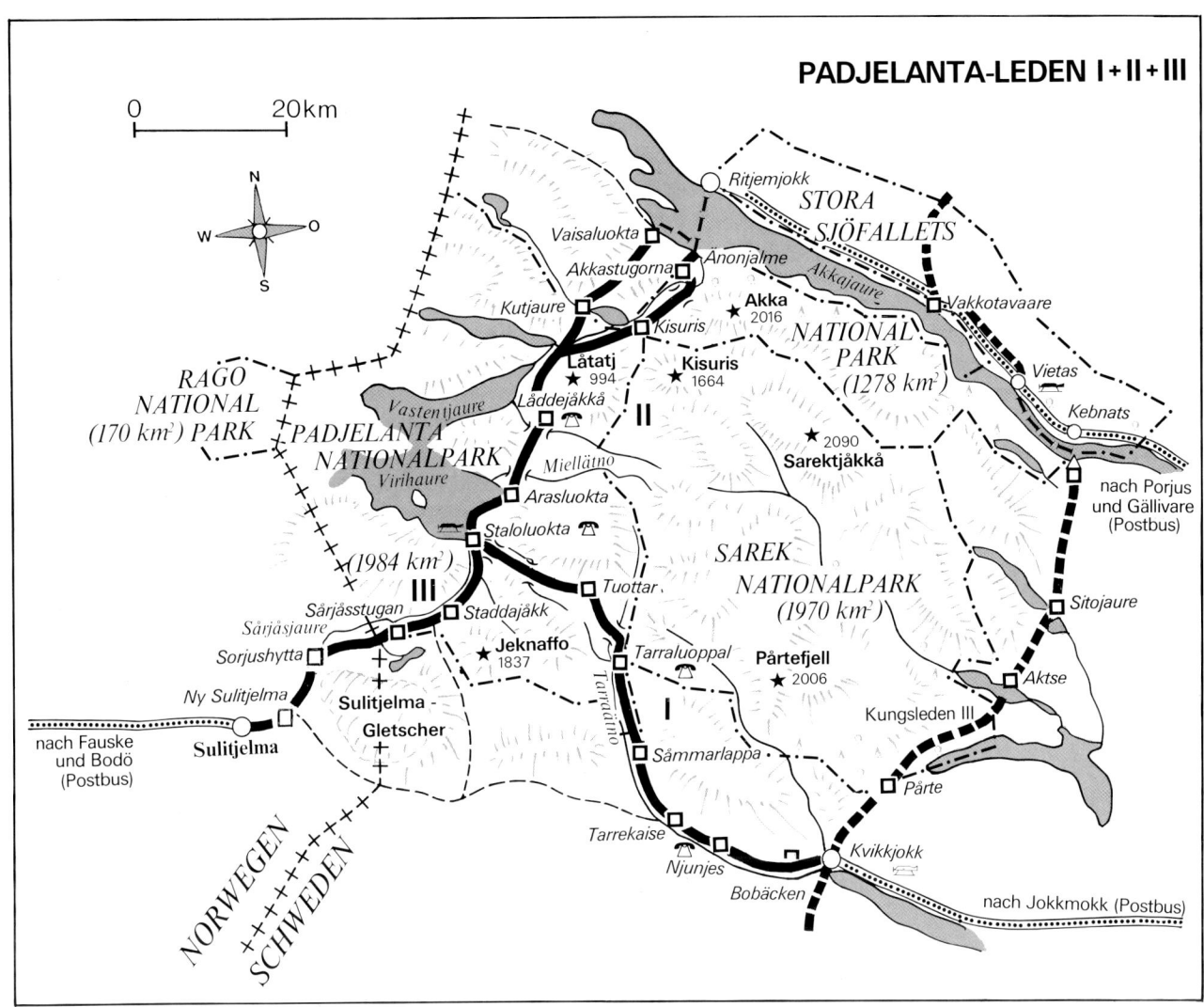

den Bergrücken östlich des *Mulka* (1264 m). Beinahe nicht enden wollend schleppt sich der Bergpfad behäbig aber sicher von 590 Metern auf knapp 920 Meter hoch. Der Abstieg hingegen ist nur halb so lang, zum Teil auch etwas steil. Mit einem Zwanzig-Kilo-Rucksack im Kreuz kann dieses stark abfallende Gelände, trotz ausgetretenem Pfad, untrainierte Knie und Bänder ganz ordentlich belasten. Hier zahlt es sich eben aus, wenn man nicht ohne Vorbereitung oder Training, mit der richtigen Ausrüstung und dem richtigen Gewicht durch das Fjäll wandert. Kurz vor Erreichen der *Låddejåkkå-Hütten* (Naturvårdsverket, 28 Betten, Radio-Telefon) geht es nochmals über eine Hängebrücke. Gerade hier steht sie richtig, denn der drunter durchschießende, wild aufschäumende *Låddejåkkå* hat sich ein fantastisches Felsenbett ausgewaschen

und sogenannte Riesentöpfe in den weichen Fels gehöhlt.

2. Tag: *Låddejåkkå–Kisuris, 24 km, 7½ Std.*

War nun die Doppeltour von Staloluokta nach Låddejåkkå mehr oder weniger freiwillig und an der Kondition ausgerichtet, so ist die folgende Distanz ein Muß. Die Wanderung ist nicht sonderlich schwierig, aber eben lang. Der Aufstieg bei den Låddejåkkå-Hütten geht direkt durch ein Gatter des nahe vorbeilaufenden Rentierzaunes. Der Anstieg ist nur einige hundert Meter lang, jedoch ziemlich steil. Bald steht man aber auf der Hochfläche des *Låtatj* (994 m), die an seiner Südwest-Flanke nur zwischen 700–720 m Höhe entlangläuft. Der Pfad folgt diesem flachen Bergrücken und ist also recht bequem zu gehen.

Die Rentierzäune sind übrigens deshalb mitten durch die Wildnis gezogen worden, um eine Vermischung von Herden der unterschiedlichen Lappenstämme zu verhindern. Hier hat man bereits das den »Sirkas-Lappen« gehörende Weidegebiet betreten, die vor allem am Vastenjaure, am Sallohaure und am Kutjaure ihre Sommerlager haben. Alle drei Seen liegen entlang der Wanderroute, d. h. sie sind von der am Bergrükken verlaufenden Strecke recht gut zu sehen. Wenn sich der Vastenjaure über seinen Abfluß *Vuojatätno* (etwa: »Wo die Rene über den Fluß schwimmen«) nach Nordosten ergießt, schwenkt noch in der Höhe der Bergpfad nach Nordosten ab. Langsam neigt sich der Weg dann dem Tal zu, bis er schließlich die beiden Sallohaure-Brücken erreicht. Jenseits der Brücken beginnt die *Alternativ-Route,* die die Wanderer über die *Kutjaure-Hütten* nach *Vaisaluokta* am Akkajaure führt. Diesseits folgt man zunächst weiterhin dem Flußtal abwärts – noch sind es dreizehn Kilometer nach Kisuris –, bis kurz vor dem *Kutjaure-See* der Weg nach Osten dreht. Hier öffnet sich dann ein weites, offenes Landschaftsbild, das im Osten eindeutig vom gewaltigen *Akka-Massiv* (2015 m) mit seinen über elf Gipfeln und neun Gletschern beherrscht wird. Angesichts dieses dominierenden Berges dauert es aber noch eine geraume Zeit, bis man das Dach der großen *Kisuris-Hütte* (Naturvårdsverket, 34 Betten, Radio-Telefon) aus dem Birkenwald hervorstechen sieht.

3. Tag: Kisuris–Akkastugorna, 12 km, 3–3½ Std.

Die Strecke zu den Akka-Hütten hinunter ist verglichen mit den beiden letzten Etappen fast ein Spaziergang. Kurz hinter den Kisuris-Hütten endet der Padjelanta-Nationalpark. Oder genauer, hier grenzen die drei großen Nationalparks Padjelanta, Sarek und Stora Sjöfallets aneinander. Praktisch fast an der Stelle, wo man über die Brücke am »Sjnjuftjutisjåkkå« (mit einem geduldigen Lehrer lernt man es auszusprechen) marschiert. Man bemerkt beim Abwärtsgehen, daß man sich langsam wieder der Zivilisation nähert. Bei »Mansbäcken« und »Jokkjokken« hat man nämlich für Tagesausflügler zwei Rastplätze hergerichtet. Sie kommen vielfach von den *Akka-Hütten,* die nur gute dreißig Minuten von der Schiffsanlegestelle *Änonjalme* entfernt sind. Von dort geht morgens und abends ein Boot über den Akka-See nach *Ritjemjokk* (STF-Mitglieder erhalten Fahrpreis-Rabatt!). Dort gibt es eine Postbusverbindung nach Gällivare.

Den *Akka-Hütten* (40 Betten) muß man aber gerecht werden: Sie sind der wichtigste Ausgangspunkt für eine hochalpine Gipfel- und Gletschertour ins *Akka-Massiv.* Man rechnet üblicherweise drei Tage für eine solche Unternehmung.

Unweit der Låddejokk-Hütten (Padjelanta II) hat der gleichnamige Fluß tiefe Auswaschungen, sogenannte »Riesentöpfe«, in den Fels gespült.

7. Padjelanta-Leden III »Grenzgängerei« für Fortgeschrittene

Von Staloluokta (S) nach Sulitjelma (N)

Tourenschlüssel
2/3 Tage, 42 km, mittelschwer teilweise hochalpin *Spätsommer:* Auch Bergstiefel möglich *Beste Zeit:* August *Schw. Karte:* Fjällkartan 28 G – ohne norw. Angaben (früher: BD 12 – norw. Angaben nicht stimmig) *Norw. Karten:* Serie M 711, Blad 2229 III und 2129 II

Dieses Kapitel wendet sich hauptsächlich an Bahn- oder Busreisende und an fortgeschrittene Skandinavien-Urlauber mit viel Fantasie und Unternehmungslust. Ein Beispiel: Wer in Schweden per Bahn anreist, fährt bis Jokkmokk bzw. Kvikkjokk, wandert nach Staloluokta und weiter bis ins norwegische Sulitjelma. Dort nimmt man den Bus nach Fauske oder Bodö und schippert schließlich mit der »Hurtigroute« auf die Lofoten – Voilà! Umgekehrt kann man natürlich auch von Norwegen bis Staloluokta wandern, dann z. B. mit einem der recht billigen Flüge nach Kvikkjokk fliegen, sich neu verproviantieren und auf dem Kungsleden »Süd« nach Ammarnäs wandern. Auch das ist Skandinavien, nur sagt's einem niemand.

Den dritten Teil des Padjelanta-Leden kann man als etwas beschwerliche Zwei-Tages-Tour bewältigen oder – weniger anstrengend – in drei Tagen. Wer die drei Tage wählt und statt im Zelt nur in Hütten übernachten will, sollte sich sicherheitshalber – obwohl die Sorjus-Hütte auf norw. Seite jetzt als »offen« gilt – bei Sulitjelma Turistforening, N-8230 Sulitjelma, Tel. 081/40401 erkundigen. (Hier, wie auch bei Narvik, war bisher immer eine »gesunde Skepsis« angebracht.)

1. Tag: Staloluokta–Staddajåkk, 14 km, 4–4½ Std. oder Staloluokta–Sårjåsjaurestugan, 20 km, 6–6½ Std.

Diejenigen, die auf dem Padjelanta-Leden I von Kvikkjokk nach Staloluokta gekommen sind, kennen den Weg zurück zur Staddajåkk-Abzweigung. Andernfalls folgen wir in *Staloluokta* der »Staddajåkk«-Beschilderung, gehen über die Brücke, steigen bergan, bis wir südlich des *Luoppal-Sees* an der Abzweigung Tuottar/Staddajåkk stehen. Wir folgen dem nach Norwegen weisenden Pfad und haben schon bald die Birkenwaldgrenze beim *Viejejåkkå* erreicht. Nach der Brücke führt

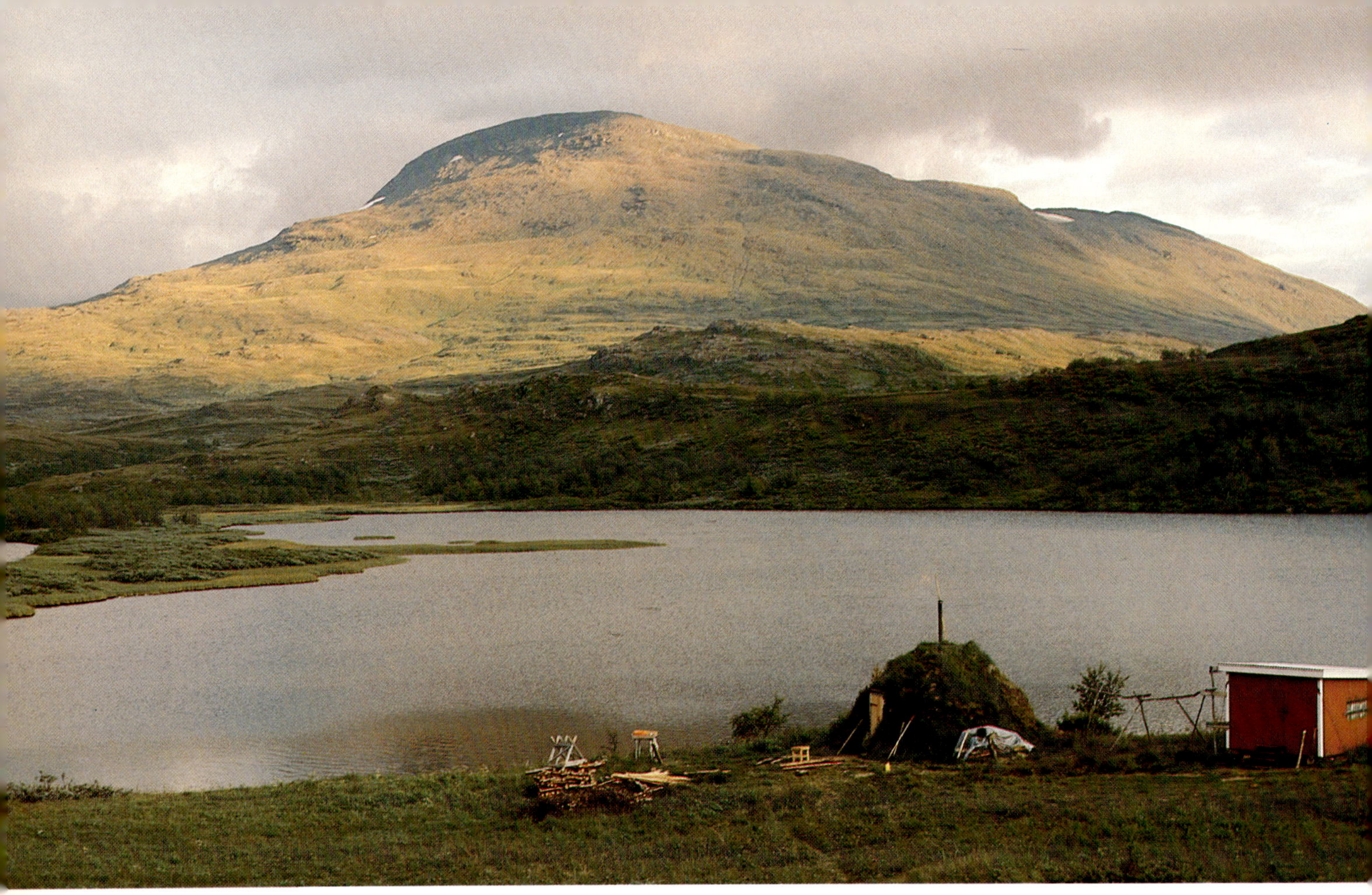
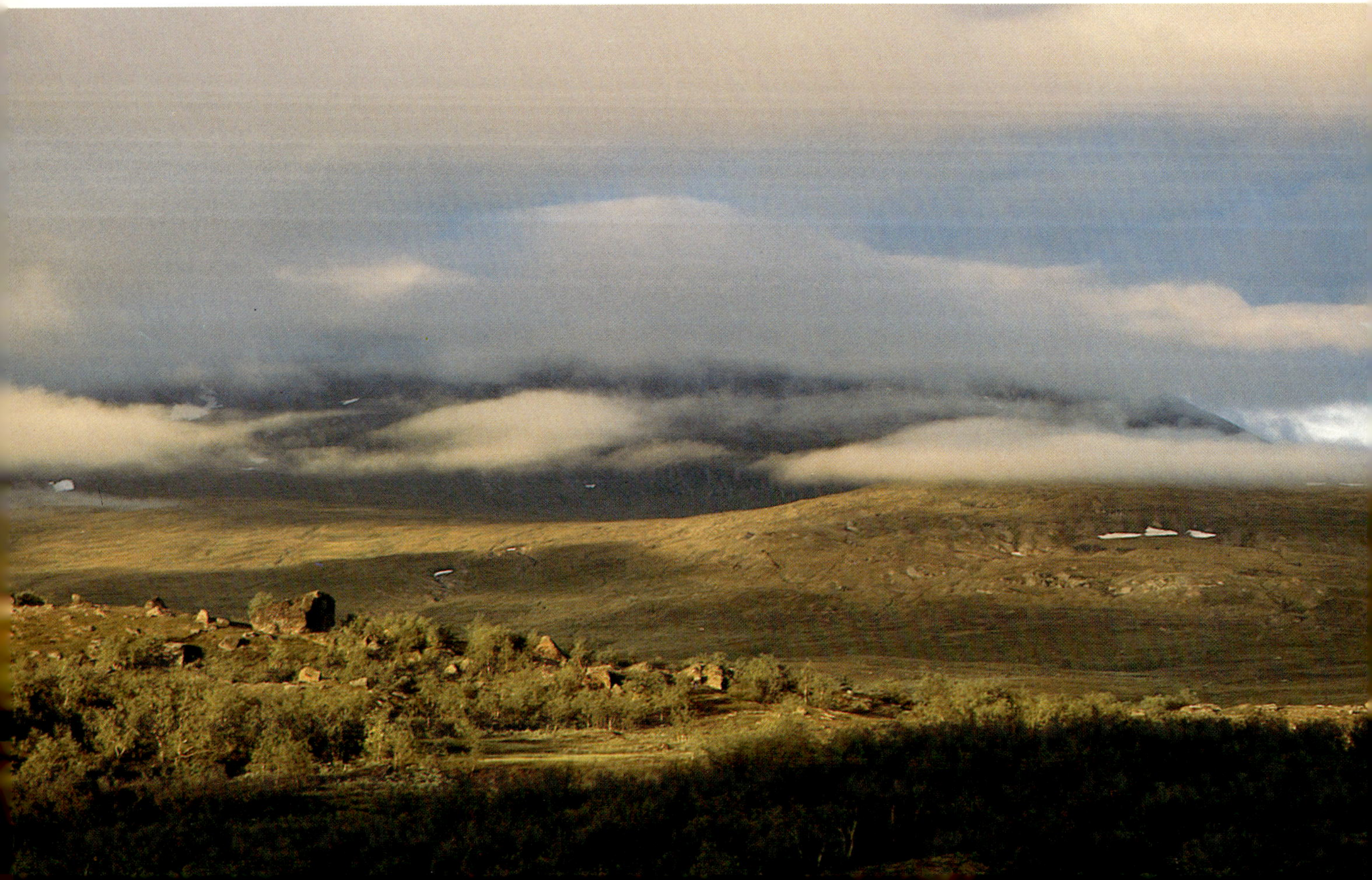

der Pfad ins *Stalojåkkå-Tal*. Das Gelände am Nordwestabhang des *Jållevare* (1113 m) ist trocken und gut begehbar, wenngleich wir auch die Rinnsale und Bäche um den Jeknaffojåkkå queren müssen. Kurz darauf liegt zur Linken das *Jeknaffo-Massiv* mit seinen vier nach Süden ansteigenden Gipfeln (höchster Punkt 1836 m), zur Rechten liegt der Kapasluoppal-See, und nur wenig später sind die Staddajåkk-Hütten am Ostufer des gleichnamigen Flusses erreicht (Naturvårdsverket, 12 Betten).

Zwei-Tages-Marschierer wandern noch am ersten Tag zur *Sårjåshütte* auf schwedischer Seite und übernachten dort.

2. Tag: *Staddajåkk–Sårjås (S)–Sorjushytta (N)*, 14 km, 4½ Std.

Mit dem Überqueren der Staddajåkkå-Brücke verlassen wir den Padjelanta-Nationalpark. Die fünf Kilometer bis zur schwedischen Sårjåsjaurestugan sind hauptsächlich durch einen mählichen Anstieg von 690 m auf 830 m Höhe gekennzeichnet. Auf dieser Höhe liegt nämlich die *Sårjås-Hütte* des STF (8 Betten); direkt am östlichen Abfluß des Sårjåsjaure. Von nun an ist das Gelände eigentlich als hochalpin zu bezeichnen, weil wir ringsum von den drei Gletschergebieten Sulitelma (norwegisch »Sulitjelma«), Blåmannsisen und Ålmåijekna umgeben sind. Der Pfad verläuft südlich des Sårjåsjaure und erreicht 4 Kilometer nach der STF-Hütte die Landesgrenze Schweden/Norwegen. Ab jetzt heißt es auf die roten »T«-Markierungen achten – »T« steht für »Turist« –, obgleich man ja bis zur norwegischen *Sorjushytta* (8 Betten) am oberen *Sorjusjaure* nicht verkehrt gehen kann, weil zur Rechten ständig der See liegt. Das eigentliche und erste Problem kann die Flußüberquerung einen Kilometer nach Passieren der Grenze sein. Insbesondere nach schlechtem Wetter oder später Schneeschmelze (in dieser Höhe sogar noch um den 25. Juli) kann der Fluß mitunter schwierig zu durchwaten sein.

Zwei-Tages-Marschierer haben an der schwedischen Sårjåsstugan begonnen und marschieren noch am selben Tag bis nach *Sulitjelma* weiter.

3. Tag: *Sorjushytta–Ny Sulitjelma–Sulitjelma (Ort)*, 14 km, 4–4½ Std.

Während der Pfad von Staddajåkk aus immer in west-südwestlicher Richtung verlief, so schwenkt er ab der *Sorjushytta* (N) auf Südwest-Süd um und steigt kräftig an. Die ersten fünf

Kilometer sind wir in knapp 1050 m Höhe unterwegs und passieren dabei einige Sommerschneefelder im Gletscher-Randgebiet des *Sorjusćokka*, danach aber geht es über Höhen von 960 m auf 800 m herunter, die wir östlich des *Övre Duoldgoppjaure-Sees* erreichen. Zwar müssen wir noch einmal einen Bach durchqueren, aber der restliche Weg bis zur *Ny-Sulitjelma-Hütte* ist unschwierig. Es empfiehlt sich, auf Ny Sulitjelma (20 Betten) zu übernachten und erst am anderen Morgen nach *Sulitjelma* (Ort) abzusteigen. Die Gegend im Tal ist, bedingt durch die Kupferhütte, alles andere als eine Ferienlandschaft. Wenn wir für die Übernachtungen bezahlt haben (siehe eingangs erwähnte Tel.-Nr.), nehmen wir am besten den nächsten Bus nach Fauske oder Bodö.

Touristische Angaben: Padjelanta-Leden I+II+III

Staloluokta: Da im Herzen des Padjelanta-Nationalparks (1984 km²) drei Wanderwege zusammenkommen, sind die Hütten während der Hochsaison (bis ca. 15. 8.) fast immer voll. Es ist auch sehr beliebt, mit den täglich verkehrenden Wasserflugzeugen hereinzufliegen und zu wandern. Meist ist es bis Ende August möglich, sich beim Hüttenwirt neu zu verproviantieren. Darüber hinaus gibt es die Möglichkeit, in der Sommer-Siedlung der Tuorpon-Samen frischen oder geräucherten Fisch zu kaufen, manchmal auch Brot.

Die »Tuorpons« leben im Sommer hier noch in den traditionellen Kotas, im Winterquartier aber haben sie feste Häuser. Die Übersiedlung ins »Sommerland« findet Anfang bis Mitte Juli statt. Mütter und Kinder bleiben jedoch nur bis Schulbeginn in Staloluokta (Mitte August), während die Männer bis in den Frühherbst hinein am Virihaure verweilen. Das Leben während des kurzen Sommers ist mit Fischfang, der mühevollen Kälbermarkierung und der zeitintensiven Rentierwache voll ausgefüllt. Man sollte die Samen nicht unbedingt bei ihrer Arbeit stören. Zur rechten Zeit aber unterhalten sie sich gerne mit einem interessierten Wanderer, der sich in ihrem Dorf zu benehmen weiß. Sehr wichtig jedoch ist, nicht ausgerechnet nachts durch die Siedlungen zu gehen. Die sofort bellenden Hunde wecken sonst alle Schläfer auf.

Kvikkjokk: Der Dreißig-Häuser-Ort ist in den letzten Jahren zu einem wahren Magneten für Wanderer oder besser »das« Tor zur Natur geworden. Überall stehen und liegen Rucksäcke herum. Es gibt die Postbusverbindung nach Jokkmokk, ein Postamt und einen Lebensmittel-Kiosk. Es gibt aber neben der

---

Morgenstimmung in Staloluokta, der Sommersiedlung der Tuorpon-Samen (unten). Während des Sommers lebt man noch in den traditionellen Kotas (oben).

Folgende Abbildung: Die Lofoten sind das Ziel vieler Bergsteiger und Kletterer. Eine der malerischsten Landschaften ist die Umgebung von Reine.

großen STF-Station das Café »Pelleva« mit Hüttenvermietung und den »Kvikkjokk-Touristservice« (Hüttenvermietung) beim Campingplatz. Außerdem starten und landen regelmäßig Wasserflugzeuge und Helikopter nach Staloluokta, Aktse und Vietas.

Padjelanta I: Auf der Såmmarlappa-Hütte ist es bis Ende August möglich, Proviant zu kaufen.

Padjelanta II: Die Bootsverbindung von Vaisaluokta über Änonjalme nach Ritjemjokk und umgekehrt wird meist gegen Ende der ersten September-Woche eingestellt. Danach hilft nur der Zufall, um über den großen Akkajaure zu kommen. Ende August also vor Ort Erkundigungen über den Bootsverkehr einholen!

Padjelanta III: Der Bus von Sulitjelma nach Fauske Bodö verkehrt dreimal täglich. Außerdem: Es ist ganz selten bekannt, daß ein Überland-Bus, der »Bodö-Skellefteå-Expreß« zweimal wöchentlich von Bodö in Norwegen via Graddis und Arjeplog nach Schweden fährt.

Und immer noch 2420 Kilometer bis zum Nordpol.
Narviks berühmter Wegweiser im Stadtzentrum.

8. Über dem Ofotfjord
Narvik und seine Umgebung, Lofoten

Tourenschlüssel (N)
6–7 Tage, mittelschwer/schwer
Unsicherheitsfaktor: Brücken,
daher evtl. viele Flußdurchquerungen
Gummistiefel
Hüttentour (Schlüssel)
Beste Zeit: 1. 8.–31. 8.
Karten: Fjällkartan, Blad BD 6+BD 8 (schwedisch), Serie M 711, 1431 III+1431 IV (norwegisch).
Zusätzliche Karten, soweit nicht schon aus Kungsleden, Padjelanta, Grenzpfad-Touren vorhanden:
Für den Verbindungspfad nach Norden: Fjällkartan 31 JK, 32 J sowie M 711, Blatt 1532 III.
Für die Verbindungspfade nach Süden: Kungsleden ab Cunojavrre: BD 6+BD 7; dito ab Hukejaure; Kungsleden ab Sitasjaure: 29 GH (siehe auch Kungsleden I–IV); Padjelanta–Leden ab Ritsem: 28 G+29 GH (siehe auch Padjelanta–Leden I–III).

Bisher habe ich noch niemanden getroffen, der über eine Gebirgstour in der Umgebung von Narvik nicht heftig kritisiert oder von vornherein resigniert hätte. Denn in dieser Region wird der Wanderer schon seit Jahren immer wieder mit den landschaftlichen Veränderungen des Wasserkraftwerkbaus konfrontiert. Es ist daher notwendig, hellwach zu sein und jede Information – auch die Angaben in diesem Buch – alljährlich vor Ort persönlich und vor Beginn der Tour zu überprüfen. Hinzu kommt ein anderes Hindernis: Wer nämlich in den Hütten übernachten will, findet normalerweise nur nach viel Rennerei heraus, daß der Schlüssel für die Hütten der »Narvik og Omegn Turistforening« (NOT) lediglich bei der Feuerwehr in Narvik erhältlich ist (Narviks Brannstasjon). Die Postanschrift lautet jedoch: NOT, Postboks 615, N-8501 Narvik, Tel. 082/45422. Erfreulicherweise werden wenigstens die Mitgliedschaften von DNT oder STF anerkannt.

Über dem Ofotfjord. Ein Erzfrachter läuft in den Hafen ein.
Die Aufnahme entstand auf dem Hausberg von Narvik,
dem Fagernesfjellet (1007 m). Das Fagernesfjell ist im Winter
ein beliebtes alpines Skigebiet.

Wo so viele Seen aufgestaut werden, muß es viel Wasser, Bäche und Flüsse geben. Tatsächlich ist die Narvik-Region sehr schneereich und die Schneeschmelze daher sehr spät beendet. Es kann möglich sein, daß die 3. Tagesetappe der nachfolgenden Tourenbeschreibung erst ab Anfang August realisierbar ist. Entweder weil die Brücken noch nicht installiert oder die – ersatzweise – Flußüberquerungen zu gefährlich sind.

Warum das alles? Narviks Umgebung ist eine Alternative zum vielbesuchten Nordabschnitt des »Kungsleden« und damit das letzte – wenn auch komplizierte – Glied zu einer dann riesigen Verkettung von Wanderwegen, die in diesem Buch vom Dreiländereck Schweden/Norwegen/Finnland (Grenzpfad von Troms) bis hinunter nach Ammarnäs (Kungsleden I–IV) reicht, einschließlich der Variante durch den Padjelanta-Nationalpark. Damit ist es also möglich, jede der Touren einzeln wochenweise zu realisieren, aber auch eine Kette von Wanderwegen zusammenzustellen, die gut zwei Monate Zeit verlangt.

Von Narvik nach Sitasjaure

1. Tag: *Narvik–Skjomdalen–Fjellbu–Losistua, 12 km, 3½–4 Std.*

Mit dem *Bus* bis zur Abzweigung Skjomdalen und dann entweder »per Daumen« oder per Taxi (in Narvik erfragen) bis Fjellbu.

Von dort wandern wir auf der Straße das Norddalen aufwärts bis *Stasjonsholmen*. Hier zweigt der sehr steile Pfad zur knapp zwei Kilometer entfernten *Losistua* ab, die hoch oben auf einem Felsplateau liegt (NOT, 8 Betten, geschlossen).

2. Tag: *Losistua–Čunojavrre, 15 km, 5 Std. (teilweise unmarkiert).*

Wir wandern an Berghängen entlang nach Osten, immer oberhalb, nördlich des Flusses, der in den Karten norwegisch »Nordelva«, samisch »Čunojokka«, genannt wird. Auf halber Wegstrecke treffen wir dabei auf den von der Straße bzw. auf den vom Stausee-Damm kommenden (markierten) Pfad, mit dem wir gemeinsam bis zum Čunojavrre-See gehen. Am Nordufer liegen die *Čunojavrre-Hütten* (NOT, 16 u. 7 Betten/Schlafplätze, geschlossen).

3. Tag: *Čunojavrre–Čainhavagge–Hyttene, 12 km, 4 Std.*

Den Markierungen folgend zur Brücke über den *Čunojokka*. (Achtung: In Narvik erfragen, ob diese Brücke nach dem 20. 7. auch tatsächlich installiert ist – anderenfalls Verbindungsweg über Unna Allakas.) Danach geht es weiter über den *Sandelva-Fluß* und zur Brücke am *Kalikselva*. Möglicherweise müssen jetzt beide Flüsse durchwatet werden, die Kalikselva-

Brücke war in einem bedenklichen Zustand. Anschließend verläuft der Pfad nicht sonderlich gut markiert in südwestlicher Richtung das *Čainhavagge-Tal* hinauf. Zuerst passieren wir den See »940 m« an seinem Westufer, und dann folgt auch schon der »1004-Meter-See«, wo rechter Hand die kleine und »große« Čainhavagge-Hütten liegen (4 bzw. 8 Betten, NOT, geschlossen).

4. Tag: *Čainhavagge-Nye Gautelisstua, 18 km, 5 Std.*

Wir setzen unsere Wanderung in südwestlicher Richtung fort und folgen auch am »1092-Meter-See« noch dem Westufer. Daraufhin steigt unser Weg östlich des Čainhačokka-Gipfels (1596 m) auf einen 1290 Meter hohen Paß. So gelangen wir in den Taleinschnitt westlich des Trehakfjells (1517 m) hinunter, der Pfad hält dabei aber genau auf den *Gautelivatnet-Stausee* zu.

Nun nicht der westlichen Route zum Damm folgen, sondern südwestlich bis südlich zum Nordost-Ufer des Gautelisees. Dort befindet sich die neue *Gautelistua*, die im Rahmen des Wasserkraftwerk-Baus einen neuen Standort erhielt (NOT, 20 Betten, geschlossen).

5. Tag: *Nye Gautelistua–Hukejaurestugan (S), 14 km, 5 Std.*

Die Wanderung auf nun wieder durchgehend markierten Pfaden führt in südöstlicher Richtung bis zum Verbindungsfluß zwischen *Årjep-Tjårvejaure-See* (916 m) und *Vannaksvatn-See* (Brücke). Die 1024 Meter hohe Erhebung umgehen wir östlich, die Richtung des Pfades führt aber genau in Richtung Süden, auf das norwegisch-schwedische Grenzeck zu, welches durch die Riksröysa Nr. 259 »Ivarsten« gekennzeichnet ist.

Wann wir schwedischen Boden betreten haben, bemerken wir spätestens an der Markierung. Sie führt uns in südöstlicher Richtung am *Vanasjaure-See* und am *Hukejaure* vorbei, bis zur gleichnamigen STF-Hütte (20 Betten, offen).

6. Tag: *Hukejaure–Sitasjaurestugorna, 19 km, 6–6½ Std.*

Die ersten knapp zwei Kilometer wandern wir auf dem Pfad, der auch nach Singi (Kungsleden IV) führt. An der Abzweigung schwenken wir jedoch nach Südwesten ab. Über dem *Rautasjåkka* und dem *Tjuolakjåkka* sind beide Male Brücken installiert.

Anschließend führt die Wegmarkierung zwischen der Erhebung 998 m und 1030 m immer nach Südwesten. Rechter Hand liegt dabei ständig der *Kaisejåkka-Fluß* und der *Littejaure-See*, zur Linken erhebt sich der *Littevare-Gipfel* (1048 m), an dessen Nordwestabhängen wir entlang wandern, bis das Gelände zum *Ainajåkka* hinabfällt. Diesen Fluß überqueren wir auf einer Brücke und wandern jenseits des Rentierzaunes kurzzeitig flußabwärts. Wenig später verläuft der Pfad aber wieder – vom Fluß weg – in Richtung Südwest und hält genau auf die beiden am Südzipfel des *Sitasjaure* liegenden STF-Hütten zu (39 Betten, offen).

7. Tag: bzw. Weiterreise

Früher gab es eine Bootsverbindung über den Sitasjaure bis ins norwegische Muokerisluokta, und von da an ging die Wanderung wieder bis ins Skjomdalen zurück. Wer nochmal nach Narvik muß/will, setzt sich (heute) in den Postbus, fährt von Sitasjaure nach Gällivare und nimmt dort den Zug, die »Erzbahn«. Siehe jedoch Verbindungspfade, insbesondere Padjelanta II+III.

Verbindungspfade nach Norden
Ab Cunojavrre:
1. Tag: Cunojavrre–Unna Allakas (5 km, STF, offen, 22 Betten) und Unna Allakas–Abiskojaurestugan am »Kungsleden IV« (24 km, STF, offen, 50 Betten).
2. Tag: Abiskojaurestugan–Abisko Turiststation (15 km, STF, offen, 400 Betten).
3. Tag: Abisko-Turiststation – per Boot über den Torneträsk bis Pålnoviken–Stuga (STF, offen, 6 Betten) oder 2 Kilometer weiter, in Norwegen, Lappjordhytta (geschlossen, DNT-Schlüssel, 10 Betten). Von dort 28 Kilometer bis Innset (private Hüttenvermietung), Beginn des »Grenzpfad von Troms«.

Verbindungspfade nach Süden
»Kungsleden« ab Cunojavrre:
Ein Tag: Cunojavrre über Unna Allakas nach Alesjaure (19 km, STF, offen, 38 Betten, Proviantverkauf).
»Kungsleden« ab Hukejaure:
Ein Tag: Hukejaure–Singi (22 km, STF, offen, 56 Betten).
»Kungsleden« ab Sitasjaure:
Ein Tag: Per (im Sommer bestehende) Busverbindung via Ritjemjokk nach Kebnats. Von dort per Boot nach Saltoluokta (STF, offen, 85 Betten).
»Padjelanta-Leden« ab Sitasjaure:
Ein Tag: Per (im Sommer bestehende) Busverbindung nach Ritjemjokk. Von dort per Boot nach Änonjalme und anschließende Wanderung zu den Akka-Hütten (2 km, offen, 40 Betten).
Lofoten: Von Narvik, aber auch von Bodö aus, fährt täglich ein Schiff nach Svolvaer und Stamsund auf den Lofot-Archipel. Die Autofähre jedoch verkehrt auf der Strecke Skutvik–Svolvaer. Auf dem Lofot-Archipel gibt es keine Wanderwege, doch sind verschiedene Tagestouren mit zum Teil bergsteigerischen Einlagen möglich. So bei Svolvaer auf die Svolvaergeita (569 m) und bei Kabelvåg auf den Vågekållen (942 m). Die Touren haben überwiegend hochalpinen Charakter.

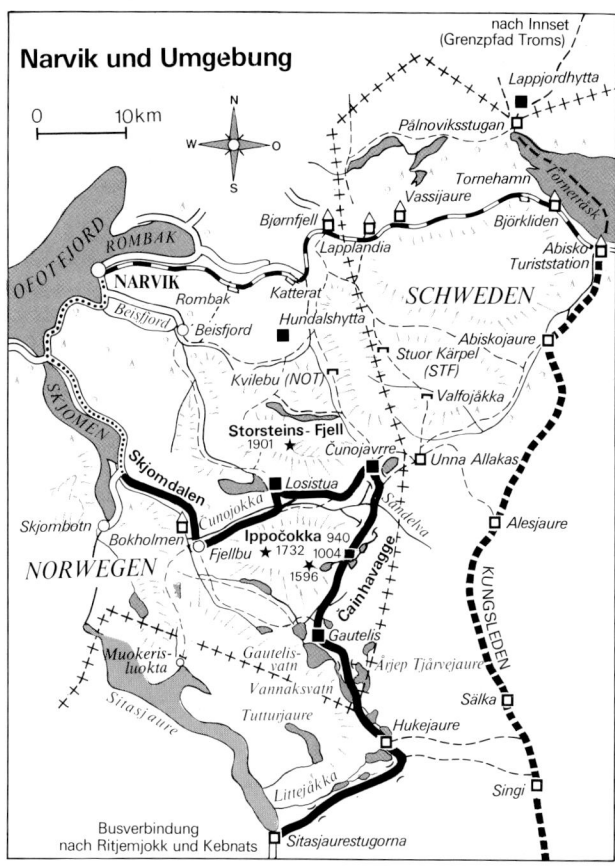

Narvik und Umgebung

Touristische Angaben

Die Verkettung von Touren wäre viel leichter zu bewerkstelligen, wenn in Norwegen nicht ständig die Hürden der geschlossenen Hütten zu überwinden wären. So wird also vorausgesetzt, daß man sich schon zu Hause intensiv mit der nordnorwegischen/nordschwedischen Geographie beschäftigt und rechtzeitig die angegebenen Kontaktadressen anschreibt. Alles weitere ist dann nur noch ein Problem der Vorauszahlungen und der Post, denn nach überall in die größeren Orte und Städte, sowie z. B. in die großen STF-Stationen, kann man sich schließlich per Einschreiben/postlagernd (poste restante) etwas schicken lassen.

Darüber hinaus besorgt man sich vom STF das Info-Blatt »Turisttrafik i Fjällen«, das alle Bus-, Zug- und Bootsverbindungen zum und im Gebirge jährlich neu beschreibt. Außerdem eine Übersicht über die Busverbindungen für den Raum Narvik, Bodö-Fauske und Tromsö.

Das Gebiet zwischen der Eisenbahnlinie und Losistua/Cunojavrre ist wegen seiner großen Distanzen – ohne Hütten – nur als Zelttour empfehlenswert. Die Strecke zwischen Katterat und Cunojavrre ist zu sehr von Bau- und Versorgungsstraßen tangiert.

9. Der Muddus-Nationalpark
Eine Rundtour
durch Wald und Moor

Skaite–Muddus–Nammates–Skaite

Tourenschlüssel (S)

2–4 Tage, 42 km, leicht
Gummistiefel, auch Bergstiefel möglich
Hüttentour, auch Zelttour möglich
Beste Zeit: Mittsommer bis Ende September
Karten: siehe touristische Hinweise

Der Muddus-Nationalpark wurde vom Europarat mit dem hochkarätigen »Europa-Diplom für Naturschutz« ausgezeichnet. Wahrhaftig ist es in vorbildlicher Weise gelungen, ein großes, zusammenhängendes Wald- und Moorgebiet in der Region der sogenannten »Nadelwald-Grenze« zu bewahren. Der 500 km² große Muddus-Nationalpark (Bodensee 539 km²) wurde 1942 gegründet. Der weglose Zentralteil des Nationalparks, das Vogelschutzgebiet, darf jeweils zwischen 15. 3. und 31. 7. nicht betreten werden (siehe Karte). Dennoch ist es durch geschickte Wegführung und Hüttenbau im südlichen Muddus gelungen, interessierten Wanderern offene Einblicke in Fauna und Flora des Nationalparks zu gewähren.

1. Tag: *Parkplatz Skaite–Muddusfallet-Hütte, 7 km, 2 Std.*

Mit dem Auto fährt man auf der Reichsstraße Nr. 97, von Jokkmokk oder Gällivare kommend, bis *Liggadammen*. Dort biegt die Straße (geschotterter Waldweg) nach *Skaite* ab, wo sich nach etwa 12 km ein Waldparkplatz befindet. Von Beginn an ist der Wanderweg in Richtung *Muddusfallet* gut ausgeschildert und durch gelbe Baumringe markiert. Die Strecke ist zunächst leicht ansteigend, verläuft dann aber recht flach auf den Höhenzügen über der *Muddusjåkkå-Schlucht.*
Nach knapp fünf Kilometern weist eine beschilderte Abzweigung auf den *Askasfallet* (Askas-Wasserfall) hin, der sich vom gegenüberliegenden Waldhang in die tiefe Schlucht des Muddusjokk stürzt. Nach schließlich weiteren eineinhalb Kilometern erreichen wir das eigentliche Wahrzeichen des Nationalparks, den 42 m hohen *Muddusfallet*. Dem Pfad weiter folgend stehen wir 600 m später vor der *Muddusfallet-Hütte*, mit 8 Schlafplätzen. Zuvor liegt zur Linken eine Stelle, die als Zeltplatz beschildert ist, kurz nach der Hütte folgt eine Touristen-Kota mit vier Schlafplätzen.

Der Askasfallet – etwa 300 Meter abseits des Pfades – stürzt vom gegenüberliegenden Waldhang in die tiefe Muddusschlucht.

2. Tag: *Muddusfallet–Muddusluobbal, 8 km, 2½ Std.*

Bei der Muddusfallet-Hütte zeigt ein Wegweiser nach Muddusluobbal, ein anderer nach Nammates/Sarkavare. Wir folgen natürlich dem Weg nach Muddusluobbal, denn aus Richtung Nammates/Sarkavare kommen wir ja am vierten Tag erst zurück. Der weiterhin gut markierte Pfad setzt sich danach in nordöstlicher Richtung fort und überquert nach etwa drei Kilometern mittels einer Brücke den *Muddusjåkkå.* Wenig später wird der Wald immer öfter von Mooren und sumpfigem Gelände durchbrochen, bis wir schließlich südwestlich des Muddusluobbal-Sees zum Teil sehr lange Strecken über verstegte Holzpfade durchs Moor wandern. Solange man auf diesen Holzdielen bleibt, ist die ganze Wanderung ungefährlich und ein schierer Genuß, denn das Moor verbreitet einen herrlich würzigen Duft. Wer aber von diesen Stegen abweicht, muß damit rechnen, irgendwo einzubrechen.
So erreichen wir dann nach ca. zwei Stunden das Südwest-Südufer des *Muddusluobbal*, bis uns der Holzdielen-Pfad in einem großen Bogen an die *Muddusluobbal-Hütte* (8 Betten) heranführt. Auch dort befindet sich wieder eine Touristen-Kota mit vier Schlafplätzen. Außerdem – wir sind ja nun direkt am Rande des Vogelschutzgebietes, im Herzen des Nationalparks – steht 100 Meter von der Hütte entfernt ein Vogel-Beobachtungsturm. Wer sein Fernglas mitgenommen hat und auf den Turm steigt, wird alsbald die Singschwäne beobachten und hören können.

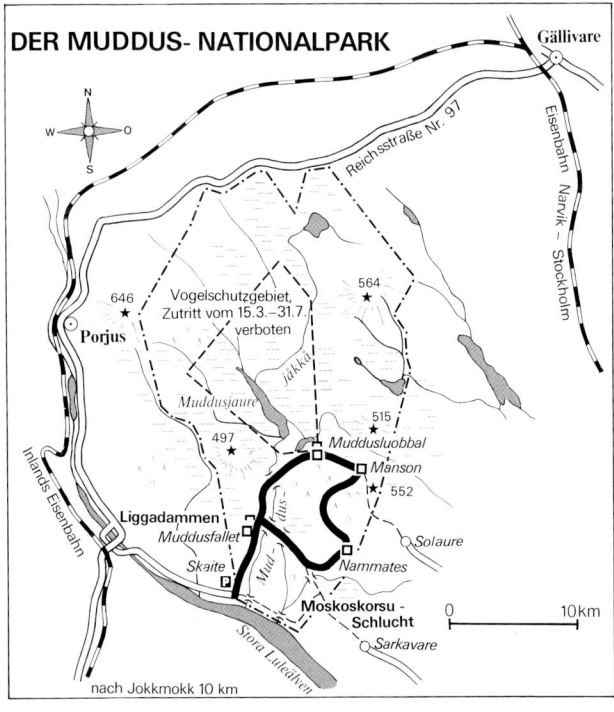

DER MUDDUS- NATIONALPARK

3. Tag: *Muddusluobbal–Manson–Nammates, 12 km, 4 Std.*

Die »Rückrunde« dieser Wanderung führt in ein Wald- und Sumpfgebiet mit fast schon dramatischer Stille und Abgeschiedenheit (viele Besucher gehen nämlich auf dem Herweg nach Skaite zurück). Es ist das Reich des Auerhahns, des Elchs, des Vielfraß', vielleicht auch des Bären; mit Sicherheit ist es aber ein Reich des Beobachtetwerdens – doch die Tierwelt weicht aus. Der deutlich markierte Pfad verläuft in ost-südöstlicher Richtung, und nach fünf Kilometern unkomplizierter Wegstrecke erreichen wir die mitten im Wald liegende, kleine *Manson-Hütte* (2 Betten).

Nach der Rast setzt sich der beständig gut markierte und deutlich ausgetretene Pfad mal durch Wald, mal an Sümpfen vorbei wie in einer langgedehnten S-Kurve nach Süden hin ab. Wäre der Pfad hier unmarkiert – durch sein halbkreisähnliches Auspendeln nach Südwest, dann wieder nach Südost –, würde man sehr schnell die Orientierung verlieren. Es ist, als geht man etwas im Kreise, doch letztlich paßt sich der Pfad bis hin zur Nammates-Hütte nur ständig dem Gelände an. Die an einem kleinen See liegende *Nammates-Hütte* verfügt lediglich über zwei Betten und eine Notpritsche. Da bisher nur sehr wenige Besucher in die Abgeschiedenheit des südöstlichen Muddus gefunden haben, war meistens Platz. Wer allerdings im Hochsommer unterwegs ist, sollte doch eventuell ein Zelt dabei haben, denn die nächste Hütte – nach Abschluß der Rundtour wiederum Muddusfallet – ist noch einmal sieben Kilometer weiter.

4. Tag: *Nammates–Muddusfallet–Skaite, 14 km, 4½ Std.*

Um unsere Muddus-Runde abzuschließen, wandern wir also von Nammates via Muddusfallet nach Skaite zurück. Kurz nach dem Aufbruch führt der Pfad zuerst noch nach Westen. Nach knapp 2½ Kilometern treffen wir auf den Pfad-Triangel »Muddusfallet–Sarkavare–Nammates«. Dort folgen wir der Beschilderung nach Muddusfallet, und unsere Wegmarkierung schwenkt nach Nordwesten um. Die dunkelbraunen Fasern, die hier, wie auch an den Vortagen schon, von den Ästen und Zweigen herunterhängen, sind »Bartflechten« und nicht etwa der Bast von Elchgeweihen. Bartflechten sind im übrigen das beste Kennzeichen für den nach wie vor unverfälschten (Ur)Wald.

Die verbleibende Wegstrecke bis Muddusfallet (5 km) führt durch Nadelwald und über trockenes, weich-federndes Gelände. Nach insgesamt 2½ Stunden Gehzeit ab Nammates ist *Muddusfallet* wieder erreicht. Von dort wandern wir auf derselben Strecke wie am 1. Tag zum Auto-Parkplatz *Skaite* zurück.

Auf unserer Rundwanderung überqueren wir mehrmals den Muddusjokk. Hier eine der urwüchsigen Brücken bei Muddusfallet.

Touristische Angaben

Hütten: Wie üblich in schwedischen Nationalparks, werden die Hütten von »Naturvårdsverket« betrieben (siehe Seite 16). Die Hütten im Muddus sind auf jeden Fall bis Anfang/Mitte September geöffnet. Danach sicherheitshalber bei der Touristeninformation in Jokkmokk fragen und gegebenenfalls den Schlüssel erbitten. Dort gibt es auch einen Prospekt über den Muddus-Nationalpark.

Zelten: Das Zelten ist nur an den gekennzeichneten Plätzen erlaubt oder direkt bei den Hütten.

Lebensmittel: In Jokkmokk oder Gällivare besorgen.

Tourenlänge: Die 42 km durch den Muddus lassen sich gut und gerne in zwei Tagen bewältigen. Nur wer sich den »Luxus« erlaubt und vier Tage veranschlagt, sieht mehr.

Karten: Es gibt keine ausgesprochene Wanderkarte für den Muddus. Da aber alles so deutlich markiert ist, kommt man mit der Karte dieses Buches oder mit der Karte, die auf der Rückseite des Muddus-Prospektes gedruckt ist, gut zurecht.

»Odlingsgräns«: Zwischen Muddusfallet und Muddusluobbal passiert man ein Schild mit der Aufschrift »Odlingsgräns«. Diese Grenze kennzeichnet noch heute ein unterschwellig heikles Problem zwischen Lappen und Schweden. Vereinfacht ausgedrückt darf jenseits keine (schwedische) Landwirtschaft betrieben werden, diesseits keine (samische) Rentierhaltung.

Folgende Abbildung:
Wehendes Wollgras auf der Tagesetappe zwischen Storulvån und Blåhammaren (Sylarna).

»Naturvårdsverket« hat im Muddus-Nationalpark mehrere, den samischen Kotas nachempfundene Übernachtungsstätten eingerichtet. Daneben existieren freilich reguläre Hütten.

10. Sylarna –
oder der Jämtland-Triangel

Storulvån–Blåhammaren–Sylarna-Fjäll-station–Storulvån

Tourenschlüssel Ⓢ
3–4 Tage, 48 km, leicht
Gummistiefel, Bergstiefel möglich
Hüttentour, als Zelttour möglich
Beste Zeit: 1. 7.–10. 9.
Karte: Fjällkartan 1:100 000 Blad Z 6
(früher: unveränderte Bezeichnung)

Südlich der Verkehrs-Hauptschlagader E 75, Östersund (S) –Trondheim (N), erhebt sich das Sylarna-Gebirge. Es gehört zur von vielen in- und ausländischen Gästen besuchten Provinz Jämtland. Große Sommer- und Wintersportzentren sind Åre, Duved und Storlien, direkt an der E 75. Der Bahnhof Enafors liegt an der Strecke Stockholm–Trondheim, so daß täglich auch Rucksack-Zugreisende eintreffen. Meist fährt hier ein (Sammel-)Taxi zur 19 Kilometer entfernten *Storulvån-Fjällstation.* Autofahrer zweigen bei Enafors von der E 75 ab und fahren via Handöl nach Storulvån (Parkplatz).

Die nachfolgend beschriebene Tour gilt nur im Sommer als »leicht«. Selbstverständlich sind bei dieser Bewertung die möglichen Gipfeltouren ebenfalls ausgeschlossen. Im Winter kann dieses populäre Ski-Tourengebiet sehr gefährlich sein, weil man auf den baumlosen Hochebenen und Gebirgskämmen erbarmungslos jedem Schneesturm ausgesetzt ist. Deshalb auch die häufigen Rastschutz-Hütten.

1. Tag: *Storulvån–Blåhammaren, 13 km, 4½–5 Std.*

Wir folgen nicht der Wintermarkierung nach Blåhammaren (rote Andreaskreuze), sondern gehen über die Hängebrücke zu den Hütten hinüber. Dort geht es schließlich den Waldhang hinauf, oben aber zweigt die markierte und hier auch beschilderte Sommerroute nach Blåhammaren in Richtung Westen ab. Auf dem nach Süden weiterziehenden Pfad kommen wir am dritten Tag aus Sylarna zurück. Die Wanderung, nun über dem Tal des *Stor-Ulvån,* verläuft recht flach, der Weg ist bequem zu gehen. Später kommt von rechts unten die Wintermarkierung aus dem Tal herauf und führt gemeinsam mit dem Sommerpfad bis zur *Ulvåtjärnstugan* (zählt als Rastschutz, nicht als Hütte!), die wir nach insgesamt sechs Kilometern erreicht haben.

Danach führt der Pfad einige hundert Meter nach Norden,

zweigt sodann aber erneut nach West bzw. Nordwest ab. Dabei müssen wir nun eine etwas kräftige Steigung bewältigen, bis wir ein an Wassern und kleineren Seen reiches Hochplateau erreicht haben. Dort oben führt die Wegstrecke nur mehr sachte ansteigend, immer gut markiert und mit freier Sicht nach Süden, bis zur *Blåhammaren-Fjällstation* hinauf. In Blåhammaren hat man noch die liebe Tradition, jeden durstigen Wanderer mit einem kostenlosen Glas Saft oder Skiwasser willkommen zu heißen. Sonst gibt es das nur noch in der Kebnekaise-Fjällstation. Hoffentlich bleibt das so!

2. Tag: *Blåhammaren–Sylarna, 19 km, 6–6½ Std.*

Auch die heutige Tagesetappe ist unbeschwerlich, weil sie zu zwei Dritteln fast ständig und gemächlich bergab verläuft. Die Markierung führt in südsüdöstlicher Richtung über grasbewachsene Berghänge abwärts; der Weg überquert immer mal wieder kleinere Bäche oder führt durch etwas nasse Abschnitte, im großen und ganzen aber sind die achteinhalb Kilometer bis zum *Enkälen-Rastschutz* (2½–3 Std.) völlig unschwierig. Zwar erhebt sich danach der Enkälen-Höhenzug, der Anstieg ist aber noch mäßig und außerdem werden wir (im Sommer) durch einige Sumpfabschnitte entschädigt, in denen die süßen Hjortron-Beeren wachsen. Nach Überschreitung des Höhenzuges geht es längere Zeit und gemächlich ins *Enan-Tal* hinab. Dabei haben wir dann schon eine prächtige Aussicht auf das dominierende *Sylarna-Massiv.* Mit guten Augen oder einem Fernglas sieht man sogar, wo die Sylarna-Fjällstation liegt.

Im Tal angekommen, überqueren wir das *Enan-Flüßchen* per Brücke und halten uns gleich darauf an den Wegverlauf, der längs des Ostufers des Sylälven entlangzieht. Ab hier geht es leicht bergauf, kurz vor dem *Sylarna-Rastschutz* wird die Strecke jedoch wieder eben. Zwischendurch müssen wir einige schmale, aber etwas tiefere Bächlein überspringen. Vom Sylarna-Rastschutz bis zur großen *Sylarna-Fjällstation* sind es nur noch knapp zwei Kilometer unschwer bergauf, und wir stehen am Fuße einer durchaus alpinen Bergwelt.

Mit einem zusätzlichen Tag: Für Alpinisten ist die markierte Strecke zum *Lillsylen-Gipfel* (1702 m) nicht schwierig, aber wer keine Bergerfahrung hat, sollte sich unbedingt einer der im Sommer täglichen Führungen anschließen.

»T« steht für »Turist«. Norwegische Markierung in einer recht kargen, aber eigenartig schönen Landschaft zwischen Svukuriset und Rövollen (Femund-Rogen-Tour I).

3./4. Tag: *Sylarna–Storulvån, 16 km, 5–5½ Std.*

Die Wegstrecke zum *Sylarna-Rastschutz* hinunter ist uns bekannt. Dort folgen wir diesmal der ausgeschilderten und markierten Wegstrecke nach Storulvån. Die Richtung ist dabei ständig Nordnordost, aber der Pfadverlauf ist ja eh leicht zu erkennen, weil er fast ständig den Telefon-Leitungsmasten folgt. Nach der Brücke über den Enan-Bach geht es also nach Nordosten ins *Endalen* hinein. Das Gelände ist dabei recht eben und einfach zu begehen. Nach insgesamt gut acht Kilometern (ab Sylarna-Fjällstation) ist der *Spåjme-Rastschutz* erreicht. Danach geht es zunächst an den West-Abhängen des Lill-Ulvåfjället entlang, bald darauf aber fällt die Wegstrecke zum *Lill-Ulvån-Tal* hinab.

Ab hier nun keinesfalls der Wintermarkierung oder der Telefonleitung folgen, sondern unbedingt der Sommermarkierung nach. Nur auf diesem Weg nämlich kommen wir trockenen Fußes (Brücke) über den *Lill-Ulvån-Fluß,* auch wenn wir einen Umweg machen. Nach der Brücke geht es kurzzeitig steil aufwärts, oben aber wird es wieder eben. Wenig später schon kommt das Wegkreuz, wo wir zwei Tage zuvor nach Blåhammaren abgezweigt sind, und recht rasch geht es vollends durch den Birkenwald hinunter, nach *Storulvån.*

Touristische Angaben

Die **Sylarna-Tour** läßt sich auf 5–6 Tage ausweiten, wenn man von Blåhammaren nach Norwegen wandert und in der Storerikvollen-Turiststation (bewirtschaftet) übernachtet. Dort nimmt man das Boot bis Essandheim und wandert nach Nedalens-Fjällstation (Übernachtung). Und nun geht es über den Ekorrdörren-Paß auf 1370 m Höhe (anspruchsvoll) bis nach Sylarna. Damit erreicht aber die Tour mindestens mittleren Schwierigkeitsgrad.

Jämtlands-Fjällstationen: Storulvån hat nichts mehr mit einer bewirtschafteten Hütte zu tun, sondern ist ein reines Hotel. So war es vor dem Brand 1987, so wird es nach dem Aufbau ab 88/89 wieder sein. Sylarna und Blåhammaren stehen kaum nach. Jede der drei Fjällstationen haben aber »Självhushålls« (»Selbsthaushaltsabteilungen«). Man muß nur gleich bei der Rezeption sagen, daß man in den einige Meter abseits, am anderen Ufer des Stor-Ulvån liegenden Självhushålls-Hütten übernachten will. Leider nimmt der STF in Storulvån aber sehr oft Gruppen auf, so daß die Hütten manchmal über ein oder zwei Wochen hinweg belegt sind.

Storulvån: Autozufahrt von Handöl, gebührenpflichtiger Parkplatz oder Sammeltaxi vom Bahnhof Enafors. Bewirtschaftete Hütte mit Komfort, Einzelzimmer.

In den freiliegenden Hütten insgesamt 30 Betten. Zwei Küchenabteilungen. Vier-Bett-Zimmer, einfacher Standard, »Selbsthaushalt«!

Blåhammaren: Bewirtschaftete, größere Berghütte. Im Haupt-

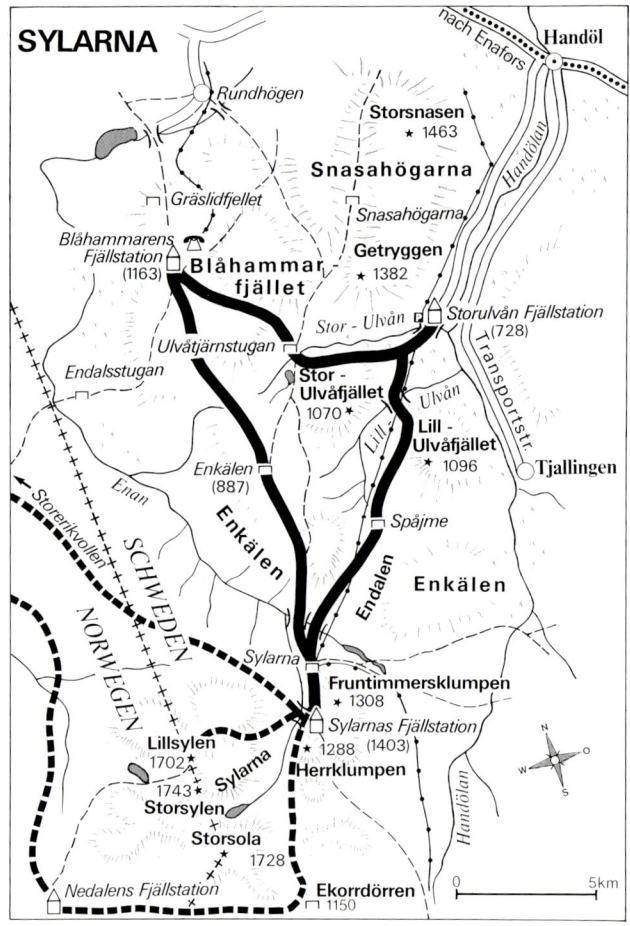

gebäude 10 Räume mit 28 Betten. In den freiliegenden Hütten nebenan 18 Betten bei »Selbsthaushalt«.

Sylarna: Am Fuße des gleichnamigen Gebirges gelegen ist eine moderne Fjällstation mit 108 Betten (1983 neu eröffnet; ebenfalls nach einem vorausgegangenen Brand).

Das Sylarna-Gebiet hat, hauptsächlich wegen der Skitouren im Winter, ein dichtes Netz von Rastschutzeinrichtungen. Unser Bild zeigt den »Enkälen-Rastschutz« zwischen Blåhammaren und Sylarna.

11. Die Femund-Rogen-Tour I Durch den Femund-Nationalpark

Von Grövelsjön nach Skedbrostugan

Ein Weg über die »Grüne Grenze«. Skedbrostugan – in dieser Richtung geht es nach Schweden.

> **Tourenschlüssel** (S) (N)
> 3 Tage, 63 km, mittelschwer
> Gummistiefel, Bergstiefel möglich
> Hüttentour (1 mal Schlüssel)
> *Beste Zeit:* 1. 7.–10. 9.
> *Karten:* Nya Fjällkartan Blad W 1 und Z 8
> (früher: unveränderte Bezeichnung)

Gute vier bis fünf Autostunden nördlich von Göteborg liegt eine norwegisch-schwedische Nationalpark-Region, die bis heute als großes Tourengebiet recht unbekannt ist. Wohl deshalb, weil in beiden Ländern etwas zu sehr auf das jeweils eigene Gebiet gesehen wird. Mit geringem Organisationswillen kann sich aber jeder ausländische Besucher diese landschaftlich ungewöhnlichen Gebiete in einer großen Tour erwandern. Der erste Tourenteil führt durch den Femund-Nationalpark (385 km²), der zweite Teil durch das Rogen-Naturreservat (500 km²) und Långfjället-Naturreservat (531 km²), in das der kleine Töfsingdalen-Nationalpark integriert ist.

1. Tag: *Grövelsjön (S)–Svukuriset (N), 22 km, 7 Std.*

Von der STF-Fjällstation *Grövelsjön* (150 Betten) folgt man der Straße zum gleichnamigen See hinunter. Dort findet sich zwar kein Hinweisschild für Svukuriset, aber wir überqueren die linker Hand liegende Hängebrücke. Von den drei möglichen Pfaden nehmen wir den rechten, bzw. nördlichen. Man sieht im übrigen auch ganz gut, wie sich dieser Pfad zum *Salsfjellet* hochschlängelt. Noch ist die Markierung orange, bald kommt auch das erste Hinweisschild »Sylen«. Der langsame, aber stetige Anstieg führt nach ca. 45 Minuten an einen Rentierzaun, und hundert Meter später haben wir die »*Riksgräns*« nach Norwegen passiert. Von nun an ist die Markierung rot, oftmals auch ein rotes »T«. Mit Erreichen der Höhe 1065 m schwenkt die Markierung nach Norden und führt in ein paßähnliches Hochtal hinein. Rechter Hand liegt dabei die Sjöhögda-Anhöhe (1121 m), linker Hand die höchste Erhebung des Salsfjellet (1279 m).
Nach etwa 1½ Kilometern, kurz bevor der Abstieg nach *Sylen* beginnt (privat, Unterkunft möglich), zweigt der Pfad für Svukuriset nach Westen ab und führt über das *Salsfjellet* hinweg. Der Abstieg bringt uns dann in einen riesigen, grandiosen Tal-

kessel hinein, der einen Durchmesser von gut und gerne sechs bis sieben Kilometer hat – und wir müssen mitten hindurch. Beim Überqueren des *Grövelåa-Flusses* kann es sein (je nach Jahreszeit), daß die markierte Watstelle nicht die allerbeste ist. Je 300 Meter oberhalb oder unterhalb finden sich manchmal günstigere Stellen. Auf der anderen Seite sollten wir aber unbedingt wieder zur Markierung zurückkehren. Von da an folgt ein zunächst langsam ansteigendes Gelände, zum Schluß aber ein sehr steiler Anstieg. Nach Überschreiten der Höhe 1153 m trifft man auf den von Valdalen kommenden Pfad, der, gemeinsam mit unserem, unterhalb der nordöstlichen Felsschründe des *Elgåhogna-Massivs* entlangführt. Der Weg hinunter zu den Revling-Seen ist kraftraubend und unangenehm, weil er über Blockhalden und Steine hinwegführt. Ab den *Revlingsjöane* (die dortige Hütte ist privat und verschlossen) sind es noch knapp vier Kilometer bis zur bewirtschafteten DNT-Hütte *Svukuriset* (45 Betten).

2. Tag: *Svukuriset–Rövollen, 19 km, 6–6½ Std.*

Die Strecke nach Rövollen ist eigentlich völlig unschwierig, lediglich im letzten Teil müssen wir genau auf die Markierung achten, um im Seengewirr zwischen Röveltjörnane und Abbortjörna nicht verloren zu gehen. Von der schon 819 m hohen *Svukuriset-Hütte* führt der Pfad durch den Birkenwald, bis er die baumlose Hochfläche westlich des *Store Svuku-Gipfels* (1415 m) erreicht. Die bei schlechtem Wetter windausgesetzte Hochfläche steigt jedoch nur langsam an, so daß die 967 m Höhe, die wir nach gut sechs Kilometern bei der *Falkfangarhögda* erreichen, kaum bemerkbar ist. Dort befindet sich auch der nach Nordosten verlaufende Pfadabzweig für eine direkte Route nach Skedbrostugan, die allerdings wegen des sehr schwierigen Geländes nur für wirklich Durchtrainierte zu empfehlen ist.

Wir folgen aber der nach Norden weisenden Markierung auf langsam abfallendem Gelände, bis wir das schon erwähnte Seengewirr erreichen. Wer die nicht gerade übermäßig häufige Markierung im Auge behält und gleichzeitig auf der Karte seinen Weg kontrolliert, kann gar nicht falsch gehen. Allerdings wird mit dem Erreichen des Waldes das Gelände etwas unübersichtlich und unangenehmer zu gehen (Blockhalden, Felsbrocken), aber die Markierung führt schließlich doch an das Nordwestende des *Nedre Roasten-Sees* heran, wo sich an seinem Abfluß eine Brücke über den Röa-Fluß befindet. Von dort sind es noch knapp zwei Kilometer markierte Strecke flußabwärts und die *Rövollen-Hütte* des DNT (Schlüssel, Proviantabteil, 13 Betten) ist erreicht.

3. Tag: *Rövollen (N)–Skedbrostugan (S), 22 km, 7–8 Std.*

Wir vertauschen das bisherige Kartenblatt W 1 mit Z 8, gehen etwas auf unserem gestrigen Herweg zurück, folgen dann aber dem mit »Ljösnåvollen« ausgeschilderten und markierten Pfad nach Nordosten. Geraume Zeit steigt der Pfad durch den Wald hoch – manchmal ist die Markierung etwas undeutlich – bis wir die Seen *Langeggtjörnane* erreicht haben. Der Weg führt dabei unter geschickter Ausnutzung der Kiesrücken trockenen Fußes zwischen den vielen Seen hindurch. Unterwegs passieren wir eine private und verschlossene Hütte. Daraufhin steigt der Pfad erneut an, bis er die Höhe *Stormyråsen* (885 m) erreicht und einerseits zwar dann ein wunderschönes Panorama bietet, andererseits aber nun für knapp zwei Stunden durch sehr kraftraubendes Gelände führt. Ständig geht es über Blockhalden oder größere Steine hinweg oder um Felsbrocken herum, so daß man gottfroh ist, später endlich, an der Wegverzweigung »Ljösnåvollen-Skedbrostugan«, eine Rast einzulegen.

Hier also folgen wir dem Pfad scharf abknickend nach Osten, und vor uns liegt diesmal ein angenehmeres Gelände, wenngleich wir des Seengewirrs wegen die Markierung immer im Auge haben sollten. Nach ca. 1 Stunde erreichen wir eine winzige, uralte, offiziell nirgendwo geführte Hütte, die von privater Hand liebevoll restauriert wurde und dem Einödgänger bei schlechtem Wetter – mit vollem Vertrauen – offensteht. Danach geht es kräftig ansteigend den Westhang des *Skedbrofjället* (1148 m) hoch. Der Pfad schwenkt dabei aber immer mehr nach Südsüdosten ab, so daß wir, wenn wir die norwegisch-schwedische Grenze (Rentierzaun) passieren, das Skedbrofjället auf 1000 m Höhe umgehen. Belohnt werden wir mit einem fantastischen Panorama. Es liegen zig, zig große und kleine Seen zu unseren Füßen. Dafür hat es aber der Abstieg zur *Skedbrostugan* (STF, 20 Betten, Nottelefon) gehörig in sich. Zwar ist es unschwer, der Markierung zu folgen, aber das Reststück bis zur Hütte führt wieder einmal durch Blocksteinhalden, die in die Knochen gehen.

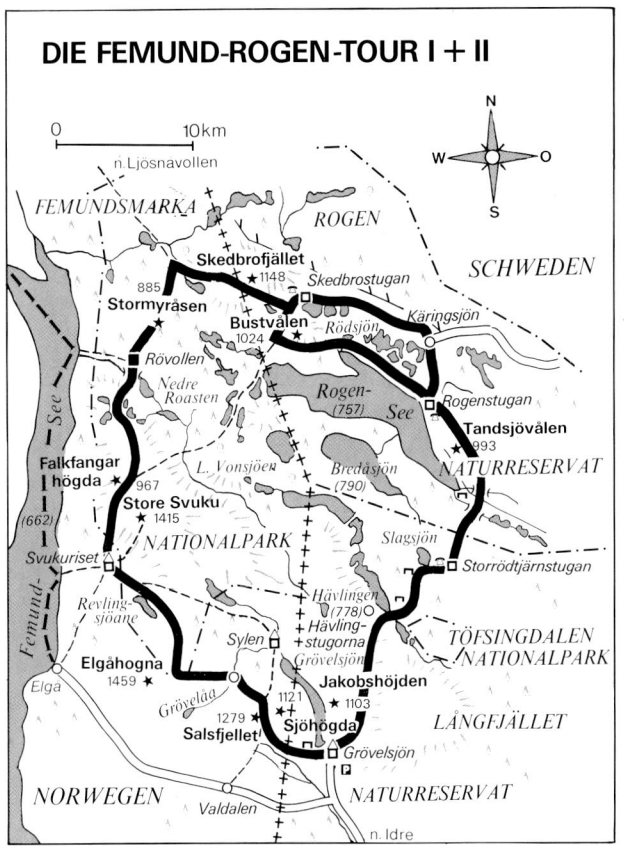

DIE FEMUND-ROGEN-TOUR I + II

Auf der Tagesetappe von Rövollen zur Skedsbrostugan. Der Pfad führt mitten durch den norwegischen Femund-Nationalpark in eine Landschaft von großer Stille.

12. Die Femund-Rogen-Tour II Durch das Rogen-Naturreservat

Von Skedbrostugan nach Grövelsjön

Tourenschlüssel   Ⓝ Ⓢ

3 Tage, 55 km, mittelschwer
Gummistiefel, Bergstiefel möglich
Hüttentour
Beste Zeit: 1. 7.–10. 9.
Karten: Fjällkartan Blad W 1 und Z 8

1. Tag: *Skedbrostugan–Rogenstugan, 17 km, 6 Std.*

Welche riesigen Ausmaße der *Rogen-See* hat, haben wir bei unserer Wanderung über das Skedbrofjäll (Femund-Rogen Tour I) schon wahrnehmen können. Bei der nun folgenden Tagesetappe sind wir nämlich überwiegend im Wald unterwegs, wo uns nur selten ein Blick auf das ausufernde Seengewirr möglich ist. Dabei ist es gleichgültig, ob wir nördlich der *Rödsjön-Seenkette* oder südlich davon zur Rogenstugan aufbrechen. Beide Pfade sind gleich lang, gleichwertig markiert und eigentlich unschwierig, aber keiner ist angenehmer, weil überwiegend steiniger Waldboden vorherrscht. Ich empfehle (erst recht bei schlechtem Wetter) den nördlichen Pfad, weil er der Telefonleitung folgt und in *Käringsjön* an ein bewohntes Gehöft heranführt.

Von dort sind es nur noch fünf Kilometer, die weiterhin gut markiert durch den Wald führen. Manchmal wird die Strecke etwas sumpfig, ist aber durch Holzdielen verstegt. Gut einen Kilometer vor der Rogenstugan trifft man auf ein regelrechtes Wegkreuz, weil die Holzdielen aus vier Richtungen zusammentreffen und vielleicht etwas Verwirrung stiften. Wir folgen an dieser Stelle, wie es auch aus der Karte ersichtlich ist, heute noch nicht der Beschilderung nach Storrödtjärn, sondern gehen Richtung Südsüdwest geradewegs zu der später beim Seeufer liegenden *Rogenstugan* (STF, 20 Betten, Nottelefon).

2. Tag: *Rogenstugan–Storrödtjärnstugan, 16 km, 6 Std.*

Wir tauschen das Kartenblatt Z 8 mit W 1 aus und gehen wahlweise via *Rogsbodarna* (Privat-Hütten) zum Hauptpfad oder auf dem gestrigen Herweg zum schon erwähnten Wegkreuz zurück. Beim Hauptpfad jedenfalls schlagen wir, der

Das schwedische Rogen-Naturreservat steht dem benachbarten Femund-Gebiet an Unberührtheit in nichts nach. Beide Touren kombiniert erfordern sechs Tage Wanderung.

Beschilderung und Markierung folgend, den Weg in Richtung Südsüdost ein. Nach gut zwei Kilometern verläßt unsere Wegstrecke dann den Wald und führt über die grasbewachsenen Hänge zum Gipfel des *Tandsjövålen* (993 m) hinauf. Der allmähliche Aufstieg ist unschwierig und durch die hölzernen Andreaskreuze ausgezeichnet markiert. Oben angekommen, bietet sich das vielleicht schönste Panorama der gesamten zwei Touren. Nach allen Himmelsrichtungen ist der Blick frei. Der Abstieg ist bis zum Erreichen des *Fisklöstjärnen-Sees* unproblematisch, führt danach aber in ein mit Steinblöcken und Felsen übersätes Waldstück hinein (Markierung im Auge behalten!). In der südöstlichen Bucht des *Rogen-Sees* befindet sich ein Rastschutz, den wir nach rund vier Stunden zur Mittagsrast erreichen. Achtung, der Rastschutz befindet sich ca. 150 m rechts, abseits des Pfades beim Rentierzaun!

Anschließend geht es über eine kleine Brücke hinweg und nur wenig später wieder im Wald bergauf. Die landschaftliche Szenerie vermittelt den Eindruck von tiefster, unberührt-uralter Wildnis. Das Rogen-Naturreservat endet etwa bei der Höhenlinie 840 m, wo der Pfad auch den Hochwald verläßt und übergangslos ins *Långfjället-Naturreservat* hineinführt. Von dort sind es nur noch zwei Kilometer auf grasigem, teils etwas nassem Gelände, bis wir vor der 880 m hoch liegenden *Storrödtjärnstugan* (STF, 20 Betten, Nottelefon) stehen.

3. Tag: *Storrödtjärnstugan–Grövelsjön, 22 km, 7–7½ Std.*

Von der Hütte weg führen die Andreaskreuze nach Westen, scheinbar tiefer ins Gebirge hinein. Schon nach drei Kilometern stehen wir aber beim Rastschutz am *Slagsjön*(-See), wo unsere Wegstrecke scharf nach Süden abknickt und gemächlich abwärts führt. Nach weiteren drei Kilometern treffen wir in einer bewaldeten, steinigen Hochfläche auf einen von Osten kommenden Pfad, der gemeinsam mit unserem Weg nun – erneut nach Westen abknickend – vollends zum *Hävlingen-See* hinunterführt. Der Pfad ist in dem steinigen Gelände gut ausgetreten. Unten angekommen, findet sich etwas rechts (westlich) vom Weg am Ufer ein Windschutz und ein ausgewiesener Zeltplatz.

Nach dem Windschutz verläuft der Weg kurz am Hävlingen-See entlang, an einer verschlossenen Hütte vorbei zum Seeauslauf. Hier zweigt rechts ein Weg zu den Hävlingstugorna am Südwestufer ab (Fischercamp, Kanuverleih, Hütten). Wer gleich weiter nach Grövelsjön wandern will, muß die nach Süden führende Markierung beachten. Die direkte Route spart das Fischercamp aus und führt in ein paar verwirrenden Windungen durch dichten Wald schließlich doch noch auf die baumlose Hochfläche hinaus. Dort beginnt dann eine längere Wanderung über die windausgesetzten Hochflächen des nördlichen *Långfjället*. Erst wenn man nach gut acht Kilometern die Jakobshöjden-Erhebungen (1103 m) südsüdwestwärts umrundet hat, beginnt der Abstieg. Die scheinbar unendliche

Hochfläche hat ihr Ende, und dort trifft man dann auch auf Tagesausflügler von *Grövelsjön*.

Touristische Angaben: Femund-Rogen-Tour I + II

Die Anfahrt nach **Idre-Grövelsjön** ist mit öffentlichen Verkehrsmitteln oder mit dem Auto via Reichsstraße 297 ab Malung oder 295 ab Mora möglich. Das Auto kann dort geparkt werden.

STF-Grövelsjön ist im Grunde ein Hotel, hat aber auch eine »Självhushållsavdeling« (Selbstversorgungsabteilung).

Rövollen: Den Schlüssel für diese Hütte erhält man beim DNT Oslo, in Svukuriset, und nach neuesten Informationen soll auch Grövelsjön den Rövollen-Schlüssel haben.

Svukuriset hat meist nur bis zum 10. September geöffnet.

Schiffsverkehr auf dem Femundsee: Wer will, kann in Rövollen seine Wanderung beenden und per Dampferfahrt via Elgå und mit dem Bus via Valdalen nach Grövelsjön zurückkehren. Das Schiff legt auch in der Nachsaison mindestens zweimal wöchentlich in »Röa« an, einer Stelle, die nur knapp vier Kilometer westlich von Rövollen am Seeufer liegt. Aktuelle Zeiten sind in »Svukuriset« erfragbar.

---

13. Im Nationalpark »Hardangervidda« Noch wie vor tausend Jahren

Die Ost-West-Durchquerung von Rjukan nach Kinsarvik

Tourenschlüssel   (N)
7–8 Tage, 137 km, mittelschwer Gummistiefel, Bergstiefel Hüttentour (Schlüssel) *Beste Zeit:* 15. 7.–10. 9. *Karten:* Hardangervidda 1:200 000 oder 1:50 000, Serie M 711, Blatt Nr. 1515 III, 1415 II, 1415 III, 1415 IV, 1315 I.

Wenn man ausschließlich mitteleuropäische Maßstäbe anlegt, klingen Beschreibungen über südnorwegische Gebirgsregionen immer wie ausufernde Superlative, so auch Berichte

Mit donnerndem Getöse stürzt der Nykkjesøyfoss aus der Hardangervidda in den Fjord hinunter.

über die Hardangervidda. Denn das Gebirgsplateau von Hardanger (Vidda = Weite/Hochebene) umfaßt rund 7500 km² letztlich unbewohntes Gebiet. Davon wiederum wurden 1981, im Herzen der Vidda, 3430 km² zum Nationalpark erklärt (Saarland: 2567 km²).

Die Hardangervidda liegt durchschnittlich in einer Höhe von 1000–1200 m, bietet ca. 40 000 Rentieren einen Weideplatz, und, wegen ihrer riesigen Ausdehnung ist dies auch kein Wunder, es gibt ein 1200 km langes Netz von Wanderwegen. Rund 40 Brücken und Stege führen dabei über Flüsse und Bäche hinweg, und 35 Hütten mit 1000 Betten stehen am Wegesrand. Aber dennoch, obwohl dies ein eher erschlossenes Wandergebiet ist, sollte man die Hardangervidda keinesfalls unterschätzen (!) – bloß weil sie in der südlichsten Region liegt, die wir in diesem Buch beschreiben. Das Gegenteil ist der Fall: die Höhenmeter nämlich egalisieren jeden »südlichen« Standortvorteil wieder weg.

Es wäre nun unehrlich gegenüber dem Leser und andererseits auch schädlich für die Hardangervidda, nur einen einzelnen Pfad zu favorisieren, solange doch jeder der Pfade dazu einlädt, nach eigenem Gutdünken Tourenkombinationen zusammenzustellen oder alles zu wochenlangen Wanderungen auszuweiten. Hier unterscheiden sich die vier großen südnorwegischen Gebirgsregionen eben enorm von allen anderen Wandergebieten Skandinaviens, wo es meist nur einen Pfad gibt. Wir bieten daher als ersten Orientierungsrahmen einen Tourenvorschlag, der sich mit der Ost-West-Durchquerung der Hardangervidda befaßt.

1. Tag: *Mösvassdammen–Mogen, 34 km.*

Anfahrt via Rjukan oder Åmot nach *Mösvassdammen*. Von dort per Bootsverbindung über den Mösvatn-See zur bewirtschafteten *Mogen-Hütte* des STT (Skien u. Telemark Turistforening, gleichsam DNT, 48 Betten).

2. Tag: *Mogen–Lågaros, 15 km, 5 Std.*

Den Bachlauf aufwärts bis zu einer Jagdhütte am Südufer des *Gjuvsjå-Sees*. Dort an der Wegabzweigung dem Ostufer folgen und nach einer erneuten Abzweigung in Richtung Nordwesten wandern und den Gjuvsjåài-Fluß überqueren. Danach geht es durch eine hügelige Landschaft und schließlich über einen Höhenzug hinweg, nach *Lågaros* hinunter (DNT, 32 Betten, Schlüssel, Proviantabteil).

3. Tag: *Lågaros–Sandhaug, 18 km, 6 Std.*

Nach Westen und über eine sumpfig-nasse Strecke ins *Elsjådal*. An den Nordhängen des Fjellsjåberget entlang und später über eine Ebene zum Langebuåni-Fluß. Danach nordwestlich, und wenn der Verbindungsfluß zwischen Lakjen-See und Bjornesfjorden-See mittels einer Brücke überquert ist, am Nordufer des Lakjen-Sees entlang, zur bewirtschafteten *Sand-*

haug-Hütte des DNT (82 Betten, ab ca. 10. September Schlüssel, Proviantabteil).

4. Tag: *Sandhaug–Litlos, 22 km, 7 Std.*

Südwärts zur Brücke über die Stromschnellen des *Nordmannslågen-Sees*. Danach nach Westen, durch Moorgelände an den Nordhängen des Lakadalsbergi (1462 m) entlang. Kurz nach Abzweigung des zur Besså-Turisthytte (privat bewirtschaftet) führenden Weges über die Besså-Brücke, nun jedoch nach Südwesten schwenken. Der Pfad führt am *Bismarvatn-See* vorbei, anschließend durch die Grotflott-Moore und zwischen den Erhebungen Flautenut (1457 m) und Storahorgi (1473 m) hindurch, fällt dann aber zum Ambjörsvatn-See hinab. Zusammen mit der aus Hadlaskard kommenden Route geht es schließlich, leicht nach Süden schwenkend, bis zur bewirtschafteten *Litlos-Hütte* (DNT, 54 Betten, ab ca. 10. Sept. Schlüssel, Proviantabteil).

5. Tag: *Litlos–Torehytta, 17 km, 5–5½ Std.*

Nordwestwärts über den Skarvassbekk-Bach hinweg und über die Westhänge des Skarvassnuten Richtung Gröndalsvatn-See. Dort über den Gröna-Fluß und auf den schon seit längerer Zeit landschaftlich dominierenden Hårteigen-Gipfel (1690 m) zuhalten. Der Berg wird ostwärts umrundet, und dabei trennt sich der Pfad. Die nordöstliche Route führt nach Hadlaskard, die nordwestliche jedoch zur *Torehytta* (DNT, 18 Betten, Schlüssel, Proviantabteil). Die Besteigung des *Hårteigen-Gipfels* hat alpinen Charakter. Bergstiefel sind hier unbedingt notwendig!

6. Tag: *Torehytta–Stavali, 19 km, 7 Std.*

Weiterhin nordwestlich, aber über einen steilen Anstieg auf ein Plateau und anschließend über den *Valeggi-Höhenrücken*. Der Pfad schwenkt nach Norden und trifft nördlich des Holmavatn-Sees wiederum auf einen von Hadlaskard kommenden Weg. Ab dieser Wegabzweigung führt die Markierung nach Westen und bald in ein recht schroffes Gelände hinein, wobei die Route über die steilen Hänge der Höhe 1466 m bis an den zerklüfteten Lonaskardet-Paß heranführt. Anschließend geht es steil zum *Lonavatn-See* hinunter, dort über den aus dem See abfließenden Fluß, und weiter flußabwärts liegt dann die *Stavali-Hütte* (BT = Bergen Turlag, gleichsam DNT, 30 Betten, Schlüssel, Proviantabteil).

Die winterlich verschneite Torehytta am Fuße des charakteristischen, weithin sichtbaren Hårteigen-Gipfels (1690 m). Die Hardangervidda ist insbesondere um Ostern ein beliebtes Gebiet für Skitouren.

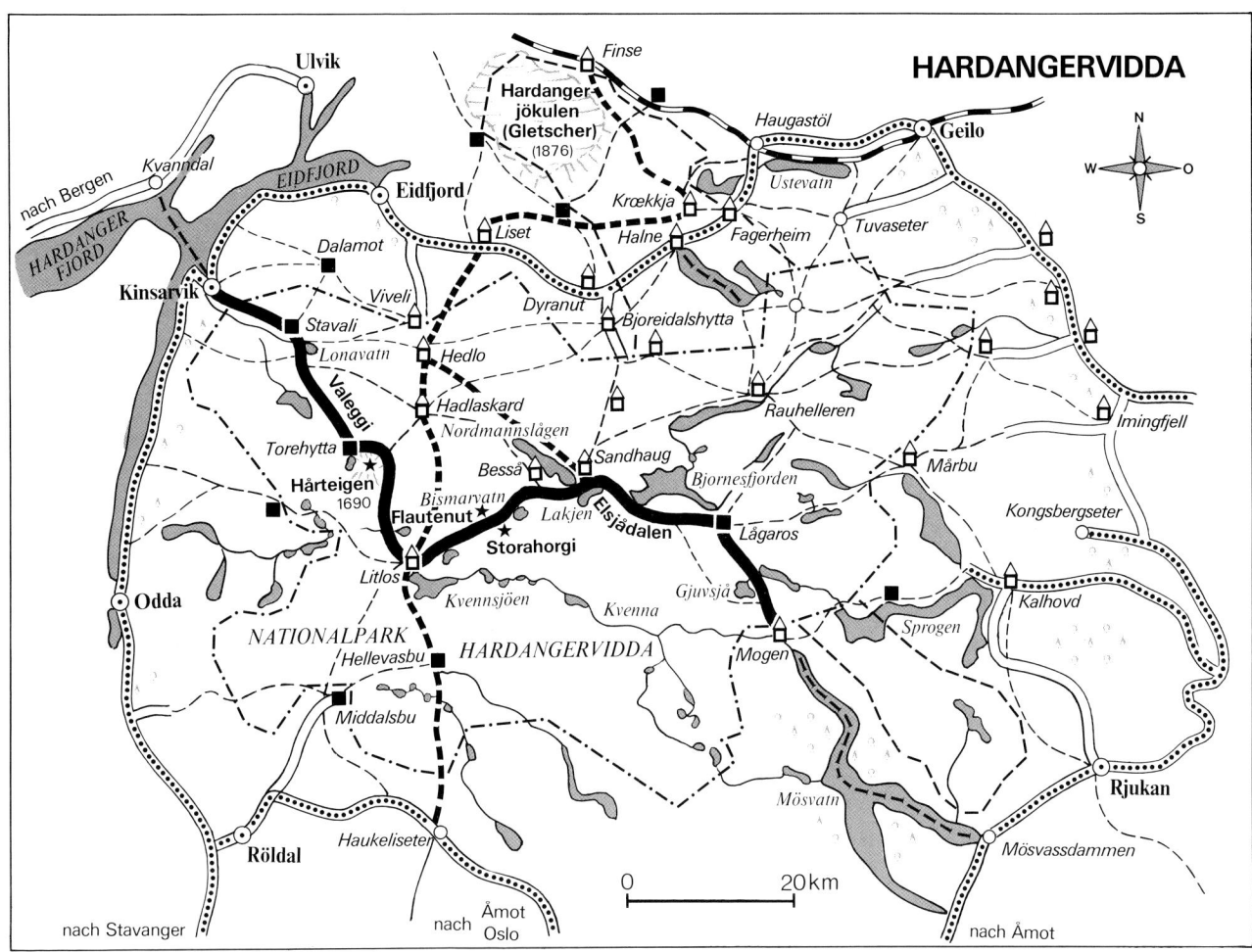

HARDANGERVIDDA

---

7. Tag: *Stavali–Kinsarvik, 12 km, 4 Std. (bei Abstieg)*

Die Strecke nach Kinsarvik hinunter folgt einem uralten Seterpfad (Almbauernpfad) und verläuft am Fuße des Randinuten (1498 m) zunächst durch das kesselartige *Botnane-Hochtal*. Anschließend führt ein Geländeeinschnitt am Kjerringnuten sehr steil ins *Vierdalen* hinab, worauf kurze Zeit später der Hochwald beginnt. Die Reststrecke nach *Kinsarvik* hinunter ist von zahlreichen Wasserfällen geprägt, die zum Hardangerfjord hinabstürzen.

8. Tag: *Mit dem Bus zum Auto zurück.*

Die Busverbindungen laufen von Kinsarvik via Odda auf der E 76 über Haukeliseter nach Åmot und von dort nach Rjukan.

Touristische Angaben

Andere Tourenmöglichkeiten: Weitere Ausgangs- und Endpunkte sind die Finse-Hütte und Haukeliseter. In diesem Fall für eine Nord-Süd-Durchquerung. Für Wanderer, die mit dem Auto anreisen, ist die Nord-Süd-Route etwas ungünstiger (es

sei denn, man startet von Haugastöl), weil Finse an der berühmten Eisenbahnstrecke Oslo–Bergen liegt. Andere Möglichkeiten bestehen von Haukeliseter nach Kinsarvik oder von Mösvassdammen (respektable P-Platz-Gebühren!) nach Haukeliseter.

Proviant: Man sollte genau die Hüttensymbolik studieren, um nicht zuviel und nicht zuwenig Proviant mitzuschleppen. Bis auf die Dalamot-Hütte haben alle verschlossenen Hütten auch ein Proviantabteil.

Schlüssel: Die Hütten haben einen Einheitsschlüssel, der beim DNT in Oslo erhältlich ist oder in den jeweils benachbarten, bewirtschafteten Hütten.

Busverbindungen: Rund um das Wandergebiet fahren miteinander korrespondierende Busse. Allerdings ist mit einem bis eineinhalb Tagen Rückfahrt zu rechnen, weil mehrmals die Buslinie gewechselt werden muß. Eventuell ist zusätzliche Übernachtung notwendig.

Unterkunft in den Orten: Jugendherbergen gibt es in Geilo, Odda und Rjukan, sonst Hüttenvermietung oder Hotels.

Jotunheimen-Nationalpark
Die »Heimat der Riesen« hat zwei Gesichter

Die Region der Jotunheimen-Gebirge unterscheidet sich kaum von einem populären Gebiet in den Alpen. Es ist – für nordische Verhältnisse – in der Hochsaison überlaufen, an den wichtigsten Punkten statt mit Berghütten mit fast luxuriösen Berghotels überfrachtet und für die Art und Weise, wie man sich in Skandinavien sonst in der Natur aufhält, ganz und gar atypisch. Jotunheimen hat sich deshalb so alpenähnlich entwickelt, weil nicht nur die beiden höchsten Gipfel Norwegens dort liegen, sondern insgesamt mehr als 250 Gipfel bis über 1900 m Höhe ansteigen und um die 60 Gletscher vorhanden sind. In diesem Gebiet sind also Bergstiefel und eventuell Steigeisen notwendig.

Ohne Zweifel ist Jotunheimen eine einmalige Landschaft, die man seriöserweise nicht auslassen darf und kann, für Bergstei-

ger und Bergwanderer nämlich ein wahres Eldorado. Wer aber neben Jotunheimen noch unzählige Wander- und Wildnisgebiete in Skandinavien kennt, kommt mit dieser Region in Konflikte. Der Leser soll schließlich die Möglichkeit haben, eine immerhin grandiose Landschaft selbst zu entdecken und selbst zu beurteilen, andererseits besteht aber die Verpflichtung, angesichts knapper und wertvoller Urlaubstage beide Gesichter Jotunheimens zu nennen. Auch wenn 1980 eine über 1140 km^2 große Fläche in Zentral-Jotunheimen zum Nationalpark erklärt wurde, an seinen so wichtigen Pforten gibt es wie im besten Alpenstil »Samstagabend-Disco« (Gjendesheim), und der Autoparkplatz bei Spiterstulen liegt direkt am Fuße des Galdhöppigen (2469 m). Norwegens höchster Berg ist also, von vier Stunden nicht allzu schwierigem Aufstieg abgesehen, quasi per Auto zu erreichen.

Es bieten sich daher zwei Tourenvorschläge an. Eine Route für Gipfelstürmer und ein Vorschlag in den stilleren Südteil von Jotunheimen.

Die Gebirgshütten von Glitterheim (DNT) sind Ausgangspunkt für die Besteigung des zweithöchsten Berges von Norwegen, des Glittertind (2452 m).

14. Jotunheimen I – Die Gipfeltour

Von Gjendesheim nach Gjuvvasshytta

> **Tourenschlüssel**
> 6–7 Tage, 60 km, mittelschwer
> Bergstiefel, evtl. Steigeisen
> Hüttentour (Berghotels)
> *Beste Zeit:* 15. 7.–30. 8./10. 9.
> *Karten:* Serie M 711, Blatt 1618 III, 1518 II, 1617 IV
> (+1517 I, für Jotunheimen II)

1. Tag: *mit dem Auto von Vågåmo nach Gjendesheim*

Gjendesheim (DNT, 129 Betten, bewirtschaftet).

2. Tag: *Gjendesheim–Memurubu, 14 km, 6 Std.*

Ausgesprochene Panorama-Tour über den berühmten *Bessegen-Grat* oberhalb des Gjendesees. Auf- und Abstieg zum Bessegen-Grat: alpiner Höhenwanderweg. *Memurubu* wird von privater Hand bewirtschaftet (100 Betten) und ist auch per Bootsverkehr über den *Gjendesee* erreichbar.

3. Tag: *Memurubu–Glitterheim, 18 km, 6 Std.*

Aufstieg zum Bessegen, jedoch abzweigend zum *Russvatn-See* hinunter. Dort am Westufer entlang, danach stetiger Anstieg zur plateauähnlichen Hochebene östlich der Memurubu-Gletscher. Über einen Einschnitt zwischen der westlichen (1754 m) und der östlichen Hestlaegerhö-Erhebung (1948 m) ins Veodalen, wo die *Glitterheim-Hütten* am Fuße des Glittertind-Gipfels (2452 m) liegen (DNT, 130 Betten, bewirtschaftet).

4. Tag: *Glitterheim–Glittertind, 3 Std. Auf-, 2 Std. Abstieg*

Die Besteigung des *Glittertind* auf seiner Ostseite ist bei einwandfreier Wetterlage und mit alpiner Ausrüstung (Bergstiefel) ohne übermäßige Schwierigkeiten. Lediglich die Schneefelder vor Erreichen des Gipfels sind etwas problematisch, besonders im Spätsommer, weil sie hart und glatt sein können. Der Abstieg erfolgt auf demselben Weg. Die andere Abstiegsvariante, über die Westseite, gilt als weitaus schwieriger und führt direkt nach *Spiterstulen* (4–5 Std.).

5. Tag: *Glitterheim–Spiterstulen, 16 km, 5 Std.*

Zuerst südlich, am Veofluß entlang, dann nach Westen in die *Vesleglupenschlucht* hinein. Der steile Aufstieg über die Geröllhalden führt zu einem Paß und danach an einigen Seen vorbei auf die Skautflyi-Hochebene hinaus. Später kommt von rechter Hand die Westroute von Glittertind herunter, und

gemeinsam geht es steil abwärts ins *Visdalen* hinunter, wo weiter oben das *Spiterstulen*-(Hütten-)Hotel liegt (140 Betten, von privater Hand betrieben).

6. Tag: *Spiterstulen–Galdhöppigen, 4 Std. Auf-, 2½ Std. Abstieg*

Der Aufstieg führt am Pigg-grovi-Bach in Serpentinen steil aufwärts bis auf ein Plateau von 1700 m Höhe. Über Schnee und Fels des Svellnosi führt die Route dann zum Keilhaus-Topp (2351 m), kurzzeitig über den Pigg-Gletscher etwas abwärts, dann aber zum *Galdhöppigen-Gipfel* (2469 m) hinauf, der ein grenzenloses Panorama bietet. In 1979 ist eine neue Gipfel-Hütte erbaut worden, die bei einem Wettersturz Unterschlupf gewährt. Der Abstieg erfolgt auf dem Herweg. Die Auf- oder Abstiegsroute vom Galdhöppigen zur Gjuvasshytta gilt als sehr schwierig und wird nur mit Führer empfohlen.

7. Tag: *Spiterstulen–Gjuvvasshütte (Juvasshütte), 8 km, 3 Std.*

Diese Tour kann wählen, wer in Spiterstulen keine Mitfahrgelegenheit nach Röysheim erhält oder auf der Waldweg-Straße nicht 4 Stunden abwärts gehen möchte. Die *Gjuvasshütte* (75 Betten, privat bewirtschaftet) hat nämlich Busverbindung. Spätestens in *Röysheim* jedenfalls den Bus nehmen und via Lom, umsteigen nach Vågåmo, dort umsteigen nach Gjendesheim und zum Auto zurück.

Folgende Abbildungen:
Links: Norwegens berühmtestes Bergbild: Die Aussicht auf den Gjendesee während der Wanderung auf dem (unschwierigen) Bessegengrat.
Rechts oben: Das Midtmaradalen im Südwesten und damit im stilleren Teil der Jotunheimen-Gebirge.
Rechts unten: Der oft bestiegene Galdhöppigen-Gipfel (2469 m) bietet das weitläufigste Panorama.

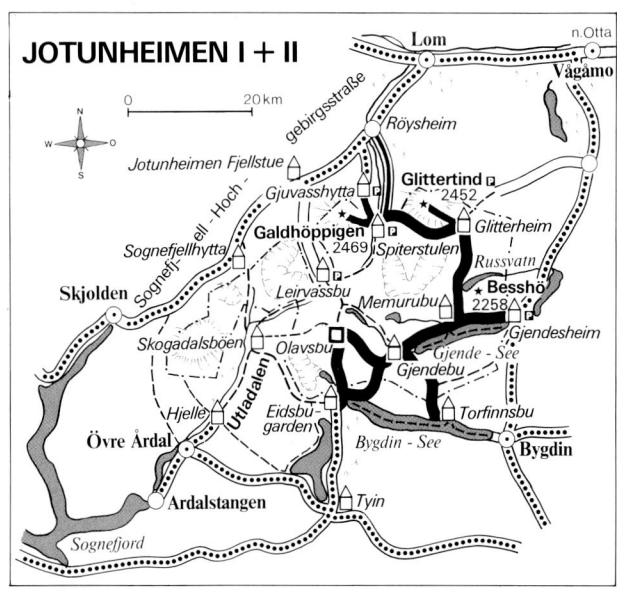

JOTUNHEIMEN I + II

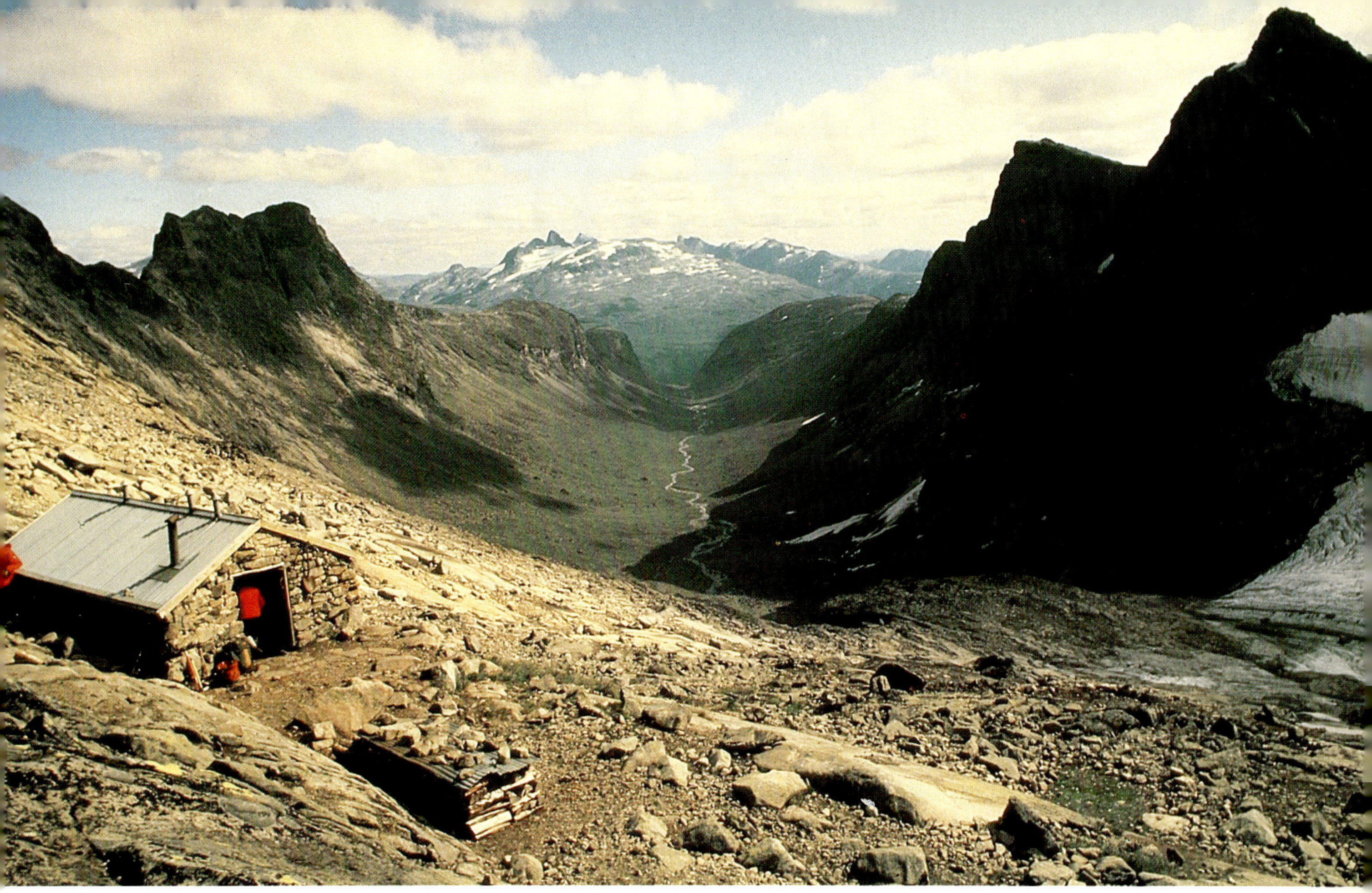

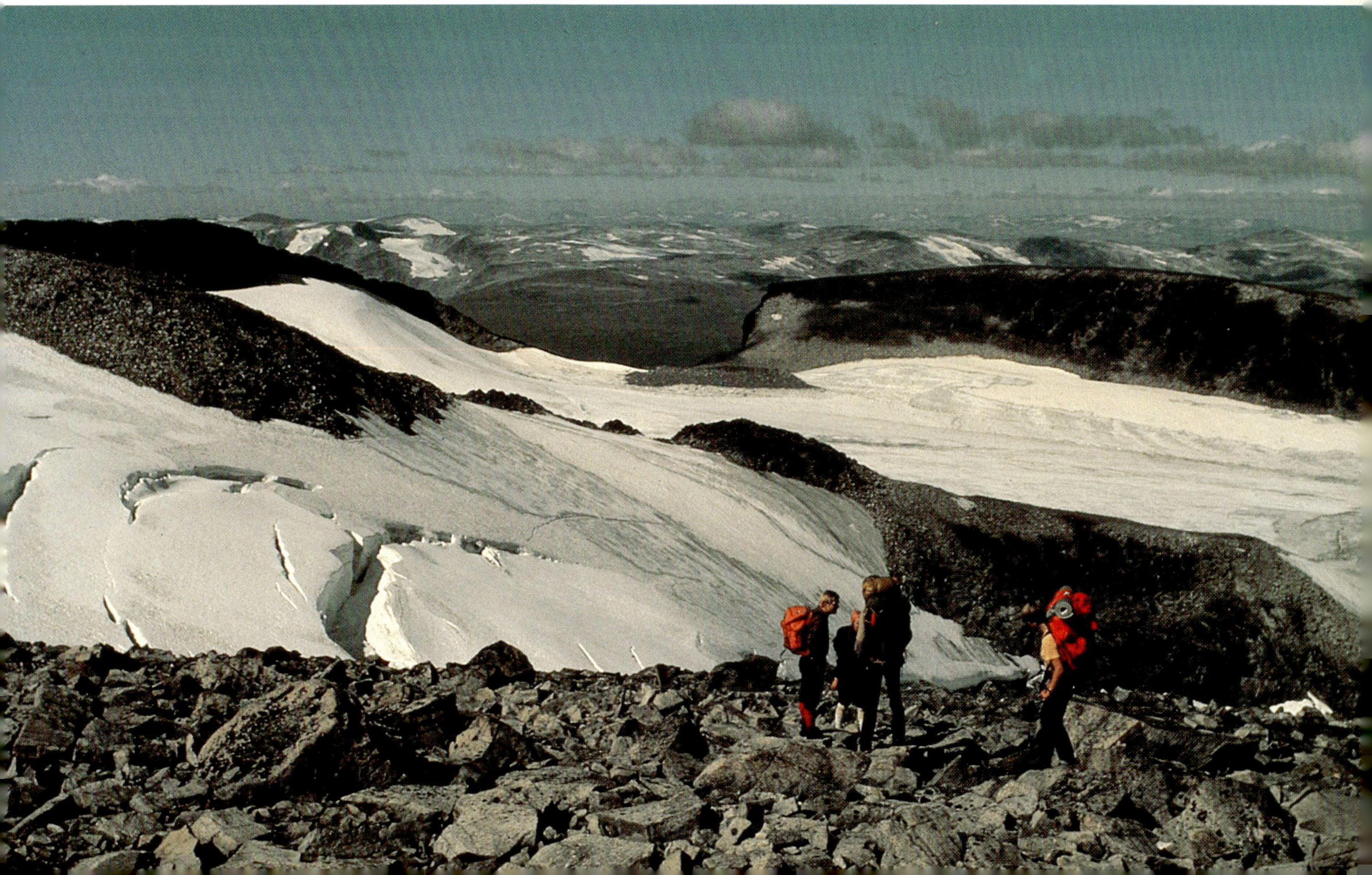

15. Jotunheimen II – Der stillere Süden

Von Gjendesheim nach Gjendesheim

Tourenschlüssel   (N)

6–7 Tage, 51 km, mittelschwer

Bergstiefel

Hüttentour

Beste Zeit: 15. 7.–30. 8./10. 9.

Karten: Serie M 711, Blatt 1618 III, 1517 I, 1617 IV
(+1518 II, für Jotunheimen I)

---

1. und 2. **Tag:** *wie Jotunheimen I (die Gipfeltour)*

3. **Tag:** *Memurubu–Gjendebu, 11 km, 4½–5 Std.*

Am Südufer des Flusses durch das Memurudalen aufwärts.
Dann zweigt die Markierung nach Südsüdwesten ab und führt
auf das *Memurutunga-Plateau* hinauf. Nach Überqueren der
Hochfläche folgt ein sehr steiler Abstieg zum Gjendesee hinunter, der an den gefährlichen Stellen jedoch mit Geländern
versichert ist. Dem Seeufer folgend nach *Gjendebu* (DNT,
106 Betten, bewirtschaftet), Bootsverkehr nach Gjendesheim.

4. **Tag:** *Gjendebu–Olavsbu, 14 km, 5 Std.*

Im *Vesladalen* flußaufwärts wandern, dann aber dem Ab-
zweig nach Olavsbu folgen und zu den Höhen nördlich der
Geithö (1460 m) hinauf. Am Südufer des Sees 1400 schließlich ins *Rauddalen* hinein und einer ganzen Seekette folgend, bis zur offenen, unbewirtschafteten Olavsbu-Hütte des
DNT (40 Betten, Proviantabteil).

5. **Tag:** *Olavsbu–Eidsbugarden, 12 km, 5 Std.*

Steiler Aufstieg bis zu dem Geländeeinschnitt zwischen Mjölkedalstind (2136 m) und Sjogholstind (2142 m), dann abwärts
zum oberen *Sjogholsvatn-See* und erneuter Anstieg zum Paß
zwischen dem Südausläufer des Mjölkedalstind und dem
Nordausläufer des Högbrothögdi (1754 m). Anschließend ins
Övre Mjölkedalen hinein und hinab zum gleichnamigen See.
Dort schwenkt die Markierung nach Südosten und führt
schließlich am Nordufer des Mölkedöla-Flusses zur kleinen
Eidsbugarden-Ansiedlung hinunter (Unterkunft: Privat-Pen-
sion/Hotel).

6. **Tag:** *wahlweise Eidsbugarden–Gjendebu, 14 km, 4½–5 Std.;*
oder Eidsbugarden–Torfinnsbu–Gjendebu, 12 km,
4½ Std.

Die Route *Eidsbugarden–Gjendebu* – direkt – folgt dem Nordufer des Bygdin-Sees, zweigt dann aber, immer der Telefon-

leitung folgend, nach Nord-Nordosten und führt zwischen der
Geithö-Erhebung (1460 m) und der Rundtum-Höhe (1485 m)
ins *Vesladalen,* das bereits vom 4. Tag her bekannt ist.

Alternative: Mit dem Boot von Eidsbugarden über den *Byg-
din-See* bis zum Zwischenstop Torfinnsbu (auch hier Unterkunft privat möglich). Von dort auf markierter Strecke ins
Svartdalen hinein, das sich quer durchs Gebirge, vom Bygdin-
bis zum Gjende-See hinüberzieht.

7. **Tag:** *Gjendebu–Gjendesheim (Boot)*

Ab Gjendebu besteht regelmäßig morgens und abends eine
Möglichkeit, per Boot nach Gjendesheim zurückzufahren.

Touristische Angaben: Jotunheimen I+II

Jotunheimen ist von einem Netz von **Straßen** und **Busverbindungen** umgeben. Es muß aber mindestens ein Tag für die
Rückkehr, z. B. zum Auto, gerechnet werden. Die Nebenstra-
ßen sind manchmal mautpflichtig, etwa die nach Spiterstulen.
Die bewirtschafteten **Hütten** haben in der Sommersaison von
ca. 1. 7. bis ca. 10. 9. geöffnet. (Ähnlich verläuft der Bootsverkehr auf den Seen.) In diesen großen Hotel-»Hütten« gibt
es morgens »skandinavisches« Frühstück (meist nicht vor acht
Uhr), eventuell mittags »Lunch« und abends »Dinner«. Zusammen mit einem nicht gerade billigen Übernachtungspreis
bekommen »Budget-Travellers« leicht finanzielle Probleme.
In der Vor- und Nachsaison gelten Glitterheim, Gjendebu,
Skogadalsboen und Krossbu als »Selbstbedienungshütten«.

Gletscher: In Spiterstulen finden täglich geführte Wanderungen zum Svellnosbreen-Gletscher statt. Ebenso von Leirvassbu nach Krossbu über den Smörstabbreen und von Krossbu/
Sognefjell zur Fanaråkhytta über den Fanaråk-Gletscher.
Auch die anderen Gletscher sollten nur mit Führer begangen
werden.

Stabkirchen: Die Stabkirche von Lom gilt als eine der schönsten und ältesten Stabkirchen Norwegens und stammt aus
dem 12. Jahrhundert. Erstmals wurde sie um 1270 erwähnt.
Die Konstruktion einer Stabkirche, die ja nur und völlig aus
Holz erbaut ist, geht auf die perfekte Schiffsbaukunst der Wi-
kinger zurück. Bis heute haben die Stabkirchen allen Unbil-
den des Wetters, dem Schnee und den Stürmen getrotzt.

*»Högvaglen« bildet auf 1441 Meter Höhe den Übergang in das
steinübersäte Högvaglurdi-Hochtal zwischen Leirvassbu und
Gjendebu/Olavsbu.*

16. Die Rondane-Dovrefjell-Tour I
Durch den Rondane-Nationalpark

Tourenschlüssel Ⓝ
5 Tage, 66 km, mittelschwer, oder 7 Tage,
inkl. Gipfeltouren, mittelschwer bzw. schwer
Bergstiefel
Hüttentour
Beste Zeit: 20. 6.–10. 9.
Karten: Serie M 711,
Blatt 1718 I, 1519 II, 1519 III

Die beiden nachfolgend beschriebenen Tourenvorschläge können sowohl getrennt als auch kombiniert durchgeführt werden; weil sie jeweils an der E 6 beginnen und enden. Idealerweise ist es dabei gleichgültig, ob man per Zug, Bus oder Auto anreist. Dies ist auch der Grund, weshalb beide Gebirgsregionen gerne besucht werden. Hinzu kommt – in Rondane – die Attraktivität von drei nicht gerade schwierigen, obgleich alpinen Gipfeltouren, die allesamt von der Rondvassbu-Hütte aus starten.

Von Otta nach Hjerkinn/Kongsvoll

1. Tag: *Otta–Mysuseter–Rondvassbu, 20 km, 2½ Std.*

Ab Otta gibt es eine Busverbindung nach *Mysuseter*. Autofahrer nehmen den gleichen Weg. In Mysuseter selbst führt aber eine mautpflichtige Straße noch weiter auf das Hochplateau, die schließlich für den Allgemein-Verkehr auf einem Auto-Parkplatz endet. Von dort starten wir, dem geschotterten Versorgungsweg nach *Rondvassbu* folgend, Richtung Nordosten und haben bereits nach 1½ Std. die bewirtschaftete DNT-Hütte erreicht (1165 m, 122 Betten).

2. Tag: *Rondvassbu–Storronden-Gipfel (2142 m), Auf- und Abstieg, 5 Std.*

Der *Storronden* ist der zweithöchste und meistbestiegene Gipfel des Rondane-Gebirges und in der Tat relativ leicht zu besteigen. Wir folgen kurze Zeit dem im Zickzack ansteigenden Pfad nach Björnhollia. Bevor es jedoch ins Illmanndalen hinabgeht, zweigen wir ab und steigen über den Bergrücken auf. Zu Beginn ist die Tour noch recht einfach zu bewältigen, mit zunehmender Gipfelnähe aber wird der Aufstieg anstrengend und beschwerlich. Östlich des Gipfels nicht zu nahe an den steil abfallenden Abgrund herantreten (loses Schiefergestein!).

Evtl. 3. Tag: *Rondvassbu–Rondslottet-Gipfel (2183 m), Auf- und Abstieg 7 Std.*

Auf den höchsten Gipfel des Rondane-Gebirges kann man nur bei wirklich einwandfreier Wetterlage und – diese Tour erfordert hochalpine bergsteigerische Erfahrung. Zunächst auf dem gleichen Weg wie zum Storronden. Am Fuße dieses Berges läuft der Rondslottet-Pfad jedoch weiter, ins *Rondholet-Hochtal* hinein. Dort führt dann ein sehr kraftraubender Anstieg über Fels und Geröllfelder zur *Südspitze* des Rondslottet hinauf (2042 m, sie hat jetzt den Namen »Vinjeronden«). Um zum nördlichen *Hauptgipfel* zu gelangen, müssen wir genau der Markierung folgend auf der Westseite des Grates entlanggehen. Die Ostseite des Grates fällt fast senkrecht ins Storbotnkar hinab!

Evtl. 4. Tag: *Rondvassbu–Veslesmeden-Gipfel (2016 m), Auf- und Abstieg 5 Std.*

Mit dem Boot über den *Lonafluß* und auf einem recht steilen Anstieg aus der *Jutulhogget-Schlucht* heraus. Oben zweigt der Pfad nach Hövringen ab, wir wandern aber nach Nordwesten, Richtung Svarthammaren. Bald darauf gehen wir auch am Wegabzweig nach Langholet-Dörålen vorbei und folgen dem kräftigen Anstieg zum *Rondhalsen*. Sobald wir den *Svarthammaren* passiert haben, beginnt der Veslesmeden-Pfad zunächst zum Gipfel »1869 m« hochzuführen. Von dort erst geht es über einen Grat nach Nordwesten zum *Veslesmeden-Gipfel* hinauf.

3./5. Tag: *Rondvassbu–Dörålseter, 15 km, 5 Std.*

Per Motorboot zum Nordende des *Rondvatnet-Sees*. Durch das Rondvassdal hinauf zu den Bergedalsvatn-Seen, denen wir auf dem westlich laufenden Pfad entlangfolgen. (Der östliche Pfad führt zur Wegstrecke Dörålseter–Björnhollia.) Schließlich führen die Markierungen westlich des Bergedal-Baches langsam aber stetig ins *Dörålen-Tal* hinunter. Den Bergedal-Bach überqueren wir auf einem Steg, kurz bevor er in den *Atna-Fluß* mündet. Diesen gehen wir talabwärts entlang, bis wir erneut eine weitere Brücke erreichen, die uns über den Atna bringt. Am anderen Ufer folgt dann noch ein kurzer Anstieg, und wir stehen vor dem privat bewirtschafteten *Dörålseter* (1043 m, 2 Hütten, 85 u. 20 Betten).

4./6. Tag: *Dörålseter–Grimsdalshytta, 15 km, 6 Std.*

Die Route verläuft steil ansteigend am Storbekken-Bach entlang und führt in der engen *Dörålglupen-Schlucht* weiter bergauf. Am Ende überschreiten wir in einem schroffen, zerklüfteten Gelände den *Dörålglupen-Paß*, worauf es auf recht beschwerlicher Strecke ins Haverdalen hinabgeht. Der *Haverdals-Fluß* wird auf einer Hängebrücke überquert, danach treffen wir auf den zum Haverdalsseter führenden Weg. Unsere Markierungen führen aber – wiederum steil ansteigend –

auf das nördlich gelegene *Gravhö-Plateau* hinauf, das wir später unschwer in nordwestlicher Richtung überqueren. Der anschließende Abstieg zieht sich über die Nordhänge des Gravhö-Gebirges (höchster Gipfel 1489 m) etwas in die Länge, führt aber letztlich doch noch zum Grimsa-Fluß hinunter. Dort dann über die Brücke und zur bewirtschafteten *Grimsdalshytta* des DNT (994 m, 42 Betten, an der Straße Dovre–Fallet).

5./7. Tag: *Grimsdalshytta–Hjerkinn/Kongsvoll, 16 km, 5 Std.*

Die Markierung läuft zunächst etwas den Hang hinauf, führt dann aber in die *Tverråi-Schlucht* hinunter. Dort überqueren wir den Tverråi-Bach (Steg), müssen anschließend jedoch einen kräftigen Anstieg bewältigen, bis wir nördlich der Schlucht auf einem Plateau stehen. Der Wanderweg verläuft nun unbeschwerlich bis zur *Steinbuhöi-Erhebung* (1354 m). Danach geht es gemächlich abwärts, zum sumpfig-nassen Flußverlauf des *Gautåi*. Schließlich führt unsere Route am Westabhang des Storhöi vollends ins Gautdalen hinab. Den Gautåi überqueren wir auf einem Steg und folgen der Markierung bis zum *Gautåseter* (privat bewirtschaftet, 28 Betten).

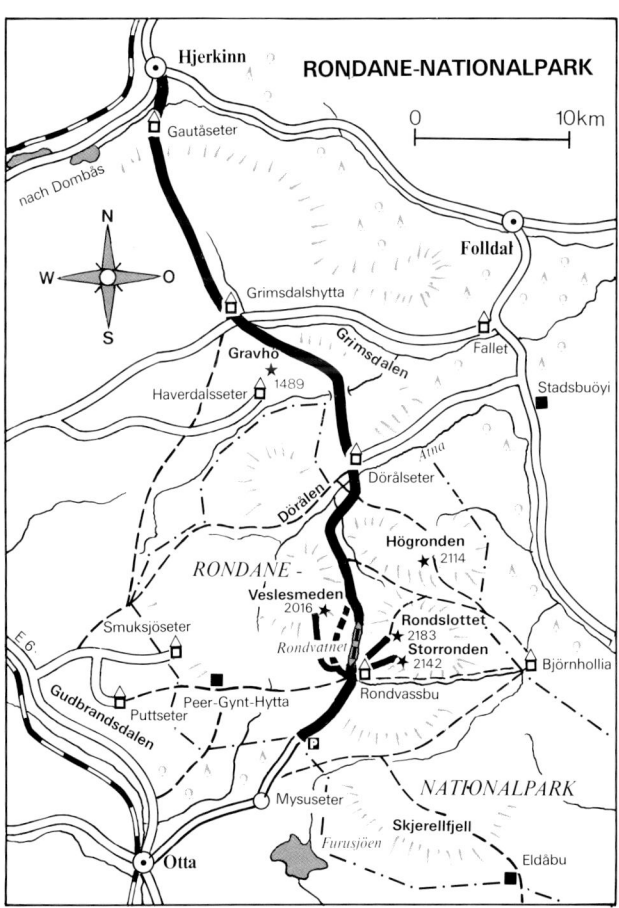

Wir können hier übernachten, eine Stunde weiteren Fußmarsches in *Hjerkinn* (privat bewirtschaftet, 28 Betten), oder wenn die Zugverbindung gerade günstig ist, in der bewirtschafteten *Kongsvoll-Fjellstue* (70 Betten). Auf jeden Fall ist der Bahnhof in Kongsvoll der beste Ausgangspunkt für die nun folgende Dovrefjell-Tour. Wer hier abbrechen möchte, kann mit dem Zug via Dombås nach Otta und von dort per Bus nach Mysuseter zum Auto zurück.

17. Die Rondane-Dovrefjell-Tour II
Durch den Dovrefjell-Nationalpark

Von Hjerkinn/Kongsvoll nach Jenstad

Tourenschlüssel   (N)
4 Tage, 48 km, mittelschwer
oder 5 Tage inkl. Gipfeltour, mittelschwer
Bergstiefel
Hüttentour (Schlüssel)
Beste Zeit: 15. 7.–31. 8.
Karten: Serie M 711 1:50 000
Blatt 1519 IV u. 1419 I

Das Dovrefjell ist nun ganz und gar nicht mit bewirtschafteten Hütten übersät, sondern endlich mal weitestgehend nur mit Selbstversorger-Hütten. Dadurch bildet es fast schon eine Überleitung zu nordnorwegischen Regionen. Das Dovrefjell ist zwar noch alpin, aber doch nicht so voll erschlossen wie die populären Gebiete weiter im Süden. Nicht nur das dominierende Snöhetta-Massiv (2286 m) zieht die Wanderer ins Dovrefjell, es kommen auch viele botanisch interessierte und einige wegen der Moschusochsen (siehe touristische Angaben).

1. Tag: *Kongsvoll–Reinheim, 14 km, 5 Std.*

Direkt hinter dem Bahnhof Kongsvoll beginnt die Markierung.

Folgende Abbildungen:
Links: Bereits Ende August bzw. Anfang September ist der sonst leicht zu besteigende Storronden-Gipfel (2142 m) mit einer ersten Schneekappe überzogen. Aber Gipfeltouren sind bei einwandfreier Wetterlage dennoch möglich.
Rechts: An den Nordrändern des Dovrefjells finden sich noch viele solcher einsam gelegener Bauernhöfe. Hier scheint Norwegen eine einzige Filmkulisse zu sein.

Der Weg steigt kräftig bergauf und führt nach Westen. Oben geht es zunächst über die Hänge nordöstlich bzw. nördlich des *Kaldvella-Flusses*. Der Pfad führt jedoch immer mehr zum Fluß hinunter und verläuft dort an diesem entlang talaufwärts. Nördlich der Stelle, wo Kaldvella-Fluß und Stropla-Fluß zusammenfließen, führt ein Steg über das Wasser. Anschließend geht es ins *Stroplsjödalen* hinein bzw. am Nordufer des Stropla-Flusses aufwärts. Der Pfadverlauf zeigt dabei etwas mehr in nordwestliche Richtung, hält auf die beiden Stropl-Seen zu (1289 m und 1320 m) und führt von dort, südlich der Seen vorbei, vollends zur *Reinheim-Hütte* des DNT (1341 m, geschlossen, Proviantabteil, 26 Betten).

2. Tag: *Reinheim–Snöhetta »Stortoppen« (2286 m), 3 Std. Auf-, 2 Std. Abstieg (nur teilweise markiert)*

Östlich der Hütte führt ein Steg über den Stropla-Fluß. Anschließend steigen wir in südsüdwestlicher Richtung bergan, bis wir den Paß zwischen dem Brunkollen (1665 m) und dem Ostausläufer des Snöhetta-Massivs erreicht haben. Genau dort schwenken wir nach Westen und steigen über eben jenen Ostausläufer (Bergrücken) bis zum *Stortoppen* hinauf. Dies ist der Hauptgipfel des Snöhetta-Gebirges. Bei einwandfreier Wetterlage ist die Snöhetta-Besteigung – solange sie auf den Stortoppen-Gipfel beschränkt bleibt – nicht übermäßig schwierig.

3. Tag: *Reinheim–Åmotdalshytta, 9 km, 3 Std. (nur teilweise markiert)*

Zuerst am Fluß entlang, nicht in der nach Norden ziehenden Schlucht zum Skardvollen hinauf (1699 m), sondern nach Westen. Am oberen Talende stehen wir dann nördlich des *Leirpullan-Sees*. Dort hätten wir zwar die Möglichkeit, über den Leirpullskardet-Paß aufzusteigen und in einem nordwestlich-westlichen Bogen zur Åmotdalshytta zu wandern, wir folgen aber dem Geländeeinschnitt westlich des Leirpullan und treffen später auf eine markierte Route, die von der ehemaligen Snöheim-Hütte aus Südost zu uns herüberführt. Auf diesem Pfad wandern wir in westnordwestlicher Richtung stetig abwärts ins *Åmotsdalen* bzw. zum Åmotsvatnet-See hinunter. An seinem Nordostufer liegt dann die *Åmotdalshytta* des KNT (Kristiansund og Nordmøre Turistforening, gleichsam DNT, 1310 m, geschlossen, Proviantabteil, 21 Betten).

4. Tag: *Åmotdalshytta–Loennechenbua–Jenstad, 19 km, 7 Std.*

Auf dieser Tagesetappe müssen wir beide Karten benutzen, weil der Pfad unglücklicherweise mal auf 1519 IV hinüber-, mal auf 1419 I herüberschwenkt. Am Ablauf des Åmotsvatnet über den Fluß und in nordöstlicher Richtung leicht ansteigend bis zum Südufer des *Langvatnet* (1396 m). Den See umgehen wir östlich (Kartenblatt 1519 IV), halten dabei aber auf die nördlich liegende *Gråhöin-Anhöhe* zu. Nach Überschreiten

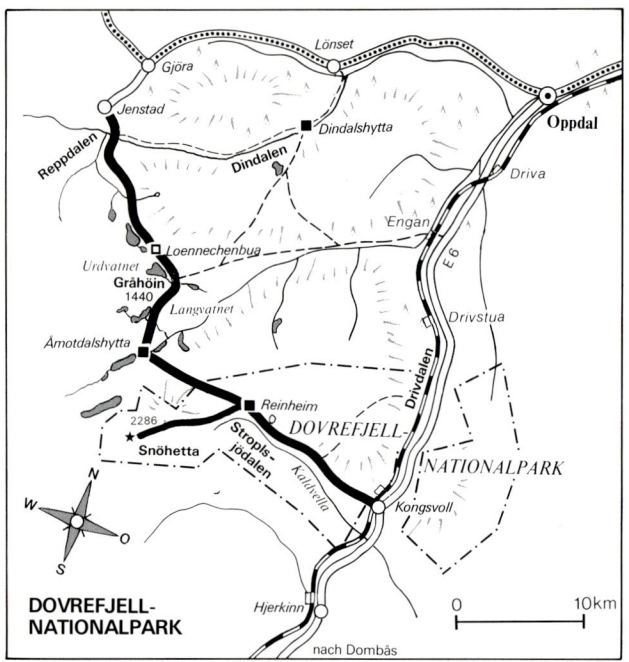

DOVREFJELL-NATIONALPARK

der Hochfläche führt der Weg zum *Urdvassbekken* (-Bach) hinunter, den wir bei einer breiten Watstelle unterhalb des *Urdvatnet-Sees* (1371 m) durchqueren. Am Nordufer des Baches schwenken wir nach Westnordwest ab (der nach Nordosten verlaufende Pfad führt nach Engan und zur Dindalshytta) und wandern längs des Urdvatnet-Ufers bis zum benachbarten Skirådalsvatnet-See (1351 m), wo die *Loennechenbua* liegt (KNT, kleine offene Steinhütte, 2 Betten, ohne Proviant). Ab Loennechenbua setzt sich der Weg weiterhin in Richtung Nordwesten fort und führt am Nordostufer des Storvatnet (1332 m) entlang. Am Ende des Sees schwenkt der Pfad nach Norden um und hält auf die Südabhänge des *Slettfjell* (1605 m) zu. Dabei umwandern wir den See »1273 m« östlich, schwenken danach aber in einem Bogen wieder nach Nordwesten, so daß wir an den Südabhängen des Slettfjellet ins *Skirådalen* abwärts wandern. Sobald das Skirådalen ins *Reppdalen* übergeht, verläuft die Pfadrichtung nach Norden, dem Reppdalen also folgend. Wenn wir schlußendlich den Middagshjellen-Seter erreicht haben (Ende der Wanderkarte) sind es nur noch zwei Kilometer Waldweg-Straße bis zum *Jenstad-Seter*. Und in diesem idyllisch gelegenen Bergbauernhof gibt es Quartier und Mahlzeit.

5. Tag: *Jenstad–Gjöra(–Kongsvoll bzw. Mysuseter)*

Von Jenstad müssen wir – falls es keine Mitfahrgelegenheit gibt – nach Gjöra hinunterwandern, wo wir die Möglichkeit haben, per Bus nach Oppdal zu kommen. Ab Oppdal dann wieder per Zug via Dombås nach Otta bzw. Mysuseter.

Touristische Angaben: Rondane-Dovrefjell-Tour I+II

Der **Rondane-Nationalpark** wurde 1962 gegründet und umfaßt 570 km² Schutzgebiet. Alle 10 Gipfel, die über 2000 m Höhe ansteigen, liegen im Herzen des Nationalparks. Interessant sind auch die Überreste alter Jagdkulturen. So sind in der Nähe von Rondvassbu und in den verschiedenen Tälern immer noch Fallgruben für den Fang wilder Rentiere vorhanden. Bei Mysuseter führt ein Schild mit der Aufschrift »Kvitskrupre-stinn« ins Uladal. Dort stehen Erdpyramiden, für diese Gegend eine geologische Ausnahme.

Rondane-Hütten: Die bewirtschafteten Hütten oder Seter (Bergbauernhöfe) haben überwiegend von Mittsommer bis ca. 10. 9. geöffnet. Davor und danach arbeiten einige nach dem System der Selbstversorgungshütten, d. h. mit Proviantabteil; Schlüssel notwendig.

Der **Dovrefjell-Nationalpark** wurde 1974 gegründet und umfaßt ein Gebiet von 265 km². Die Moschusochsen – Norwegens einzig freilebender Stamm – sollen sich ab und zu in der Nähe des Kaldvelldalen und Stölådalen aufhalten. Ein Teil der ursprünglich aus Grönland eingeführten Tiere ist in die norwegisch-schwedische Grenzregion nördlich des Femund-Rogen-See-Bezirks abgewandert. Um die Moschusochsen wird immer wieder viel zu viel Abenteuerliches hochstilisiert, aber zu wenig gewarnt. Es ist zwar nicht alltäglich, den Moschusochsen zu begegnen, aber wenn, dann mindestens einen Abstand von 100–150 m einhalten. Diese Urzeitviecher greifen nämlich an, wenn sie sich bedroht fühlen.

Dovrefjell-Hütten: Bis auf die Loennechenbua und die Aursjöhytta sind alle Hütten verschlossen, aber mit Proviantabteil. Der Schlüssel ist beim DNT Oslo oder z. B. in Kongsvoll-Fjellstue erhältlich.

Die Hütten und Hotels entlang der E 6 haben oft für Wanderer reduzierte Preise, wenn sie per »Sovepåse« (Schlafsack) übernachten.

Die Reinheim-Hütte, aber auch andere Dovrefjell-Hütten sind nach dem 31. 8. manchmal oder immer als geschlossen anzusehen, weil sie von Rentier-Jägern belegt sind. Nach dem 1. 9. darf nämlich ein bestimmtes Kontingent von Wild-Rentieren gejagt werden.

Bus, Zug, sonstige Unterkunft: Hier in Südnorwegen, direkt an der Verkehrsschlagader E 6, das ganze Jahr über kein Problem. Allerdings stoppen die Fernzüge Oslo–Trontheim nachts nicht an jeder Haltestelle.

Die größeren Orte: Otta, Dombas und Oppdal sind wichtige Verkehrsknotenpunkte mit Stadtcharakter. Besonders Oppdal ist in den letzten Jahren zu einem bedeutenden Wintersportzentrum (auch für Abfahrts-Ski!) herangewachsen. Der Bezirk Otta steht aber mit seinen hochgelegenen Ferienorten wie Mysuseter und Hövringen in nichts nach. Deshalb gibt es auch ganzjährig geöffnete Touristenbüros.

18. Saltfjell I
Das »Kreuz des Nordens«

Ost-West-Achse: Von Lönsdal nach Beiarn

Tourenschlüssel
2 Tage, 44 km, mittelschwer
Gummistiefel
Bei Hüttentour: Schlüssel
Beste Zeit: 25. 7.–10. 9.
Karten: Serie M 711, Blatt 2128 III,
2028 II, 2028 I

Die E 6 erweist sich hier als idealer Ausgangs- und Schlußpunkt. Sowohl für die Durchquerung des Saltfjells in Ostwestrichtung als auch in seiner Längsachse von Süd nach Nord können wir in jedem Ort auf entweder Bus- oder Zugverbindung zurückgreifen, um zum Auto zurückzukommen. Die *Saltfjell-Hochstraße* (E 6) scheint zunächst etwas langweilig, weil sie über ein recht ödes Hochplateau führt. Diese Meinung über das Saltfjell wird sich aber schnell und radikal ändern, wenn man nur die Gelegenheit wahrnimmt und hinter die nächsten Höhenzüge schaut.

1. Tag: Lönsdal–Saltfjellstua, 20 km, 6–7 Std.

Nachdem wir uns an Hand der Zeichnung und der touristischen Angaben vergewissert haben, für welche Hütten wir einen Schlüssel benötigen und welche offen sind, suchen wir am Bahnhof in *Lönsdal* (504 m) den Beginn der markierten Route. Ein rotes »T« auf der anderen Seite der Bahngleise bezeichnet den Anfang. Nach ca. 500 Metern trennt sich der Weg. Wir folgen der Route, die nach links westsüdwestlich weiterführt, um später das Südufer des *Kjemåvatnet* zu umrunden. Der Pfad führt westwärts durch den Birkenwald und steigt dann auf 748 m Höhe an. Unterdessen queren wir die Nordhänge des *Kjemåfjellet*, die uns rückblickend ein fantastisches Panorama bieten. Wenig später müssen wir dann den *Kjemåjåkka* zum ersten Mal durchqueren (genau an der markierten Stelle, der letzte Felsbrocken gibt wie eine Wippschaukel nach!). Wir wandern dann aber auf recht trockener Bergheide in 900 m Höhe westwärts, bis uns die Markierung auffordert, den Fluß erneut zu durchqueren. An dieser Stelle viel Zeit lassen, um die jahreszeitlich günstigste Watstelle selbst herauszufinden.

Jenseits des Flußufers beginnt dann ein lange anhaltender Anstieg auf knapp 1100 Meter bzw. eine insgesamt fast vier Kilometer lange Überquerung einer steinigen Hochebene zwischen Lönstinden (1506 m) und Steindalstind (1378 m). Zwi-

schendurch müssen wir das Kartenblatt 2128 III mit 2028 II tauschen. Mit dem Erreichen des *Lönstindvatn-Sees* (1064 m) beginnt ein sich lang dahinziehender Abstieg zunächst über flache Steinhalden, später aber über steilere Grashänge. Die Richtung ist Südwest. Dabei müssen wir unbedingt die Markierung im Auge behalten, weil wir später, ungefähr mit einem Kilometer Abstand südöstlich des *Söre Bjöllå-vatn(-Sees)*, einen reißenden Bach überqueren müssen. Nur die Markierung führt zur günstigsten Stelle. Von da an sind es noch gut anderthalb Kilometer hügeliges Auf und Ab, bis wir die Hängebrücke über den Bjöllåvass-Fluß erreichen. Die *Saltfjellstua* (4 Betten) liegt 500 Meter flußab.

2. Tag: Saltfjellstua–Beiarstua/Tverrånes, 24 km, 8 Std.

Wir bleiben diesseits des Flusses und finden einen Kilometer nördlich der Saltfjellstua den beschilderten Wegabzweig nach Stallogrop/Beiarn. Wir folgen dieser nach Westnordwest weisenden Markierung, während der andere Pfad nach Norden verläuft (siehe Saltfjell II). Der Weg steigt langsam auf über 741 m an, bis wir linker Hand das *Stallogropvatn* liegen sehen. Nun schwenkt der Pfad auf eindeutig Nordwest um und führt oberhalb des Stallogropelva an den Stallogropmooren vorbei, manchmal hindurch. Rechter Hand, im Osten, liegt und lag die ganze Zeit über das *Midtistufjellet*. Mit dem Austauschen der Kartenblätter (von 2028 II zu 2028 I) überschreiten wir die »Lilleskaret-Paß« (700 m) genannte Stelle und wandern von nun an im *Tollådalen* bzw. östlich des Tollå-Flusses abwärts. Den Fluß überqueren wir später auf einer Hängebrücke, und etwas weiter flußabwärts, am Westufer, finden wir die *Bukkhaugbua-Schutzhütte*. Dies ist die heutige Weghälfte.

Von da an geht es zuerst südwestlich die Hänge des *Skogfjellet* hinauf. Ab der Höhenlinie 800 schwenkt die Markierung auf der hochplateauähnlichen Landschaft (860–880 m) nach Nordwesten um. Höchste Erhebung ist der rechter Hand liegende *Ryggen* (927 m). Auf der Südwest-Westflanke des Ryggen (Rücken) überschreitet man wiederum die Höhenlinie 800 und beginnt den Abstieg ins bald bewaldete *Tverrådalen*. Der später naß-morastige Pfad verläuft am Nordufer des Tverråga-Flusses und führt schließlich nach insgesamt sieben Kilometern (ab Waldgrenze) an die *Beiarstua* in Tverrånes heran. Ab dort gibt es eine Postbusverbindung bis Bodö, über die wir uns jedoch vor Beginn der Tour jährlich neu informieren sollten. Möglicherweise verkehrt der Bus während der norwegischen Schulferien nur noch eingeschränkt.

Die Visitenkarte des Saltfjell. Nordnorwegens Natur fällt einem buchstäblich ins Objektiv. Dieses nur wenige Meter neben der E 6 liegende Motiv sieht jeder, der nicht allzu eilig nur zum Nordkap strebt.

19. Saltfjell II
Das »Kreuz des Nordens«

Süd-Nord-Achse:
Von Bjöllånes ins Tollådalen

Tourenschlüssel
2 Tage, 46 km, mittelschwer–schwer,
teilweise schlecht oder unmarkiert
Gummistiefel
Bei Hüttentour: Schlüssel
Beste Zeit: 25. 7.–10. 9.
Karten: Serie M 711, Blatt 2028 II, 2028 I

Diese Strecke ist recht wenig begangen, auch weil sie über große Strecken hinweg unmarkiert ist. Dabei ist der Pfadverlauf und die Richtung gar nicht mal so schwer zu verfolgen, weil dies die Strecke der einstmals einzigen Telegrafenverbindung nach Nordnorwegen war. Ab und zu sieht man Reste der Masten-Fundamente. Die Saltfjell-Hochstraße wurde erst 1932 erbaut, und Tore Storvoll, der in Bjöllånes den Lebensmittel-Laden und die Tankstelle betreibt, hat als kleiner Junge noch miterlebt, wie der damalige König Haakon die Saltfjell-Straße eingeweiht hat. Tore Storvoll hat zwei Hütten zu vermieten und hilft auch eventuell bei Fragen bezüglich der nun folgenden Tour. Achtung, auf der E 6 ist man so schnell am Bjöllånes/Storvollen-Dörfchen vorbeigefahren, daß man's kaum bemerkt.

1. Tag: Bjöllånes–Krukkistua–Saltfjellstua, 24 km, 9 Std.

Wenn wir in Bjöllånes die richtige Brücke über den *Ranaelva* gewählt haben, sie liegt 1 km oberhalb des Zuflusses des Tespa, führt anfänglich ein kleiner Waldweg, dann aber ein Pfad, recht steil ansteigend ins Tespadalen hinein. Die Strecke verläuft östlich des Tespaelva durch den Wald talaufwärts, ist naß und mitunter auch morastig. Nach und nach kommen immer mehr Bäche rechts von den Hängen des *Tespfjellet* herunter. Nach ca. sieben Kilometern überquert man den Polarkreis, nach acht führt eine Brücke über den *Storbekken*, nach neun ist die Baumgrenze überschritten. Die Brücke ist in der Wanderkarte nicht eingezeichnet, wohl aber der Pfadver-

Folgende Abbildungen:
Auf der Tagesetappe von Lönsdal zur Saltfjellstua. Die Saltfjell-Hoch-straße scheint etwas langweilig, weil sie über ein recht ödes Hochplateau führt. Diese Meinung über das Saltfjell wird sich aber schnell und radikal ändern, wenn man nur die Gelegenheit wahrnimmt und hinter die nächsten Höhenzüge schaut.

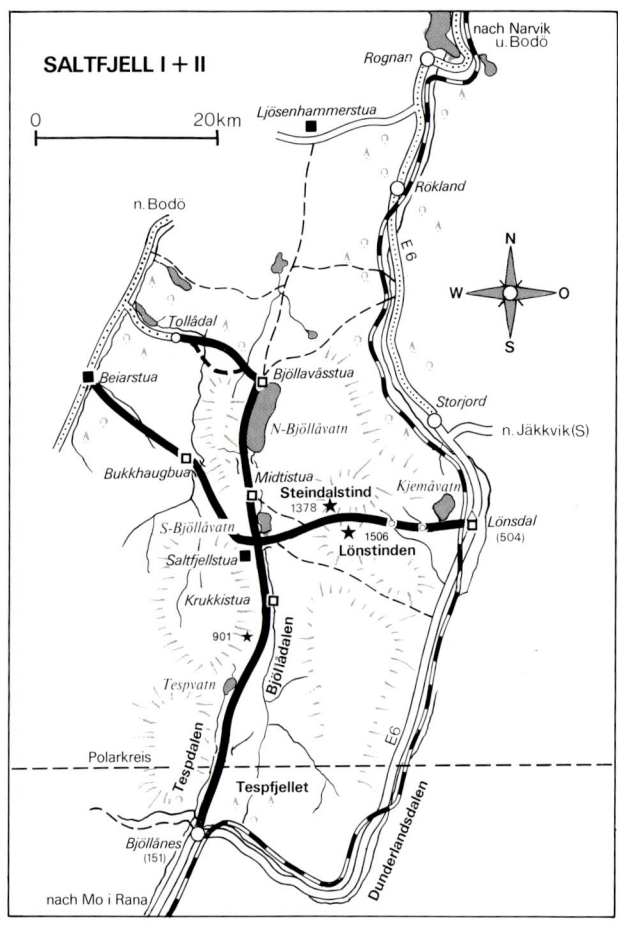

SALTFJELL I + II

0   20km

lauf. Ab der Baumgrenze verläuft der Pfad dann nördlich bis leicht nordöstlich und folgt ständig dem Wasserlauf des Tespa aufwärts. In der Karte sind für Wanderer zwei Hüttennamen ohne Bedeutung: Die Gilafjellstue existiert nicht mehr und die Tespahytta ist privat und verschlossen. Unser wichtigstes, vorläufiges Ziel ist der *Tespavatn-See* auf 704 m. Diesen See umwandern wir zuerst an seinem Südufer, dann bis zur Hälfte an seinem Ostufer. Von dort halten wir auf einen nordöstlich liegenden Paß zu. Genau da ist in der Karte »*Lappflyttarskardet*« eingedruckt. Dies ist der beste Übergang (800 m Höhe) ins benachbarte Björlådalen.

Auch im *Björlådalen* bleibt die nordöstliche Richtung zunächst maßgebend, schwenkt aber später, unterhalb des Berges »901 m«, nach Norden ein. Wir sollten nicht zu schnell der Baumgrenze oder dem Flußtal zustreben. Am besten ist kurz oberhalb der Baumgrenze talaufwärts zu ziehen und die *Krukkistua* später fast im rechten Winkel anzusteuern. Mit den 1:50 000-Karten ist dies kaum ein Problem, denn der Fluß hat charakteristische Ecken und Biegungen, die man anpeilen kann. Warum das alles? Von den Einheimischen wird ge-

warnt, zu früh, so wie es der Pfadverlauf in der Wanderkarte zeigt, ins Björlåtal hinabzusteigen, weil unten zu viele Moraststrecken und angeblich auch (ausnahmsweise) gefährliche Moore am Wegesrand liegen.

Ab der Krukkistua (8 Betten, unverschlossen) sind es noch vier Kilometer flußauf bis zur *Saltfjellstua* (4 Betten, Schlüssel), die wir aus unserer Saltfjell-I-Beschreibung schon kennen.

2. Tag: *Saltfjellstua–Björlåvasstua–Tollådalen, 22 km, 7 Std.*

Dieser zweite Teil auf der Süd-Nord-Achse ist kaum mehr als schwierig zu bezeichnen, weil wir größtenteils entweder Markierungen haben oder der Pfad sehr deutlich ausgetreten ist. Wie in Saltfjell I beschrieben, wandern wir zu dem einen Kilometer nördlich der Saltfjellstua liegenden Wegkreuz mit Beschilderung. Diesmal folgen wir aber dem Pfad, der genau nach Norden zieht und dabei einen Abstand von 300 bis 400 Meter zum Westufer des *Söre Björlevåtn(-Sees)* einhält. Zwischendurch verliert sich der Pfad im Gras und Weidengeflecht, da wir die *Midtistua* (4 Betten, offen) aber schon bald nördlich voraus liegen sehen, können wir den Weg auf dem flachen Gelände auch selbst wählen. Parallel zum Nordufer des Söre Björlåvatn wechseln wir das Kartenblatt (von 2028 II auf 2028 I) und haben nach insgesamt zwei Stunden die Midtistua erreicht.

Nach der Rast ist der Pfadverlauf von der Hütte über die gesamte Strecke bis zur Björlåvasstua (3 Std.) deutlich ausgetreten und auch markiert. Das Gelände ist flach und sehr angenehm zu gehen. Der Pfad zieht sich westlich des Björlåga-Flusses bis zum Südufer des *Nordre Björlåvatn* hin. Zwischendurch müssen wir immer mal wieder kleinere Bäche und Rinnsale durchqueren. Kurz vor Erreichen des Nordre Björlåvatn geht es über eine Brücke hinweg. Unser Weg geht anschließend über gut fünf Kilometer ziemlich nahe am Westufer des Björlåvatn entlang, der sich in Richtung Nordost ausbreitet. Diese Strecke bis hin zur Hütte ist bei schlechtem Wetter recht ungeschützt. Kurz vor der *Björlåvasstua* (große Hütte: 10 Betten, Schlüssel; kleine Hütte: 8 Betten, offen) unbedingt genau der Markierung folgen, um einen Umweg wegen eines Baches zu vermeiden.

Der Weg ins Tollådalen (2½ Std.) ist von der Hütte weg ausgeschildert und markiert. Die Richtung ist Nordwest, der Pfad steigt leicht an. Nach zwei Kilometern teilt sich der Weg ins Övre Tollådalen in zwei Alternativen auf. Beide Wege beanspruchen in etwa die gleiche Gehzeit. Persönlich betrachtet ist die nördliche Alternative die etwas bequemere und schönere, weil man länger oberhalb des zum Teil naß-morastigen Waldes bleibt. Auf diesem letzten Abschnitt der Wanderung

Die alte Kiefer hat den arktischen Stürmen am Polarkreis getrotzt.
Sie behauptet majestätisch ihren Platz.

unbedingt die Markierung/Steinmännchen im Auge behalten. Der Abstieg durch den Hochwald endet im oberen *Tollådalen* auf einem Waldweg, der bald darauf zur unbefestigten Straße wird und an den ersten Bauernhof heranführt. Von dort sind es noch knapp zwei Kilometer bis zum Gehöft der Familie Johann und Gudrun Sivertsen. Diese beiden älteren Leute haben zwei, drei Hütten zu vermieten, und nur sie können (telefonisch) unseren Bus-Abtransport aus dem sehr abgeschiedenen Övre Tollådalen organisieren.

Touristische Angaben: Saltfjell I+II

Für geschlossene **Hütten** – in der Karte mit ausgefülltem Quadrat dargestellt – sind Schlüssel notwendig. Hütten mit offenem Quadrat sind unverschlossen. Die Krukkistua ist im Gegensatz zu den anderen Hütten ohne Bettzeug und Kochgeschirr. Bukkhaugbua ist nur ein unverschlossener Windschutz.

Schlüssel: Wer aus Bodö anreist, besorgt sich den Schlüssel bei: Bodö og Omegns Turistforening (BOT), Storgatan 30, Postboks 54, N-8001 Bodö (Städtisches Verkehrsbüro). Wer aus Mo i Rana anreist, erhält einen Schlüssel von: Rana Turistforening, Postboks 254, N-8601 Mo i Rana (Städtisches Verkehrsbüro), der allerdings nur für die Saltfjellstua paßt. Dies reicht, weil, wer die Saltfjell-II-Tour wählt, kommt ja am zweiten Tag im bewohnten Tollådalen an (Hüttenvermietung). Außerdem: Schlüssel gibt's auch bei Familie Storvoll in Bjöllånes.

Saltfjellstua: Obwohl nirgendwo offiziell vermerkt, gibt es die Saltfjellstua mit 5 Metern Abstand zueinander gleich zweimal. Eine der beiden Hütten besitzt BOT, die andere Rana Turistforening. Sie haben in nicht mehr zu überbietender Logik natürlich unterschiedliche Türschlösser. Es mangelt offensichtlich an der Zusammenarbeit zwischen den beiden Vereinen, denn Ranas Saltfjellstua wird auch als Stallogrophytta bezeichnet.

Züge: Wer sein Auto in Bjöllånes geparkt hat und mit dem Zug von Fauske oder Bodö zurückfährt, darf nur Züge unter Tag nehmen, Nachtzüge halten nicht in Bjöllånes.

Im **Touristenbüro Mo i Rana** gibt es sehr gute Informationen zum Thema »Die Eiszeit von Rana«. Hierin wird recht deutlich erklärt, wie eigentlich Norwegens Fjordland entstanden ist. Überbleibsel der einstmals gewaltigen Nordkalotten-Eiskappe ist das zweitgrößte Gletschergebiet (ca. 460km^2) Norwegens mit dem Namen »Svartisen« (Das schwarze Eis). In die dem Saltfjell benachbarte Svartisen-Region sollte man nur mit Gletscherführer aufbrechen.

Im oberen Bjöllådalen (Saltfjell II) in den letzten Septembertagen, doch noch vom Schnee überrascht. Es liegt zwar nur wenig Schnee, aber die Gebirgspässe sind schnell zugeschneit, die Markierungen damit zum Teil unsichtbar. Höchste Zeit also, um nach Süden heimzukehren.

20. Der Grenzpfad von Troms
Drei Länder in acht Tagen

I. Von Bardu bis zum »Øvre-Dividal-Nationalpark«

Tourenschlüssel   (N)
3 Tage, 52 km, schwer
unbedingt Gummistiefel
als reine Hüttentour möglich (Schlüssel)
Beste Zeit: 25. 7.–5. 9.
Karten: Serie M 711, Blatt 1532 III+1532 II (norwegisch) und Fjällkartan 31 JK+32 J (schwedisch) (früher: Blad BD 1)

Eine der drei großen, nordnorwegischen Provinzen heißt Troms. Die Bezirkshauptstadt ist Tromsö. Mit ihren knapp 50 000 Einwohnern ist sie zugleich Universitätsstadt und wirtschaftlicher Dreh- und Angelpunkt Nordnorwegens.

Wir besorgen uns im Sport- und Waffengeschäft »Andresens Vaabenforretning«, Storgatan 53, Tromsö, den Hüttenschlüssel für die nun folgende Tour, kaufen aber auch eine Primus-Butangaskartusche Nr. 2202, die an alle in den Hütten installierten Kocher paßt. Wer aus Oslo kommend den DNT-Schlüssel (und die Gaskartusche) mitbringt, muß nicht extra nach Tromsö. Der DNT-Schlüssel paßt in alle Schlösser (in Nordnorwegen die Ausnahme), obwohl die Hütten vom regionalen Touristenverein »Troms Turlag« verwaltet werden.

Von Tromsö bis Innset am Altevatn-Stausee sind es 206 Kilometer, von Narvik knapp 150 Kilometer. Für nordnorwegische Verhältnisse ist das noch so etwas wie unmittelbare Nachbarschaft.

1. Tag: *Bardu–Innset–Gaskashytta, 38 km + 12 km Wanderung, 4 Std.*

In Bardu-Setermoen ist allerdings noch ein Transportproblem zu lösen. Autofahrer müssen nach Abschluß der Tour wieder zu ihrem Auto im dann 38 km entfernten Innset kommen; wer per Bus anreist, muß überhaupt erst einmal nach Innset gelangen. Es gibt diese Möglichkeiten.

1. Nach den Schulferien, ab Mitte August, fährt von Bardu-Setermoen nach Innset ein Schulbus.
2. Auf der gleichen Strecke verkehrt meist morgens um sechs Uhr das Milchauto. Es hat manchmal Platz.
3. Ein Taxi kostet etwa 500 Kronen (Stand 1987). Bei vier Personen macht das etwa 40,– DM pro Person für 38 Kilometer Strecke.
4. Viele Bewohner der Küstenregion haben ein Wochenend-

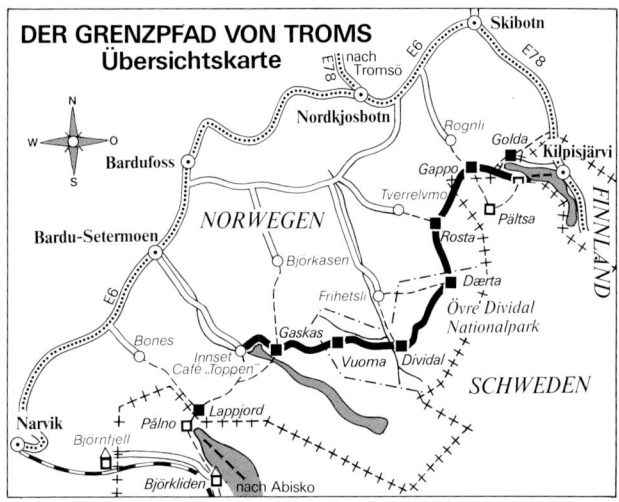

häuschen am Altevatn, also gibt es Mitfahrgelegenheiten. Daumen raus!

Innset: Im Café »Toppen« (Hüttenvermietung), das auf dem Staudamm des Altevatn liegt, bekommt man die jeweils besten und aktuellsten Informationen über die Lage der Hütten und Brücken, die in den total veralteten Karten genausowenig eingezeichnet sind wie der Verlauf des Pfades. Aus diesem Grund findet sich hier für die Strecke Innset–Vuoma, die auf der besseren schwedischen Karte noch nicht dargestellt ist, eine Detailkarte mit dem genauen Wegeverlauf.

Vom Café weg folgt man der steinigen Straße (Feldweg). Überall stehen Ferienhäuschen. Am Ende findet sich ein kleiner Parkplatz/Wendeplatz. An dieser Stelle beginnt eine mit roten »T« oder Farbtupfern gekennzeichnete Route, die zunächst nicht übermäßig markiert ist. Dennoch ist der Pfad gut sichtbar, weil ausgetreten. Schon nach ca. 800 m kommt eine kleine Brücke über den *Vasskardelva.* Diese Brücke ist wegen der Schneeschmelze oft nicht vor dem 15. Juli installiert! Nach der Brücke folgt bis zum Livasselva eine nasse und zum Teil morastige Strecke. Wenn wir den *Livasselva* mittels einer

Hängebrücke überquert haben und den markierten Pfad nicht sofort wiederfinden, gehen wir mit einem Abstand zum Flußufer von zwischen 40 und 80 m ein kurzes Stück flußab und stoßen bald wieder auf die Markierung.

Unterhalb des Südwest-Abhangs des *Lifjells* (1066 m) führt der Pfad nun auf einer kräftig nassen Strecke in den Wald. Erholsam-trockener Birkenwald und anstrengend-nasse Feuchtgebiete wechseln sich dauern ab. Die rote Markierung ist hin und wieder etwas verwittert, aber der Pfad ist dennoch erkennbar. Der *Altevatn-See* liegt dabei stets zur Rechten im Südwesten. Wenn wir nach knapp drei Stunden den *Luodnaelva* erreichen, setzt die Markierung möglicherweise wiederum aus oder wir haben es plötzlich mit gut ausgetretenen Rentierpfaden zu tun. Wir gehen – aber nicht zu nahe am unterspülten Flußufer (!) – flußaufwärts und finden bald einen wildaufschäumenden, kleinen Wasserfall. Kurz davor befindet sich eine Holzbrücke ohne Geländer. Meist ist sie auch von der Gischt naßgesprüht und etwas glitschig. Konzentriert überqueren, nicht zur Schlucht hinunterschauen. Danach sind es nur noch knapp zwei Kilometer trockenes Gelände und wir stehen vor der *Gaskashytta* (10 Betten) am gleichnamigen Fluß.

2. Tag: *Gaskashytta–Vuomahytta, 21 km, 6–6½ Std.*

Von der Gaskas-Hütte weg führt eine gut sichtbare, rote Markierung flußauf. Nach 150 Metern überqueren wir auf einer Brücke den *Gaskaselva.* Der Pfad führt nun langsam aber stetig ansteigend das Gaskasvagge-Tal aufwärts. Zur rechten Hand liegt das große *Coalmeoaivve-Massiv* (1255 m). Nach gut anderthalb Stunden schwenkt die Markierung zunächst langsam, schließlich aber geradewegs nach Osten, um auf einem weit ausgedehnten, flacheren Felshalden-Plateau bis an den breiten Paß heranzuführen (ca. 1000 m). Bis hierher (3 Std.) lag das Coalmeoaivve-Massiv die ganze Zeit zur Rechten, da wir es halbwegs umrundet haben, und jedes Rinnsal, jeder kleine Bach kam von rechts.

Wenn man den Paß hinter sich hat, sieht man schon bald das

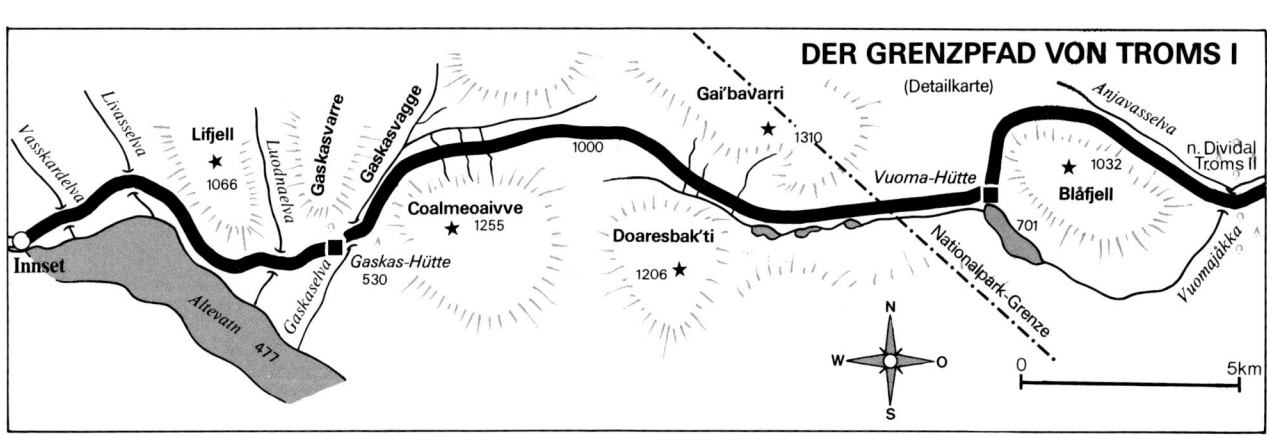

sich öffnende Tal des *Vuomajåkka* und eine Vielzahl Seen heraufblitzen. Die Markierung strebt von Anfang an auf die linke (die nördliche) Talseite zu und führt über einige Sommerschneefelder. Links voraus liegt das *Gai'bavarri-Massiv* (1310 m), rechts voraus das *Doaresbak'ti-Gebirge* (1208 m). Genau zwischen diesen beiden Gebirgen geht es nun langsam über grüne Wiesen und Hänge talwärts und alles Wasser fließt von links. Die Markierung ist deutlich, man sollte sie aber stets im Auge behalten.

Mit dem Erreichen der Seen »795 m« sowie »778 m« sind wir im Hochtal des Vuomajåkka angekommen und betreten hier den »Øvre-Dividal-Nationalpark« (750 km²). Eine knappe Stunde später, immer flußab wandernd, halten wir direkt auf die *Vuoma-Hütte* (10 Betten) zu.

3. Tag: *Vuomahytta–Dividalshyttene, 19 km, 6 Std.*

Von der Vuoma-Hütte führt der markierte Pfad flach und über trockene Wiesen knapp zwei Kilometer nach Nordnordost zu den Anhöhen über dem großen *Anjavassdalen.* Dort haben wir eine wunderbare Aussicht. Dann dreht der Pfad nach Osten und führt kurz und steil in die Birkenwälder des Anja-

Die Vuoma-Hütte ist von Gaskas aus erst nach einer mehrstündigen Gebirgsüberschreitung zu erreichen. Die Höhenlage (1000 m) führt in diesen hohen Breitengraden auch im Hochsommer hin und wieder zu Schnee.

vassdalen hinunter. Wir bleiben diesseits des Flusses und wandern unterhalb der steilen Felsabbrüche des *Blåfjells* entlang. Es folgt eine sehr lange, sehr nasse Strecke, in deren Verlauf immer mal wieder für nur kurze Abstände die Markierung fehlt oder nicht gleich sichtbar ist. Etwa auf der Wegmitte bis zum Vuomajåkka kommt zwischendurch ein trockenes Wegstück. Der im Juli noch stark wasserführende *Vuomajåkka* muß gottlob nicht mehr durchquert werden, weil jetzt eine Stahlseil-Hängebrücke darüber hinwegführt. Die Holzbrettchen sind allerdings recht dünn, zum Teil auch schon durchgebrochen.

Nach der Brücke folgt erneut eine kraftraubende Naß-Strecke, die noch dazu mal rauf, mal runter führt und den Weg bis zum Divielva länger erscheinen läßt, als er ist. Schließlich ist man doch noch oberhalb der Divielva-Schlucht angekommen und hat zwei Pfade zur Auswahl. Der eine Wegweiser ist mit

»Dividalshytta/Vad« beschriftet, der andere mit »Frihetsli«. Ab Anfang August können wir über »Dividalshytta/Vad« zum Fluß hinunter absteigen, weil die Watstelle um diese Jahreszeit – relativ – leicht zu bewältigen ist. Andernfalls folgen wir dem Schild »Frihetsli« und erreichen nach einem zum Teil sehr steilen Abstieg die Hängebrücke über den *Divielva* oberhalb der (privaten) *Anjavasshytta*. Nach dem Überqueren der Hängebrücke folgen wir ca. 1½ Kilometer lang einem unscheinbaren und unmarkierten Pfad flußauf, bis wir die Watstelle diesseits des Flusses erreicht haben und die fortan gute Wegmarkierung wiederfinden. Die roten Farbtupfer führen fast in östlicher Richtung steil durch den Bergwald hoch, bis wir plötzlich vor den beiden *Dividals-Hütten* stehen (zusammen 20 Betten).

II. Von den Dividalshütten (N) nach Kilpisjärvi (SF)

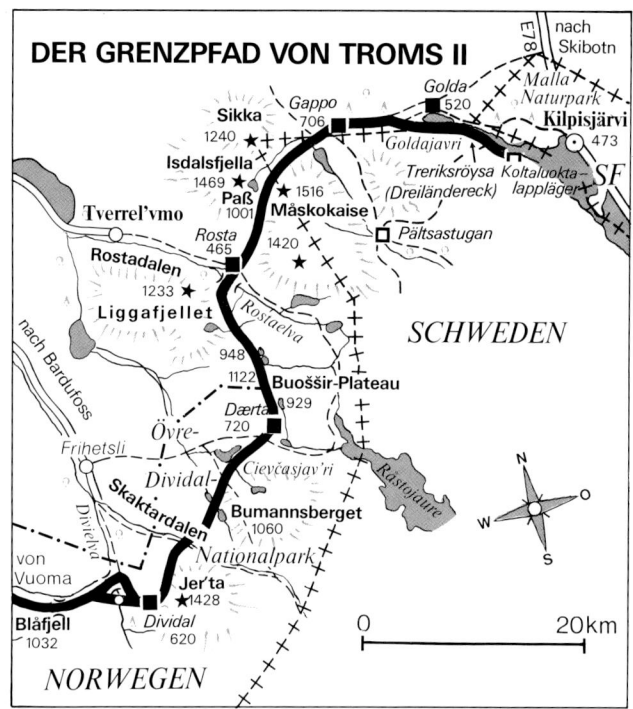

Tourenschlüssel   Ⓝ Ⓢ ⓈⒻ
4/5 Tage, 95 km, schwer
Gummistiefel
als reine Hüttentour möglich (Schlüssel)
Beste Zeit: 25. 7.–5. 9.
Karten: Fjällkartan 31 JK+32 J (früher: Blad BD 1)

1. Tag: *Dividalshyttene–Dærtahyttene, 30 km, 8–9 Std.*

Der markierte Pfad führt über die oberhalb der Hütte liegende Waldgrenze hinaus und steigt für 40 Minuten recht steil an. Mit dem Erreichen etwa der Höhenlinie 1000 ist der größte Teil des Anstieges bewältigt. Wir passieren linker Hand die Hänge von *Litle Jer'ta* (1280 m), rechter Hand dominiert der Gipfel des 1428 m hohen *Jer'ta*. Etwa auf der Anhöhe 1098 m hat man nach Süden hin einen scheinbar grenzenlosen Horizont. Der nach Norden verlaufende Abstieg ins Skaktardalen hinunter ist unschwierig, nur sollte man die Steinmännchen im Auge behalten. Im *Skaktardalen* nach insgesamt 2½ bis 3 Stunden angekommen, kann man den breit und flach daherfließenden *Skaktarjåkka* völlig unproblematisch überqueren. Je nach Jahreszeit ist die markierte Stelle gut, manchmal ist es auch besser oberhalb. Nach der Flußüberquerung geht es über die Hangwiesen des *Stuora Nam'na* (1149 m) aufwärts. Der Weg umrundet den Stuora Nam'na halbkreisähnlich von Ost über Nordnordost und hält auf die nördlich liegende Unna-Nam'nas-Erhebung (810 m) zu. Die Markierung verläuft anschließend genau zwischen den Seen »728 m« und »726 m« hindurch. Nach einem kurzen, aber sehr kräftigen

Anstieg geht es zwischen Jalguhas (848 m) und Bumannsberget (936 m) in Richtung Nordnordost. Es folgt eine steinige Hochebene, in der wir die Steinmännchen nicht aus den Augen verlieren dürfen. Wenn einige kleinere Bäche durchquert sind und der *Cievčasjavri-See* in Sicht kommt, sind es immer noch über fünf Kilometer bis zu den Dærtahütten. Das letzte Stück, östlich des Sees verlaufend, führt durch beschwerliche Blocksteinhalden ins *Dærtavag'gi* hinein. Besonders in diesem Teilstück ist die Markierung im Auge zu behalten, vor allem aber erst dann zu den *Dærta-Hütten* (18 Betten) hinüberschwenken, wenn dies auch die Markierung tut.

2. Tag: *Dærtahyttene–Rostahyttene, 18 km, 6 Std.*

Nördlich der Dærta-Hütten geht es die Schlucht hinauf, an deren Ende ein sehr steiler Anstieg über ein Geröllfeld auf die Hochebene *Buoššir* folgt. Die Markierung ist deutlich. Oben angekommen, liegt rechter Hand der See »929 m«, wenig später überschreiten wir nordwärts wandernd die Anhöhen 1104 und 1122. Hier haben wir die größte Höhe erreicht und gleichzeitig verlassen wir den Øvre-Dividal-Nationalpark.
Nun folgt der Abstieg zum *Gassavaggejåkka*, den wir östlich der beiden Seen »948 m« und »946 m« überqueren. Danach aber schwenkt die Wegmarkierung von Nord auf Nordwest um, führt an den beiden Seen vorbei und strebt immer mehr und ständig abwärts dem Rostadalen zu. Allerdings sind zwischendurch einige Bäche zu überqueren, bei denen man bes-

ser Gamaschen anlegt, um nasse Füße zu vermeiden. Oberhalb der Rosta-Hütten unbedingt auf die Markierung achten (nicht durch Rentierpfade verwirren lassen) und dieser folgen, damit man einen Nebenfluß des Rostaelva an der wirklich einzig guten Stelle gefahrlos überquert. Wenig später folgt dann die Hängebrücke über den reißenden *Rostaelva,* die kleineren Personen etwas Schwierigkeiten bereiten kann, weil man sie umständlich erklettern muß. Am anderen Ufer liegen dann die beiden *Rosta-Hütten* (15 Betten).

3. Tag: *Rostahyttene–Gappohyttene, 27 km, 7–8 Std.*

Der markierte Pfad führt kurze Zeit nach Osten, dann aber nach Norden in das ausgedehnte *Isdalen-Hochtal* (600 m) hinauf. Gegen Ende des Tals müssen einige Bäche durchwatet werden, deren günstigste Stelle wir selbst suchen müssen. Wir müssen uns sonst aber strikt an die Markierung halten, denn am Nordende des Talkessels gibt es nur eine einzige Stelle, um auf den Paß in 1001 m Höhe hinaufzukommen. Dieser Weg führt über teils sehr steile Sommerschneefelder aufwärts. (Die Holzstangen gelten als Wintermarkierung.) Auf der Paßhöhe kann es dann ziemlich windausgesetzt sein. Der Abstieg verläuft durch schutzloses Gelände, mal über Fels und Geröll, mal über Schnee. Manche der zur Linken liegenden Seen sind selbst Ende Juli noch gefroren.

Plötzlich stehen wir dann an der gelben *»Riksröysa Nr. 291«* (kreisrunder, mannshoher Steinhaufen) und überschreiten die Grenze nach Schweden. Nun wandern wir etwa eine Stunde lang durch Schweden und unsere Großtat wird die Überquerung des sehr breiten, sehr flach fließenden *Njärrejåkka-Flusses sein,* den wir diesmal genau an der markierten Stelle überqueren sollten. Zwei Kilometer später stehen wir schon wieder auf norwegischem Boden und haben alsbald die *Gappo-Hütten* erreicht (17 Betten). Achtung: Zwischen der alten und der neuen Gappo-Hütte liegt ein kleiner See. Aus diesem See kein Trinkwasser entnehmen, er gilt als verunreinigt.

4. Tag: *Gappohyttene–Siilastupa/Kilpisjärvi, 20 km, 6 Std.*

Die Gappo-Hütte liegt am Wegkreuz Rognli–Pältsastugan und Rosta–Golda-Hütte. Wir folgen der nach Osten verlaufenden Wegmarkierung Richtung Golda-Hütte. Der Pfad verläuft recht flach, an den Hängen des Rundfjellet entlang. Zweimal müssen wir tiefe, ins Gelände einschneidende Flußtäler durchqueren, aber die Wassertiefe selbst ist im Hochsommer kaum nennenswert. Auf Höhe des Goldahaugen, nach der *»Riksröysa Nr. 293 A«,* macht der Pfad eine scharfe Wendung nach Norden und führt zum *Goldajav'ri-See* hinunter.

Nun gibt es zwei Alternativen, um nach Kilpisjärvi zu kommen. Die unbequemere: Wir wandern weiter Richtung Golda-Hütte, biegen aber kurz zuvor, jenseits des Sees, auf die Wanderstrecke durch das finnische »Malla-Naturreservat« ab (15 km, 5 Std. – abweichen vom Wanderweg verboten!); die bequemere: Wir bleiben diesseits des Sees und folgen der anfänglich noch markierten Strecke am Südufer des Goldajav'ri. Wenn der Pfad oder die Markierung aussetzt, schlagen wir uns durchs Unterholz, bleiben aber stets in der Nähe des Seeufers. Nach gut drei Kilometern stoßen wir zwangsläufig auf die knallgelbe *»Treriksröysa«,* den Drei-Reichs-Grenzstein – und wir sind von dieser Minute an nicht mehr allein.

Das Dreiländereck wird oft von Tagesausflüglern besucht, die per Motorboot von Kilpisjärvi bis zum schwedischen Rastschutz bei den Koltaluokta-lappläger fahren und dann auf einem breit ausgetretenen und übereifrig markierten Pfad bis hierher ans Dreiländereck wandern. Beim Rastschutz warten wir, bis uns das drei-/viermal täglich verkehrende Boot nach *Kilpisjärvi* – nach Finnland – übersetzt.

5. Tag: *Kilpisjärvi–Innset (Bus)*

Wer sein Auto in Innset stehen hat, nimmt in Kilpisjärvi den Bus nach Skibotn (N) und steigt dort in den »Nordnorge-Bus« um, der via Bardu-Setermoen bis nach Narvik fährt. Siehe auch Teil I, 1. Tag: Bardu–Setermoen–Innset.

Touristische Angaben: Grenzpfad von Troms I+II

Obwohl die beschriebene Wanderung auf markierten Pfaden verläuft, stellt die gesamte Strecke recht hohe Ansprüche. Dies ist keine Tour für Anfänger.

Während der gesamten acht Tage sind wir weitab von der Zivilisation. Wenn etwas passiert, ist es sehr schwierig, Hilfe zu holen. Bauernhöfe wie Frihetsli, Tverrelvmo, Rognli sind im ungünstigsten Fall nur nach einem sehr scharfen Tagesmarsch zu erreichen.

Es gibt nirgendwo auf der Strecke Nottelefone.

Proviant für acht Tage und Notproviant für mindestens zwei Tage kalkulieren.

Karten/Brücken: In den z. T. veralteten norwegischen Karten 1:50 000 sind weder Brücken noch Hütten noch der Verlauf des Pfades eingezeichnet. Also unsere Zeichnung genauestens übertragen. Im Café »Toppen«, am Altevatn-See, sicherheitshalber wegen der Brücken fragen. Die Schneeschmelze ist stärker als die Brückenbauer. Kurz vor/ab der Dividalshütte

Folgende Abbildungen:
Links oben: Das Dreiländereck ist durch die sogenannte »Treriksröysa« am Goldajav'ri-See gekennzeichnet. Rechts des großen, gelben Grenzsteins liegt Finnland, links davon Schweden und dahinter beginnt Norwegen.
Links unten: Die jungen Triebe eines Farns.
Rechts: Auf dem Weg zum Dreiländereck zwischen Gappohütte (N) und Kilpisjärvi (SF). Rechts der Bildmitte das Markusfjell (1541 m).

die schwedischen Karten verwenden. Von da an ist's problemlos, weil Wege und Hütten eingezeichnet sind.
Weitere Unterkunft: In Bardu-Setermoen gibt es das »Bardu-Motorhotell« und eine Jugendherberge. In Kilpisjärvi das »Siilastupa« genannte Wanderzentrum (hotelähnlich).
Geld: Auf diese Tour genügend norwegisches Bargeld mitnehmen. In Kilpisjärvi kann man nämlich nur dann ohne Schwierigkeiten z. B. einen Euroscheck einlösen, wenn man vor Bankschluß dort ankommt. Der Bus nach Skibotn aber (am nächsten Morgen) fährt jedoch schon los, noch bevor die Bank öffnet.

21. Die Finnmarksvidda Schutzlos preisgegeben?

Von Karasjok nach Alta

Tourenschlüssel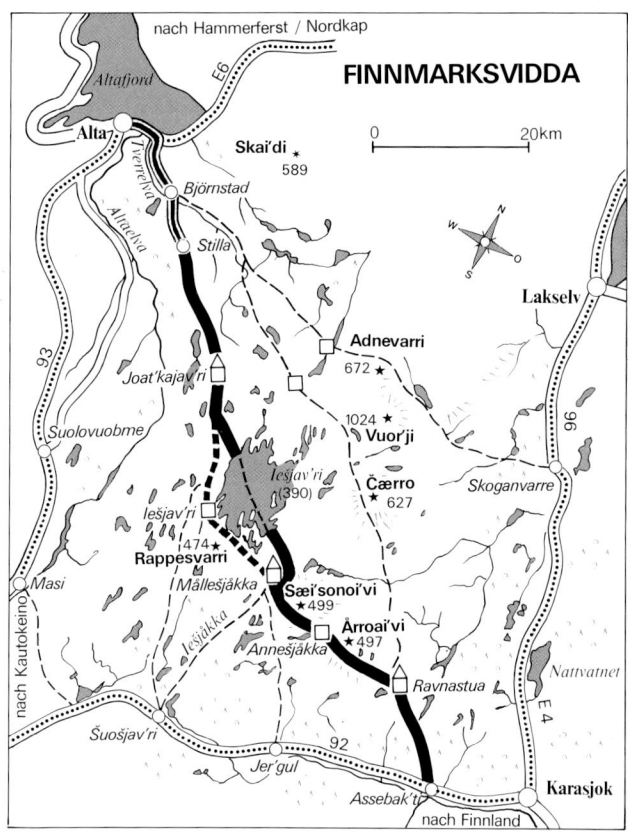

4/5 Tage, 92 km
Als Zelttour: mittelschwer
Als Hüttentour: schwer,
als Hüttentour (mit Boot): mittelschwer
Unbedingt Gummistiefel
Beste Zeit: 1. 8.–5. 9.
Karten: Serie M 711 1:50 000
Blatt 2033 IV, 2034 III, 1934 II,
1934 III, 1934 I, 1934 IV

Noch ist die dünnbesiedelte Finnmark in großen Teilen unberührt. Für Einödgänger bietet die Finnmarksvidda ein weites, zum Teil aber auch extrem schwieriges Gelände mit Hunderten von Seen, Flüssen, Bächen und Sümpfen, das ohne jeden Pfad, ohne jede Markierung, nur mit dem Zelt und großer Erfahrung erreichbar ist. Dort wo aber schon seit alters her Pfade und Reitwege durch die Finnmark ziehen, verändert sich ihr Gesicht zunehmend. Es gibt daher keinen besseren Anschauungsunterricht in Sachen Zivilisation gegen Wildnis, als eine Wanderung durch die innere Finnmark.
Vor Jahren konnte man noch vier Tage lang von Karasjok nach Alta wandern, wirklich vom Herzen der Finnmark sprechen und ungestörte Natur erleben. Jetzt bekommt man im Abschnitt von Joat'kajav'ri nach Alta die Auswirkungen des Alta-Staudamm-Projektes zu spüren. Ausgerechnet die einmalige, canyonartige Alta-Schlucht »kommt unter den Ham-

mer«. Da werden Wasser umgeleitet, dort wird das Flußbett trockengelegt, Seen werden durch Tunnels angezapft, es entstehen Bau- und Versorgungsstraßen, Baracken-Siedlungen für Bauarbeiter, es gibt Maschinenlärm und über Jahre hinweg Arbeitsplätze. Die Bevölkerung hat einen (für norwegische Verhältnisse) fast schon radikalen Widerstand geleistet, aber es hat nichts gefruchtet.
Wer also dem Tourenvorschlag folgt, weiß, was zwei/drei Tage in unberührter Natur sind. Wer am letzten Tag auf der »Alta-Straße« wandert, kann sich daraufhin eingehend mit dem Staudamm-Projekt befassen.

1. Tag: *Alta–Karasjok (Bus)*

Autofahrer lassen ihr Fahrzeug in Alta stehen und nehmen den Bus nach Karasjok. Wer auf der E 4 von Finnland oder vom Nordkap kommt, läßt natürlich sein Auto in Karasjok und nimmt erst nach der Wanderung den Bus zum Auto zurück.

2. Tag: *Karasjok–Assebak'ti–Seter (Bus) und Assebak'ti–Ravnastua, 15 km, 4–5 Std.*

Der gesamte Weg zur Ravnastua ist unschwierig, weil wir bis zu dieser Hütte einem Fahrweg/Traktorweg folgen. »Ravna« ist eine »Statens Fjellstue« (siehe touristische Angaben) mit 20 Betten.

3. Tag: *Ravnastua–Mållešjåkka, 25 km, 8–8½ Std.*

Der Pfad verläuft nach Westen und führt auf die busch- und waldlose Hochebene hinaus. Den *Rai'dejåkka* überqueren wir auf einem Steg und halten dabei ständig auf die im Westen liegenden Erhebungen zu (465 m und 472 m, höchster Punkt: Årroai'vi 497 m). Auf der Hälfte der Tagesetappe liegt dann die *Annešjåkka-Einödhütte,* die nicht verschlossen ist (4 Betten). Danach zeigt die Markierung etwas mehr west-nordwestliche Richtung an, der Pfad führt über die kaum merkliche, weil weit ausgedehnte *Sæi'sonoi'vi-Erhebung* (499 m) hinweg und fällt dann sachte zum Nordufer des Buol'žajav'ri-Sees hinunter. Den See umgehen wir über sein Nordufer und erreichen wenig später den *Mållešjåkka.* Dort befindet sich ein drahtseilverankertes Ziehboot, mit dem wir über den Fluß fahren. Gut einen Kilometer südwestlich liegt dann die *Mållešjåkka-Fjellstue* (22 Betten).

4. Tag: *Mållešjåkka–Joat'kajav'ri, 35 km, 11–12 Std. oder 16 km, 5–6 Std. bei Bootsfahrt*

Ab Mållešjåkka besteht die oft genutzte Möglichkeit, per Boot (kostenpflichtig) über den *Iešjav'ri-See* hinweg bis zur *Vat'taluokta-Bucht* zu fahren. Dies verkürzt die Wegstrecke eindeutig.
Die beschwerliche Alternative (teilweise schlecht markiert) ist nicht sonderlich stark begangen und verlangt außer Kondition

Bootsfahrt auf dem oberen Alta-Fluß.

auch noch gute Orientierungsfähigkeit im Gelände. Zunächst geht es Richtung Westen, an den Südufern der Ståppuluobbal- und Andasloubballaddo-Seen vorbei, auf die – nordwestlich schwenkend – *Rappesvarri-Erhebungen* zu bzw. darüber hinweg (470 m, 452 m). Nordwestlich davon liegt die *Iešjav'ri-Einödhütte* (offen, 2 Betten). Unter Beibehaltung der Richtung wandern wir anschließend bis zum Ostufer des Gukkesluobbal-Sees und treffen dort auf einen alten, von Süden kommenden Packpferd-Pfad, auf dem wir nach Nordwesten weiterwandern. Nach dem Überschreiten der Anhöhen *Dav'goai'vi* (510 m) und Roavveoai'vi (509 m) erreichen wir den von Vat'taluokta kommenden Pfad (Bootsroute). Von da an gibt es nur noch eine Strecke bis zur *Joat'kajav'ri Fjellstue* (18 Betten).

5. Tag: *Joat'kajav'ri–Stilla, 17 km, 5 Std., –Alta*

Der letzte Tag dieser Tour ist unschwierig und der Weg markiert, solange wir noch nicht die Zivilisation bzw. die Verkehrswege des Alta-Projektes berühren. Es gibt ab Stilla noch keine Busverbindung nach Alta. Der Tag wird also lang.

Folgende Abbildungen:
Links oben: Die Sousjavre-Fjellstue liegt an der Straße von Kautokeino nach Karasjok.
Links unten: Blaubeeren – mit nichts ist der Norden großzügiger gesegnet.
Rechts: Abendstimmung bei Masi am Altaelv.

Touristische Angaben

»Statens Fjellstue« ist eine Hütte, die dem Staat gehört, aber an einen Pächter vergeben wurde. Die »Fjellstuer« (Mehrz.) bieten den üblichen Hüttenservice, sind ganzjährig geöffnet, haben aber auch Telefon und verkaufen Lebensmittel. Die »Fjellstuer« sind insoweit als bewirtschaftete Hütten anzusehen, als man auf Vorbestellung Mahlzeiten fertig serviert bekommen kann. Die Pächter sind jedoch nicht grundsätzlich verpflichtet, Mahlzeiten zuzubereiten. Es kann also durchaus normal sein, die Lebensmittel zu kaufen und selbst zu kochen.

Samen: In Nordnorwegen, überwiegend in der Finnmark, leben noch viele Samen von der Rentierzucht. Ihre Zentren sind Kautokeino und Karasjok. In Kautokeino findet sich das Nordische Lappland-Institut, der lappländische Erziehungsrat und die höhere lappländische Schule (Berufsschule). Aus Karasjok kommt der Rundfunk in samischer Sprache sowie die Zeitung »Sami Aigi«. Die höhere Schule in Karasjok unterrichtet in Sprache, Geschichte und Kultur der Samen. Die dortige Bibliothek hat die größte Literatursammlung der Welt über lappländische Themen.

---

22. Der Pallas-Ounastunturi-Nationalpark
Auf dem Weg zum »Himmelreich«

Von Enontekiö/Hetta nach Pallastunturi (Hotel)

Tourenschlüssel

4/5 Tage, 48/52 km, leicht bis mittelschwer
Gummistiefel, Bergstiefel möglich
Hüttentour, auch als Zelttour empfehlenswert
Beste Zeit: 20. 6.–15. 9.
Karten: Ulkoilukartta (Wanderkarte) 1:50 000
»Hetta–Outtakka« und »Pallas–Keimiö«

Es kommt wahrhaftig selten vor, daß ich – aus der Sicht des Wanderers – einem Gebirgshotel in Skandinavien auch nur annähernd ein Lob ausstelle. Eine der wenigen Ausnahmen aber ist das »Hotel Pallastunturi« bei Muonio, das ich unbedingt als Ausgangs- und Endpunkt für die nun folgende Wanderung empfehlen kann. Trotz reinem Hotelbetrieb hat man hier nach wie vor noch ein Ohr und Gespür für Rucksack-Besucher und bietet demjenigen, sofern Platz ist, der per

Schlafsack nächtigt, eine erheblich reduzierte Übernachtung mit Frühstück an. Dies gilt jedoch nur im Sommer, denn im Winter ist dort Hochsaison. Gleich nebenan befindet sich das staatliche Informationszentrum des Nationalparks, das alle Fragen beantwortet und wie selbstverständlich eine Tonbildschau über den Nationalpark auch in Deutsch vorführt. Unter diesen lobenswerten Voraussetzungen und mit den geradezu idealen Busverbindungen gestaltet sich die Route auch für Wanderer unkompliziert, die per Auto anreisen.

1. Tag: *Muonio–Pallastunturi (Bus oder Auto).*

Mit dem täglich zweimal verkehrenden Bus oder mit dem eigenen Auto von Muonio (Lebensmittel einkaufen) nach *Pallastunturi.* Gut 15 Kilometer vorher stoppt der Bus auch bei der Jugendherberge *Jerismaja.*

2. Tag: *Enontekiö/Hetta–Pyhäkero–Sioskuru, 13 km, 4–4½ Std.*

Autofahrer lassen ihr Fahrzeug auf dem Parkplatz in Pallastunturi und nehmen den Früh-Bus nach Muonio »Busbahnhof« (Union-Tankstelle an der E 78). Von dort fahren wir nach einer Stunde Wartezeit mit dem Bus nach *Enontekiö/Hetta* weiter. In Hetta finden wir, ca. 100–150 m von der Post entfernt, das Schild »Hetta–Pallas–Tunturireitti«, dem wir folgen. Gleich darauf wird uns angezeigt, wo wir die kurze Bootsfahrt über den *Ounasjärvi-See* bestellen können. Am anderen See-Ufer beginnt dann unsere durchweg gut markierte Route zunächst zur *Pyhäkero-Hütte* (5 km). Wer aus der entgegengesetzten Richtung kommt und demzufolge nach Hetta übersetzen will, hißt eine weiße Flagge, die meist irgendwo im Gebüsch versteckt ist. Bei hereinbrechender Dunkelheit entfacht man am Strand ein Feuer. Man sollte aber nicht erwarten, daß die Fährleute ständig hinter ihrem Fenster sitzen und nach der weißen Flagge schielen!

Der ausgetretene Pfad zur Pyhäkero-Hütte führt durch den Wald, bis er nach ca. 3,5 km die Nationalpark-Grenze erreicht. Auch danach ist das mitunter nasse Gelände unschwierig, die *Pyhäkero-Autiotupa* (8 Betten/Holzpritschen) kommt daher sehr bald in Sicht. Nach der Rast folgt der Aufstieg zum *Pyhäkero-Gipfel* (711 m), der nicht übermäßig anstrengend, dafür aber, wie überhaupt die gesamte Strecke bis nach Pallastunturi, sehr deutlich markiert ist. Der Gipfel – es ist der nördlichste der Ounastunturi-Gruppe – bietet ein ausgesprochenes 360°-Panorama. Danach führt uns die Markierung in südöstlicher Richtung über die sanft abfallenden Hänge zum *Sioskuru-Tal* hinunter, und dort steht die gleichnamige *Varaustupa* (16 Betten, ein offener, ein verschlossener Teil).

Der Sautso-Canyon des Altaelv bei Joat'kajav'ri (Finnmarksvidda).

3. Tag: *Sioskuru–Hannukuru, 12 km, 4 Std.*

Nach der Brücke über den *Siosjoki* geht es recht bequem zur Siosvaara-Erhebung hinauf und darüber hinweg. Der Weg führt Richtung Südost und fällt leicht ab. Schon nach zwei Kilometern passieren wir die Abzweigung des Weges nach Ketomella, der uns auch zur nur wenig entfernten *Tappuri-Autiotupa* (8 Betten) bringen würde. Wir aber folgen weiterhin dem hier breit ausgetretenen Pfad nach Südosten, der nun an den Osträndern des *Ounastunturi-Gebirges* entlangzieht (Tappuri-Gipfel 644 m, Outtakka 723 m). Wir müssen also keinen der Gipfel überschreiten, die Wegstrecke führt jedoch über einen kleinen Paß, durch ein Hochtal, in die weite und windausgesetzte Hochebene nordwestlich der Pahakuru-Hütte hinein. Dieser Abschnitt hat nasse und von kleinen Bächen durchzogene Passagen, ist jedoch unschwierig. Und für das Auge dauert es sehr lange, bis wir die *Pahakuru-Autiotupa* (10 Betten) erreicht haben. Wir können hier schon übernachten oder bis zur nur noch gut zwei Kilometer entfernten *Hannukuru-Varaustupa* weiterwandern (16 Betten, Sauna, Schlüssel, ein offener, ein verschlossener Teil). Allerdings müssen wir dann in die *Pahakuru-Schlucht* hinunter und von da an strikt der Markierung folgen, weil das Gelände unübersichtlich ist. Die Hannukuru-Hütte selbst liegt auf einem bewaldeten Kiesrücken, der einen kurzen, aber sehr steilen Anstieg notwendig macht. Wasser-Holern sei's gesagt!

4. Tag: *Hannukuru–Nammalakuru, 12 km, 4–5 Std.*

Diese Tagesetappe wird nun erstmals etwas beschwerlicher, aber keinesfalls schwer. Zunächst geht es über den *Hannujoki-Fluß* hinweg (Brücke) und durch dichten Wald auf die Nordwest-Hänge der *Suastunturi-Erhebung* zu. Bald darauf ist die Baumgrenze erreicht, und der Pfad führt stetig ansteigend auf den Bergkamm (511 m) hinauf. Dem Kamm folgen wir in südsüdöstlicher Richtung und halten genau auf den dominierenden *Lumikero-Gipfel* (661 m) zu. Leider müssen wir vorher vollständig zur *Suaskuru-Schlucht* hinabsteigen und von da an auf einem beschwerlicheren, tatsächlich kraftkostenden Anstieg bis zum Hauptgipfel hinaufwandern. Von da an zieht sich der nun bequem zu gehende Pfad um die Ostseite des südlichen Nebengipfels (615 m) herum, führt dann jedoch etwas steiler zu einem Rentierzaun in die *Lumikuru-Schlucht* hinab. Es ist mehr ein Hochtal bzw. Bergeinschnitt.

Den Rentierzaun übersteigen wir auf einer Leiter und wandern anschließend zu den Nordwest-Westabhängen des *Vuontiskero* (670 m) hinauf bzw. unschwer daran entlang. So erreichen wir schließlich die kleine, sehr einfache *Montellinmaja-Hütte* (max. 5 Betten), wo uns das Hüttenbuch scherzhaft mit »Willkommen im Hotel Montellinmaja« begrüßt. Für einen anderen Hinweis, der unter scheinbar großen Bemühungen auch in Deutsch verfaßt wurde, sind wir an einem

heißen Sommertag in diesem ausnahmsweise wasserarmen Tagesabschnitt sicher sehr dankbar: »Zähle drei Wegmark (Stock mit Pfeile) nach Hetta und geht ungefähr 30 m rechts.« Gemeint ist: Gehen Sie 3 Wegmarkierungen in Richtung Hetta (also auf unserem Herweg zurück) und dann ca. 30 m nach rechts. Dort findet sich nämlich ein etwas verborgener Schmelzwasser-Tümpel, dem tatsächlich einzigen Oberflächen-Wasser weit und breit. Der hier nach Ostnordost abzweigende Pfad führt zum Hotel Vuontispirtti und zur Ortschaft Yli-Kyrö hinunter.

Wer allerdings in der *Nammalakuru-Varaustupa* (16 Betten, sonst wie Sioskuru) übernachten will, muß noch knapp einEinhalb Kilometer dem Hauptpfad nach Südosten folgen.

5. Tag: *Nammalakuru–»Himmelriiki«–Pallastunturi, 11 km, 4 Std.*

Auch die verbleibende Strecke bis zum Pallastunturi-Hotel ist weiterhin gut markiert. Zunächst verläuft der Pfad an den unteren Westhängen des *Jäkäläkero* entlang und führt schließlich zum Rihmakuru-Tal hinunter. Nach dem Tal beginnt ein recht kräftiger Anstieg bis zum Rihmakurunvaarat-Hochplateau (560 m). Damit haben wir das *Pallastunturi-Gebirge* mit seinen acht Gipfeln betreten. Die Wegstrecke wird aber dadurch nicht schwieriger, sondern verläuft gut markiert und stetig, aber sachte bergan. Schlußendlich stehen wir, von der Rückseite kommend, südöstlich des Taivaskero- (806 m) und etwas nordwestlich des Pyhäkero-Gipfels (790 m) auf einem steinigen Hochplateau zwischen beiden, eigentlich runden Bergen. Hier ist es nun ein leichtes, zu dem nur knapp 50 Meter höher liegenden, flach ansteigenden *Taivaskero-Gipfel* hochzuwandern. Der Taivaskero ist der Hausberg des unten liegenden Pallastunturi-Hotels und wird oft nur, wie selbstverständlich, »Himmelriiki« genannt. Also – nach unserem Tête-à-Tête mit dem »Himmelreich« folgen wir dem deutlichen Pfad bergabwärts, der uns, östlich der Vatikuru-Schlucht verlaufend, zum Hotel und/oder Auto bringt.

Touristische Angaben

In Finnland hat man die (nicht unbedingt schlechteste) Angewohnheit, sehr oft mehr Kilometer anzugeben, als es sind, oder entsprechend aufzurunden. Es ist aber eine maßlose Übertreibung, wenn der Pallas-Pfad ständig und offiziell mit 64 km Länge angegeben wird. Es sind nach meiner Berechnung etwa 48 km, jedoch höchstens 52 km.

Man sollte die Finnen weder belächeln noch sollte man sich von ihnen erschrecken lassen, wenn sie in dieser Gebirgsregion von den vermeintlichen Auf- oder Abstiegs-Strapazen diverser Gipfel sprechen. Die meisten Finnen haben keine realen Vorstellungen von den, im Vergleich dazu, enorm kraftraubenden Auf- oder Abstiegen bei alpinen Bergwanderungen zu oder in Höhen von 2500–3000 Metern. Dennoch, auch das mitteleuropäische Auge wird es dramatischer sehen, als es ist, weil das rundum recht flache Gelände die Berge höher erscheinen läßt, als sie sind.

Wer in den **»Varaustupas«** im abgeschlossenen Teil übernachten will, muß sich entweder im Pallastunturi- oder im Hetta-Touristenhotel den Schlüssel gegen Gebühr und Pfand besorgen.

In **Hetta** gibt es eine Jugendherberge und einen Campingplatz; in **Muonio** Hotel, Post, Touristenbüro, Supermärkte.

Das **Feuermachen und Zelten** ist im gesamten Nationalpark (500 km²) nur an den dafür vorgesehenen und gekennzeichneten Stellen erlaubt.

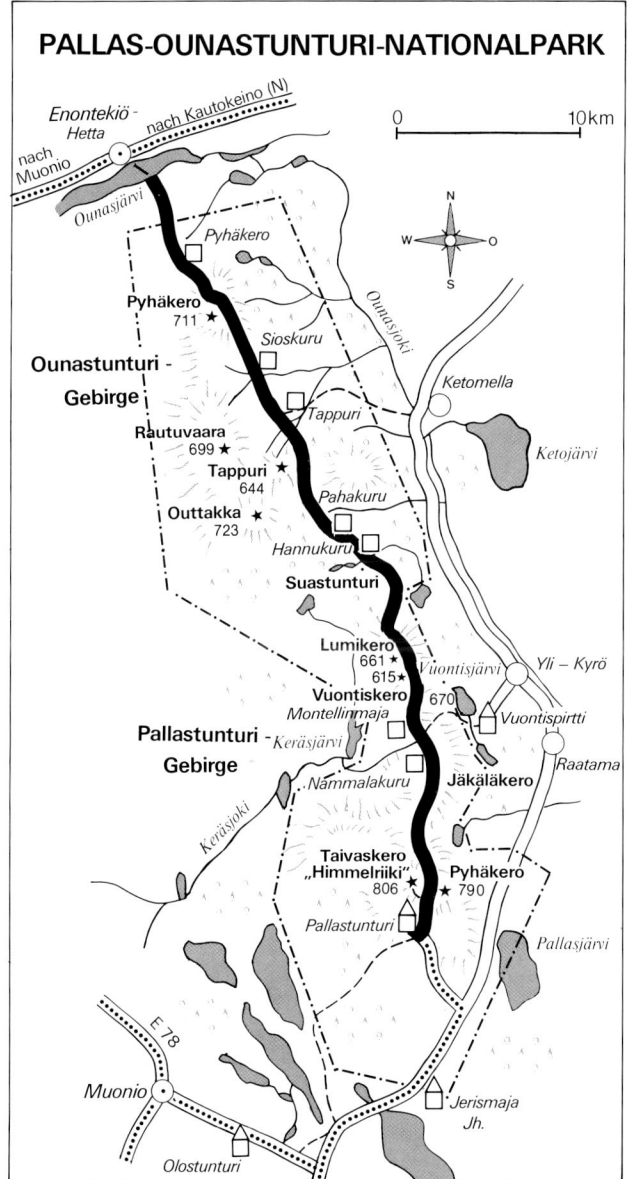

23. Olostunturi
Ein lupenreiner Waldläufer-Pfad

Von Olostunturi (Hotel) nach Äkäsmylly

Tourenschlüssel
2 Tage, 31 km, mittelschwer
Nur mit Gummistiefeln
Hüttentour, Zelt möglich
Beste Zeit: 20. 6.–15. 9.
Karten: Ulkoilukartta (Wanderkarte) 1:50 000
»Pallas–Keimiö« und »Ylläs–Levi«

Eigentlich führt die bestehende Wanderroute von Olostunturi nach Äkäslompolo. Ich empfehle jedoch nur die Strecke bis Äkäsmylly, weil der Pfad in zwei völlig gegensätzliche Hälften einzuteilen ist. Die erste Hälfte ist wenig begangen und sehr, sehr einsam, ab Äkäsmylly jedoch liegt der Pfad im Einzugsbereich des Touristenzentrums Äkäslompolo. Es macht daher einfach weniger Spaß, mit der Straße oder Touristenbussen konfrontiert zu werden.

1. Tag: *Hotel/Campingplatz Olostunturi–Ruostevaara, 19 km, 6½ Std.*

Der Pfad mit dem Hinweisschild »Olos-Äkäslompolo« beginnt am Waldrand jenseits des Skiliftes. Von da an bis zum Ende ist die Route mit orangefarbenen Kunststoffbändern an den Bäumen markiert. Zunächst ist der Pfad noch sichtbar, später aber ist teilweise noch nicht einmal ein Fußabdruck im Moospolster des Waldbodens zu entdecken, wir dürfen die Markierung also keinesfalls aus den Augen verlieren. Die ersten zwei Kilometer verläuft die Route am Nordabhang des *Olostunturi* (509 m) durch den Wald, schwenkt dann aber nach Süden und führt so am Ostufer des *Tunturijärvi-Sees* entlang. Kurz darauf erreichen wir einen Forstweg, der den eigentlichen Pfadverlauf etwas zerstört hat, aber jenseits des Forstweges finden wir wieder die Markierung und betreten erneut den Wald. Nach gut fünf Kilometern erreichen wir so die *Tammikämppä-Waldarbeiter-Hütte* am Särkijoki-Fluß. Bei der Hütte geht es über die Brücke und vorerst südöstlich.
Nach ca. einem Kilometer treffen wir auf eine Pfad-Abzwei-

Folgende Abbildung:
Abendliche Wolkenstimmung über Muonio. Die Stadt hat ihren Namen vom Fluß (links unten), der die Grenze zwischen Schweden und Finnland bildet. Die Aufnahme entstand auf dem Gipfel des Olostunturi (509 m).

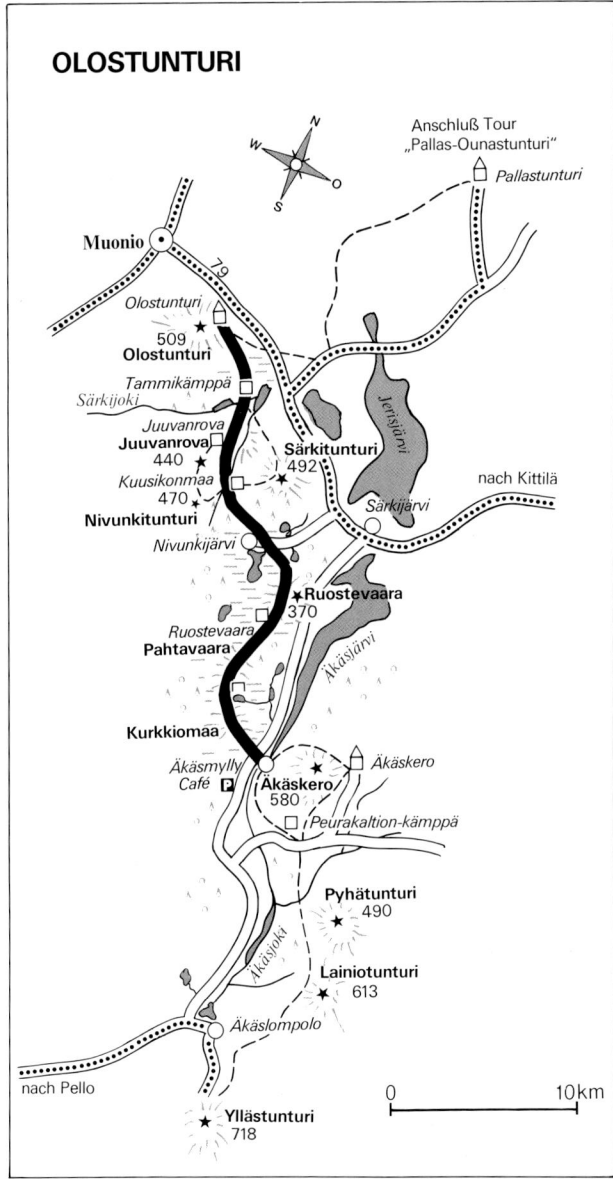

OLOSTUNTURI

Muonio

Anschluß Tour „Pallas-Ounastunturi"

Pallastunturi

Olostunturi

509
Olostunturi

Tammikämppä

Särkijoki

Juuvanrova

Juuvanrova
440

Kuusikonmaa
470

Nivunkitunturi

Nivunkijärvi

Särkitunturi
492

Jerisjärvi

Särkijärvi

nach Kittilä

Ruostevaara
370

Ruostevaara
Pahtavaara

Äkäsjärvi

Kurkkiomaa

Äkäsmylly
Café

Äkäskero
580

Äkäskero

Peurakaltion-kämppä

Pyhätunturi
490

Äkäsjoki

Lainiotunturi
613

Äkäslompolo

nach Pello

0   10km

Yllästunturi
718

---

schwenkt und durch recht dichten Wald hangabwärts führt. Etwa einen Kilometer vor der *Kuusikonmaa-Autiotupa* (6 Betten) gibt es plötzlich ein etwas wirres Pfad-Durcheinander! Aus dem Nichts kommend und ins Nichts führend (ich hab das überprüft) verlaufen sehr gut ausgetretene Waldpfade (entweder von Rentieren oder von Holzfällern). Wer hier nicht höllisch auf die Markierung achtet, findet nur nach langer Sucherei die Kuusikonmaa-Hütte, die jenseits eines sumpfig-nassen Geländes liegt. Der in der Karte angegebene Bach ist größtenteils zugewachsen.

Ab *Kuusikonmaa* geht es zunächst den Waldhang hoch und später auf trockenem Gelände in Richtung Südosten. Vor und auch nach der Waldweg-Straße, die zum Gehöft Nivunkijärvi führt, müssen wir einige Male durch kurze Sumpfstrecken, es besteht aber keine Gefahr. Auf Holzpfähle und Fußspuren achten! Ab dem *Mielsattijärvi-See* schwenkt die Markierung von Ostsüdost nach Süden um und führt die Hänge des *Ruostevaara* hinauf bzw. darüber hinweg (370 m). Wenn das Gelände wieder abfällt, erreichen wir die sehr schön gelegene *Ruostevaara-Autiotupa* (10 Betten), in der wir nächtigen.

2. Tag: *Ruostevaara–Äkäsmylly, 12 km, 4 Std.*

Unmittelbar bei der Ruostevaara-Hütte müssen wir kurz durch eine Sumpfstrecke, danach aber geht es gut markiert die trockenen Hänge des *Pahtavaara-Höhenzuges* hinauf und immer in südlicher Richtung. Nach insgesamt etwa vier Kilometern – ein Auge gehört stets der Markierung – erreichen wir eine Forststraße. Würden wir dieser links, nach Osten, folgen, kämen wir auch zur Straße nach Äkäsmylly. Wir aber überqueren den Forstweg und folgen der Markierung weiterhin nach Süden. Nun zieht die Route durch ein abgeschiedenes Sumpf- und Moorgelände, in dem wir Rentiere und sehr viele Vögel zu Gesicht bekommen. Gut anderthalb Kilometer verläuft der Pfad quer durch den Sumpf (den Holzpfählen bzw. Fußspuren folgen), danach jedoch führt die Wegstrecke auf trockenem Waldboden am Rande des Moores entlang. Dabei treffen wir auch auf einen aus Torf errichteten Windschutz mit Feuerstelle.

Einen Kilometer nach diesem Windschutz schwenkt die Markierung von Süd auf deutlich Südost um, der Pfad führt an kleineren Seen vorbei und hält auf die bewaldete *Kurkkiomaa-Anhöhe* zu (320 m). Auch dort treffen wir auf einen Forstweg, doch folgen wir der Markierung, denn jetzt sind es bis *Äkäsmylly* bzw. zur Straße nur noch zwei Kilometer. Wer schließlich dort ankommt, wird verstehen, weshalb ich den Pfad nur bis hierher als einsam bezeichnen möchte. Auf dem Parkplatz und bei dem nur im Sommer betriebenen Einöd-Café »Äkäsmylly« ist meist sehr viel los.

Der Pallastunturi-Pfad ist überwiegend mit Holzpfählen markiert. So ist auch im Winter der Routenverlauf sicher zu erkennen.

---

gung. Die rote Markierung führt zum Särkitunturi, unsere orangeroten Bänder jedoch zeigen in Richtung Süden, der Pfad steigt also zu den *Juuvanrova-Erhebungen* hoch (440 m). Nach Überschreiten dieses Höhenzuges kommen wir zur *Juuvanrova-Autiotupa* (8 Betten), die sehr schön an einem kleinen See liegt. Ab hier ist immer weniger von einem sichtbaren Pfad zu sprechen und wäre nicht die Markierung, in diesem unübersichtlichen Waldgelände würde man sich ohne Kompaß sehr bald verirren. Aber selbst mit Kompaß sind die im Wald versteckten Hütten nicht leicht zu finden. Auf unserem Weg zur Kuusikonmaa-Hütte verfolgen wir also sehr konzentriert die Markierung, die alsbald in südöstliche Richtung

Touristische Angaben

Das Hotel, bzw. den angeschlossenen Campingplatz von *Olostunturi,* erreicht man mit dem gleichen Bus, der auch von Muonio nach Pallastunturi fährt.

Zwischen Äkäslompolo und Olostunturi gibt es keine Busverbindung. Wer also von *Äkäsmylly* wegfahren will, hat folgende Möglichkeiten:

1. Per Autostopp (klappt nicht so oft).
2. Wer sein Auto in Olostunturi hat, bestellt sich vor Abmarsch im Hotel für den 2. Tag, auf z. B. 17.00 Uhr, ein Taxi nach Äkäsmylly. Kosten bei einer Vierer-Gruppe ca. 25–28 DM pro Person. (Dafür kostet ja die Hüttenübernachtung nichts!).
3. Eine Zweier-Gruppe startet in Äkäsmylly, die zweite in Olostunturi. Gemeinsamer Abend in Ruostevaara. Die zweite Gruppe fährt das Auto nach Olostunturi.
4. Straßenkilometer von Äkäsmylly nach Äkäslompolo ca. 16, von Äkäsmylly nach Särkijärvi ca. 18.

24. Der Lemmenjoki-Nationalpark
Doch Klondike ist längst vorbei

Von Njurgalahti über Morgamoja nach Njurgalahti

Tourenschlüssel

3 Tage, 35 km, leicht bis mittelschwer
Gummistiefel
Als Hüttentour möglich,
als Zelttour empfehlenswerter
Beste Zeit: Mittsommer–15. 9.
Karte: Ulkoilukartta (Wanderkarte)
1:50 000 »Lemmenjoki«

In Inari, an der vielbefahrenen Nordkap-Strecke, machen nicht wenige Touristen einen Abstecher ins Goldwäscher-Gebiet am Lemmenjoki-Fluß. Denn kaum ein ausländischer Tourist kommt nach Finnland, ohne nicht schon lange vorher von diesem sagenhaften Lemmenjoki gehört zu haben. Tatsächlich gibt es immer noch einige ernsthaft arbeitende Berufsgoldwäscher in den Seitentälern des Lemmenjoki, aber die ganze Sache ist ein bißchen zu sehr hochgejubelt bis verkappt. Klondike ist eben doch schon längst vorbei! Also be-

trachten wir die nun folgende Tour wohl besser ein bißchen unter gold-historischen Aspekten. Es ist nämlich etwas rätselhaft, woher allsommerlich immer wieder junge Männer ihren Anstoß erhalten, um mit Waschpfannen im Rucksack und entschlossenem Ausdruck im Gesicht ihr Glück zu versuchen.

1. Tag: *Njurgalahti-Dorf–Morgamoja-Hütte, 20 km Boot,*
5 km Wanderung, 1½ Std.

Jeweils morgens und abends starten in *Njurgalahti* die schmalen, aber sehr langen Motorboote, um beim zwanzig Kilometer flußauf liegenden *Kultahamina* (Goldhafen) anzulegen. Die Fahrt durch die teils canyonartige Lemmenjoki-Schlucht ist wunderschön. An zwei Stellen müssen die Passagiere kurzzeitig zu Fuß weitergehen, damit das (dann leichtere) Boot durch die Stromschnellen flußauf kommt. In umgekehrter Richtung können die Passagiere sitzenbleiben und erleben eine rauschende Abfahrt. Vorausgesetzt allerdings, man ist dort im Frühsommer unterwegs oder nach lang anhaltenden Regenfällen. Im Spätsommer hingegen sind die Stromschnellen doch schon recht »brav« geworden. Erste Anlegestelle ist die *Ravadasjärvi-Hütte* (offen, 20 Betten), die wir auch auf unserer Rückrunde am 2. oder 3. Tag passieren. Fünf Kilometer später ist der Ausgangspunkt *Kultahamina* erreicht – auch Kultasatama (Goldanleger) genannt. Dort befindet sich eine Hütte mit vier Betten, die dem Lappländischen Goldgräberverband gehört.

Wir starten nun auf der durchweg gut markierten Strecke, zunächst recht kräftig ansteigend, den Waldhang hinauf. Bis zur Morgamoja-Hütte sind es 4,6 Kilometer völlig unproblematische Wegstrecke durch den Wald. Übrigens befinden wir uns bereits hier im sog. Kerngebiet des Nationalparks. Das Zelten und Feuermachen ist daher nur an den bezeichneten Stellen erlaubt. Nach gut drei Kilometern führt links ein beschilderter Pfad zum Jomppanen-Claim hinab, wo auch Besucher Gold waschen dürfen. Wer aber seinem Nugget-Glück nur wenig zutraut, der bleibt oberhalb des Tales, folgt der Pfad-Markierung und steht nur wenig später vor der *Morgamoja-Hütte* (offener Teil, 8 Betten).

2. Tag: *Morgamoja–Ravadasjärvi-Hütte, 15,2 km, 6 Std.*
Als Zelttour: bis Râvadasnjarga 12 km oder
Härkäkoski 17 km.

Die Markierung führt nordwestwärts den Hang hinauf, der Anstieg von 322 m (Morgamoja-Hütte) auf die nur 420 m hohe *Pellisenlaki-Erhebung* ist kaum nennenswert, wenngleich sich auch erstmals eine Aussicht bietet. Nun schwenkt der Pfad über Nord nach später Nordost um und führt oberhalb des *Heino-Claims* in die *Jäkälä-äytsi-Schlucht* hinein.

Blick vom Gipfel des Olostunturi (509 m) auf den
Tunturijärvi-See.

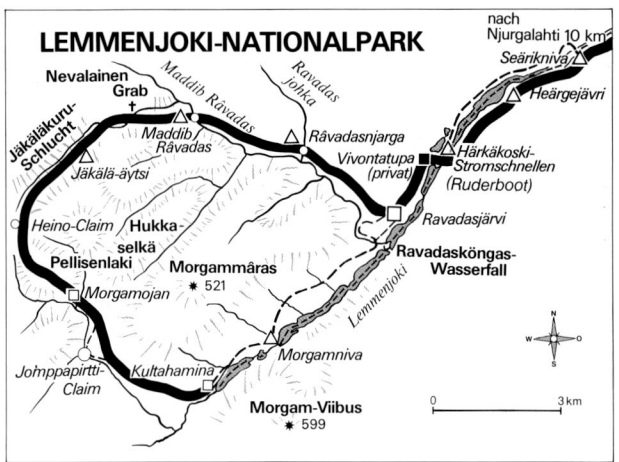

LEMMENJOKI-NATIONALPARK

nach Njurgalahti 10 km

Seärikniva
Heärgejävri
Nevalainen Grab
Jäkäläkuru-Schlucht
Maddib Rávadas
Rávadas johka
Rávadasnjarga
Jäkälä-äytsi
Vivontatupa (privat)
Härkäkoski-Stromschnellen (Ruderboot)
Heino-Claim
Hukkaselkä
Ravadasjärvi
Pellisenlaki
Morgammáras *521
Ravadasköngäs-Wasserfall
Morgamojan
Lemmenjoki
Jomppapirtti-Claim
Kultahamina
Morgamniva
Morgam-Viibus *599

0 3 km

Nach knapp zwei Stunden (5 km) ist der Zelt- und Rastplatz *Jäkälä-äytsi* erreicht. Danach folgt eine Strecke das Flußtal hinab, die landschaftlich arg strapaziert ist, andererseits könnte man aber auch sagen: Die Leute vom Korhonen- und Kankainen-Claim haben mit ihrer Hände Arbeit Gewaltiges geleistet. Kurz vor dem *Kankainen-Claim* auf die Markierung achten, denn, wollen wir uns nicht kraftraubend durch's Unterholz talabwärts schlagen, müssen wir auf die andere Seite des Baches überwechseln. Nur gut 500 Meter später passieren wir dabei das Grab des Goldgräbers Veikko Nevalainen und wechseln unmittelbar danach erneut das Ufer. Wir stehen also wieder auf der ursprünglich begangenen Talseite. Nun schwenken Pfad und Markierung nach Osten, bis sie den *Maddib Rávadas-Fluß* erreichen (Zelt- und Rastplatz).

Da der recht flache, aber doch strömungsreiche Fluß durchwatet werden muß, lassen wir uns Zeit, um die günstigste Furt zu finden. Am Nordufer des Flusses, später mit einem Abstand von 200–300 Metern, geht es anschließend ostsüdostwärts durch den Wald, bis zum *Rávadasnjarga-Zelt- und Rastplatz* (ab Watstelle 3,8 km). Wer als Zeltwanderer nun schon ermüdet ist, kann hier übernachten oder anderenfalls bis *Härkäkoski* weitergehen (siehe 3. Tag). Hüttenwanderer müssen auf jeden Fall nochmal knapp vier Kilometer durch bequem zu gehenden Wald zulegen. Unmittelbar beim *Rávadasnjarga-Zeltplatz* muß jedoch vorher noch der wasserreiche, aber schmale *Rávadasjohka* – auf einem Baumstamm balancierend – überquert werden. Bevor es später schließlich endgültig zur Ravadasjärvi-Hütte hinabgeht, zweigt oben der rund 15 Kilometer lange Pfad nach Njurgalahti ab, der ständig an und über der Lemmenjoki-Schlucht verläuft.

Vier Dinge sind jetzt wissenswert: 1. Hüttenwanderer müssen die 500 Meter zur *Ravadasjärvi-Hütte* hinunter, um zu übernachten; 2. Wer mit dem *Motorboot* zurückfahren will, kann dies ab Ravadasjärvi-Hütte tun (sicherheitshalber aber schon bei der Herfahrt anmelden); 3. Etwa 800 Meter südwestlich

der Ravadasjärvi-Hütte liegt der mehrstufige *Ravadasköngas-Wasserfall* (markiert); 4. Die Wanderung am *Lemmenjoki* abwärts ist sehr empfehlenswert. Deshalb ein dritter Tag:

3. Tag: *Ravadasjärvi–Härkäkoski–Njurgalahti, 15 km, 5 Std.*

Wie erwähnt beginnt ca. 500 Meter oberhalb der Ravadasjärvi-Hütte der markierte Weg nach Njurgalahti. Die ersten zwei Kilometer wandern wir noch am Nordwestufer des Ravadas-Sees, sobald wir aber die Vivontatupa-Hütte (Parkwächter) erreicht haben, wechseln wir bei den *Härkäkoski-Stromschnellen* auf das Südostufer. Dies geschieht oberhalb der Stromschnellen mit einem Ruderboot, das an einem quer zur Strömung verlaufenden Stahlseil rollend befestigt ist. (Also keine Gefahr.) Jenseits des Ufers geht es zunächst steil bergan, verläuft später aber, auch mal einige Bächlein querend, recht unproblematisch bis zum Zelt- und Rastplatz *Heärgejävri*. Hier hat man einen wunderschönen Blick über den See. Die verbleibenden zehn Kilometer bis *Njurgalahti* sind deutlich markiert und verlaufen, immer mal wieder den Blick auf die Lemmenjoki-Schlucht freigebend, recht flach und ohne Schwierigkeiten durch den Wald.

Die in der Karte eingezeichnete Wanderroute am Nordwestufer des Härkäjärvi ist ab Vivontatupa/Härkäkoski nicht zu empfehlen, weil man bei Kahlaamo durch eine manchmal bis zur Brust reichende Watstelle muß.

Touristische Angaben

Njurgalahti-Lemmenjoki erreicht man von Inari aus auf der Straße nach Kittilä. Abzweigung bei Menesjärvi. Der Bootstransport wird von zwei dort ansässigen Familien abwechselnd und zu gleichen Preisen betrieben. Wer die Hin- und Rückfahrt bucht, kann auch nur zwei Tage für die Tour veranschlagen. Die Familien Jomppanen (Café) vermieten Hütten, Kanus, und je ein Familienmitglied spricht sowieso finnisch und samisch, aber auch schwedisch oder englisch oder deutsch oder französisch!

Thema Gold heute: Das eigentliche Goldwäschergebiet liegt heutzutage abseits des Wanderweges. In der Karte sind die jeweiligen Claims angegeben, und außerdem zweigen immer wieder deutlich ausgetretene Pfade von der Wanderroute in die Seitentäler ab. Es ist allerdings schwierig (und auch nicht besonders gerne gesehen), mit den weit draußen lebenden Goldsuchern in Kontakt zu kommen. Manch einer ist an seine

Oben: In einer stillen Bucht am Lemmenjoki liegt die kleine Ansiedlung von Njurgalahti.
Unten: Oberhalb der Morgamoja-Hütte stehen mehrere solcher »Steinmännchen«, die von vorbeikommenden Wanderern aufgeschichtet worden sind.

122

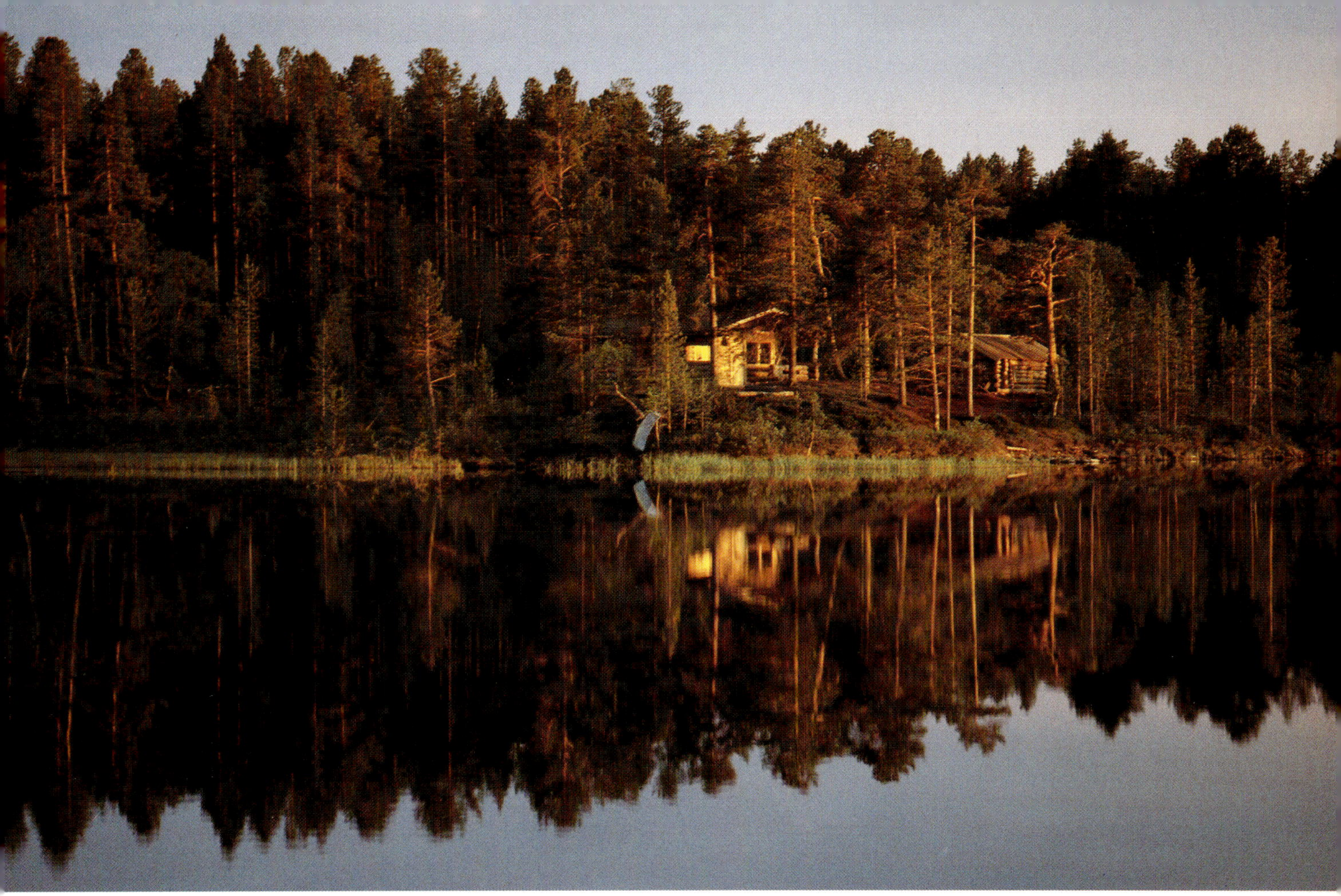
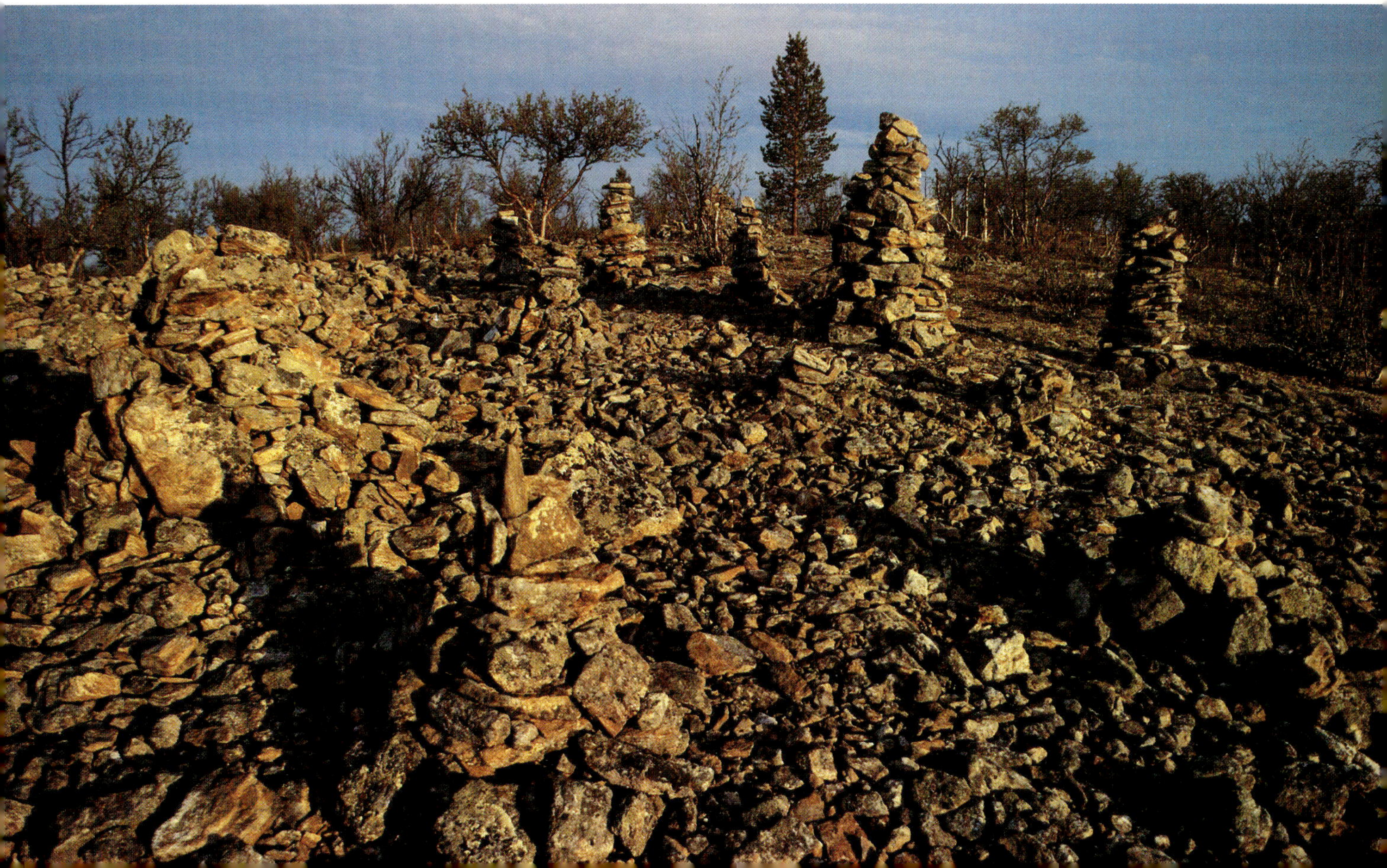

Abgeschiedenheit gewohnt und möchte in Ruhe gelassen werden. Andere haben wohl auch schon schlechte Erfahrungen mit Besuchern gemacht.

In der Geschichte: Am Morgamoja Bach (siehe 1. Tag) wurde im Herbst 1945 Gold gefunden. Natürlich kamen bald Scharen von Goldsuchern zum Lemmenjoki, und in den Jahren 1949–1952 kam es regelrecht zu einem Goldrausch, der aber bald danach verebbte.

In Tankavaara (siehe Saariselkä, Tour 25) liegt ein zweites Goldwäscher-Zentrum. Dort gibt es auch ein Gold- und Mineralienmuseum.

Die beschriebene Wanderroute führt direkt am Grab des Goldgräbers Veikko Nevalainen vorbei.

Mit schmalen Langbooten werden die Wanderer durch den Lemmenjoki-Nationalpark nach Kultahamina gebracht. An zwei Passagen müssen die Gäste aussteigen und an Land flußaufwärts ziehen, damit das Boot die flacheren Stellen passieren kann.

25. Im Urho-Kekkonen-Nationalpark Eine Art »Schnupperlehre«

Von Saariselkä nach Kiilopää

Tourenschlüssel
3 Tage, 34 km, leicht bis mittelschwer
Gummistiefel
Als Hüttentour möglich,
als Zelttour empfehlenswerter
Beste Zeit: 15. 6.–15. 9.
Karte: Ulkoilukartta (Wanderkarte)
»Koilliskaira« 1:100 000
(mit Satellitenbild u. Info-Text in D)

Die Wildmark von Saariselkä ist seit 1983 im 2550 km² großen Urho-Kekkonen-Nationalpark zusammengefaßt, um die
Wald-, Moor- und Fjällnatur Ostlapplands zu schützen.
Die Ortschaft Saariselkä liegt südlich der Stadt Ivalo an der E 4
und hat ihren Namen von der gleichnamigen Wildnis, die
sich bar jeder sonstigen Siedlung oder Häuser bis zur russi-
schen Grenze hin ausdehnt. In dieser riesigen Einöde gibt es
nur im westlichen Teil markierte Wanderwege, alles andere
ist entweder ohne Pfade oder wenn, dann unmarkiert und nur
für Wanderer mit viel Erfahrung zu empfehlen. Allerdings,
dieser westliche Teil ist eben hervorragend geeignet, um einmal richtig »reinzuschnuppern« oder um hier seine ersten
praktischen Erfahrungen zu sammeln.

1. Tag: *Saariselkä–Vellinsärpimä–Taajostupa, 15 km, 5 Std.*

Vom Hotel und Wanderzentrum Saariselkä an ist die Strecke
zur Vellinsärpimä-Hütte (7 km) gut markiert und führt längere
Zeit, dem *Lutto-Flußtal* folgend, immer tiefer in die Wälder
hinein. Man kann die Wanderung auch erst unterhalb des
Kaunispää-Skiliftes beginnen, denn bis dort hin führt eine
Straße. Ab der Skilift-Talstation (diese Ecke ist zugleich ein
beliebtes Wintersportzentrum) verläuft der Pfad etwa vier Kilometer lang auf flacher Wegstrecke am Lutto-Fluß. Dann
aber schwenkt die Markierung von der bisherigen Nordost-
Richtung auf Ostsüdost um und steigt sachte bergan. Nach
anderthalb bis zwei Stunden ist die *Vellinsärpimä-Hütte* (10
Betten) erreicht.
Der Abschnitt von Vellinsärpimä nach Taajostupa (8 km) führt
durch eine gut begehbare Wald- und Moorlandschaft am

*Mitte Juni oberhalb der Rautulampi-Hütte. Erst seit wenigen Tagen
ist der See eisfrei.*

Wasserlauf des *Vellinsärpimäoja-Baches* nach Südsüdost und
ist auch weiterhin deutlich markiert. Zwischendurch müssen
zwei Bäche gequert werden, die vom Kivipää (466 m) herun-
terkommen. Auf halber Strecke führt auch eine Brücke über
einen namenlosen Bach, danach steigt der Pfad bergan. Kaum
merklich bildet das Gelände beim Anstieg auf 348,5 m eine
Art Paß. Kurz darauf folgen einige kleinere Seen. Dort müssen
wir jedoch etwas darauf achten, die Markierung nicht zu verlieren. Im Übergang von lichtem Birkenwald zu dichterem
Nadelwald geht es dann schon wieder leicht bergab. Wir folgen dem Bachlauf talwärts und erreichen im Tal des *Kulasjoki*
einen Rentierzaun, den wir durch ein Gatter (»Portti«) hinter
uns bringen. Die Markierung führt schließlich direkt an die
am jenseitigen Ufer liegende Sauna heran, die zur *Taajostupa*
(10 Betten) gehört. Wenn die Flußüberquerung dort zu
schwierig sein sollte, so finden wir flußauf oder flußab
manchmal bessere Stellen.

2. Tag: *Taajostupa–Luulampi–Rautulampi, 9 km, 3–3½ Std.*

Die obige Kilometer-Angabe bezieht sich auf die kürzere Alternative, weil man auf dem Weg zur Luulampi-Opastustupa

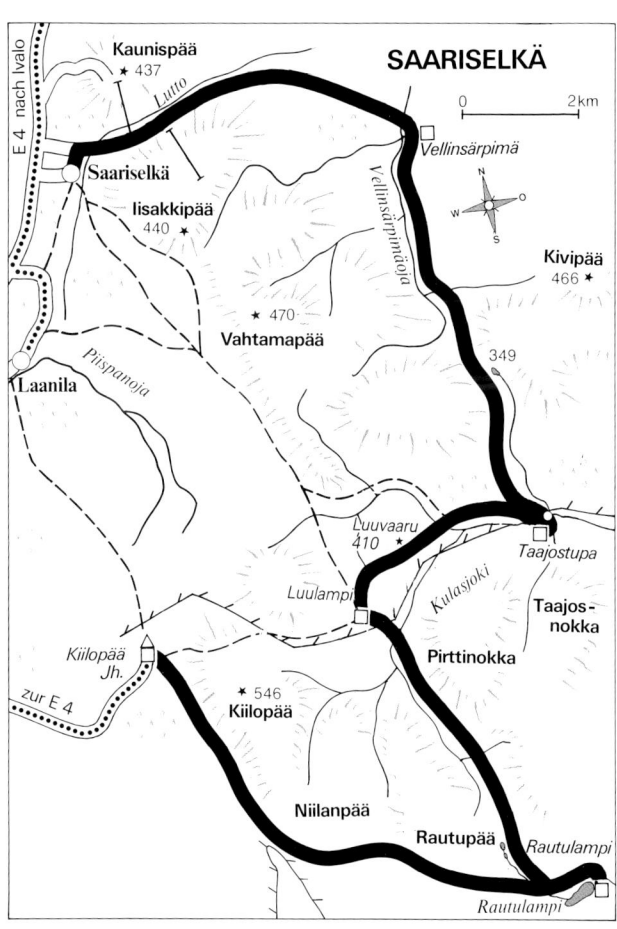

(Informations-Hütte mit Café) die nur drei Kilometer lange Strecke nördlich der Kulasjoki-Schlucht ebenso problemlos wandern kann wie die fünf Kilometer längere Wegstrecke. Und zwar gehen wir auf dem Herweg bis zum »Portti« zurück, hinter dem unsere heutige Route links abzweigt, um etwa 800 m später erneut nach links – in west-südwestlicher Richtung – wegzuführen. Anschließend beginnt der Aufstieg über die zunächst östlichen, dann aber südlichen Hänge der »Luuvaaru«-Erhebung (410 m). Bald darauf geht es wieder abwärts und unmittelbar auf die Info-Hütte am Luulampi zu.

Nach der Rast dort, starten wir in südöstlicher Richtung einem recht breiten und flachen Tal folgend. In diesem quasi Hochtal verlaufen mehrere markierte Pfade parallel nach Südosten. Am günstigsten wandert es sich auf einem Pfad östlich des Baches, mit einem Abstand von ca. 150–200 Metern. Wer jedenfalls diesseits (östlich) des Baches bleibt, kann sich auf den sechs Kilometern größtenteils baumloser Wegstrecke bis zur Rautulampi-Hütte nicht verlaufen, auch wenn die Markierung nicht übermäßig gut ist. Die *Rautulampi-Hütte* (12 Betten) liegt sehr schön am gleichnamigen See. Von dort ist ein weithin offener Blick nach Osten, in die tiefen Täler und zu den hohen Bergen der Saariselkä-Wildnis möglich.

3. Tag: *Rautulampi–Kiilopää, 9,5 km, 3 Std. – Bus nach Saariselkä.*

Zuerst wandern wir am Ufer des Rautulampi ein Stück weit unsere gestrige Strecke zurück, zweigen dann aber (Beschilderung) nach Westen ab, überqueren den Bach der zum Rautulampi fließt und haben dann eine recht steile und zunächst auch anstrengende Wegstrecke vor uns liegen. Es geht jetzt die Hänge des *Raututunturi* bzw. des *Rautupää* (520 m) hinauf und dabei folgen wir den verwitterten Andreaskreuzen (eigentlich die Wintermarkierung). Nach gut einer Stunde haben wir die Höhenlinie 480 überschritten und es geht kurzzeitig in einen Taleinschnitt zwischen Rautupää und *Niilanpää* hinein. Daraufhin folgt nochmals – immer den Holzkreuzen in Richtung Westen nach – ein Anstieg über die nach Süden auslaufenden Flanken des Niilanpää, worauf es alsbald aber in nordwestlicher Richtung bergab geht. Unten sehen wir die kreisrunde Einzäunung liegen, in die im Spätherbst die Rentiere zur Rentierscheidung getrieben werden. Von da an sind es nur noch dreieinhalb Kilometer bis zum *Kiilopää-Wanderzentrum* (Jugendherberge). Diesem restlichen Wegabschnitt können wir mühelos folgen, weil er schon die Breite für geländegängige Fahrzeuge hat (wegen der Rentierscheidung und -schlachtung). Vor der Jugendherberge in Kiilopää stoppt täglich um die Mittagszeit ein Bus, der uns (falls notwendig) zum Auto nach Saariselkä zurückbringt.

Touristische Angaben

Saariselkä-Ort hat eine recht große Bettenkapazität; eben auch, weil er im Winter viele Skifahrer beherbergt (Abfahrt und Skiwandern).

Kiilopää: Neben der Jugendherberge befindet sich auch ein Hotel des Suomen Latu (Finnischer Skiverband).

Kaunispää-Gipfel: Auf den Kaunispää-Gipfel führt eine Autostraße, die bei einem Café endet. Viele Touristen.

Lebensmittel: Kauft man am besten in Ivalo. Es gibt aber auch einen kleinen »Supermarkt« in Saariselkä.

Tankavaara, Goldgräbermuseum (südlich von Saariselkä): Es ist sehr empfehlenswert, sich, bevor man Lemmenjoki oder Saariselkä besucht, im Tankavaara-Goldgräbermuseum zu informieren. Besuchs- und Infozentrum für den Urho-Kekkonen-Nationalpark (Ausstellung, Führung). In Lappland hat man in über 100 Jahren insgesamt 2000 Kilogramm gefunden. Das bisher größte in Lappland gefundene Nugget wog 395 Gramm. Es wurde 1936 am Lutto-Fluß im Saariselkä-Gebiet gefunden. Übrigens, Erlaubnis zum freien Goldsuchen wird nur an finnische Staatsbürger erteilt.

26. Der Bärenweg von Kuusamo I Finnlands Tor zu Wald und Wildnis

Nördlicher Abschnitt von Rukatunturi nach Ansakämppä

Tourenschlüssel
2 Tage, 25 km, leicht – mittelschwer
Gummistiefel oder Bergstiefel
Hütten- oder Zelttour
Beste Zeit: 10. 6.–20. 9.
Karte: Ulkoilukartta (Wanderkarte) 1:50 000
»Rukatunturi–Oulanka«

Tatsächlich ist die Umgebung von Kuusamo die Gegend mit den meisten Bären Finnlands. Doch auch hier habe ich noch keinen Wanderer getroffen, der auf dem »Karhunkierros«, wie der Bärenweg auf finnisch heißt, einen Bären gesehen hätte. Sie halten sich wohl mehr im Bereich der finnisch-russischen

Into Paadar (rechts) und seine Familie leben von der Rentierzucht. Im Winter sind sie täglich in den Wäldern bei Inari unterwegs, um die Rentiere (unterstützend) zu füttern.

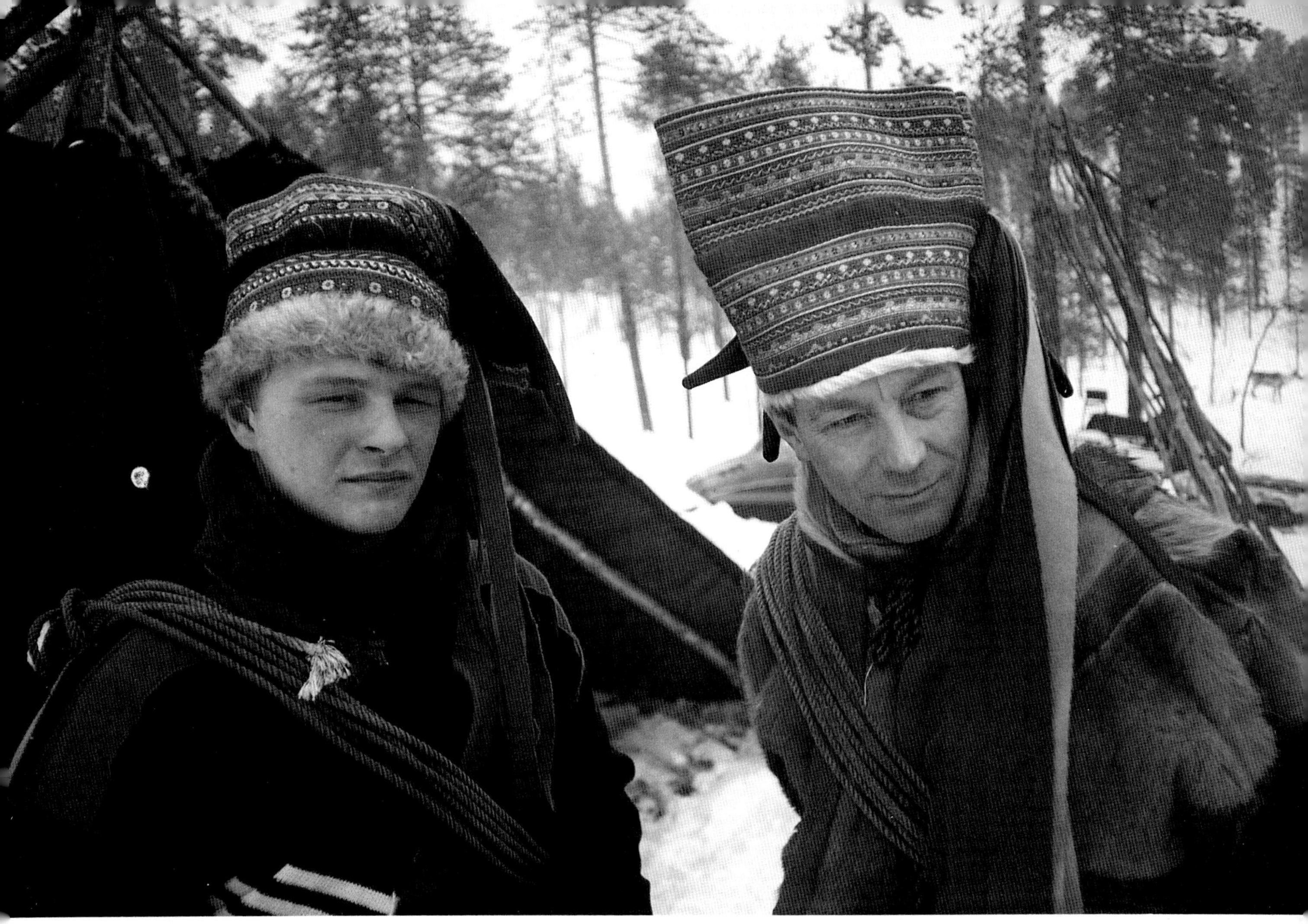

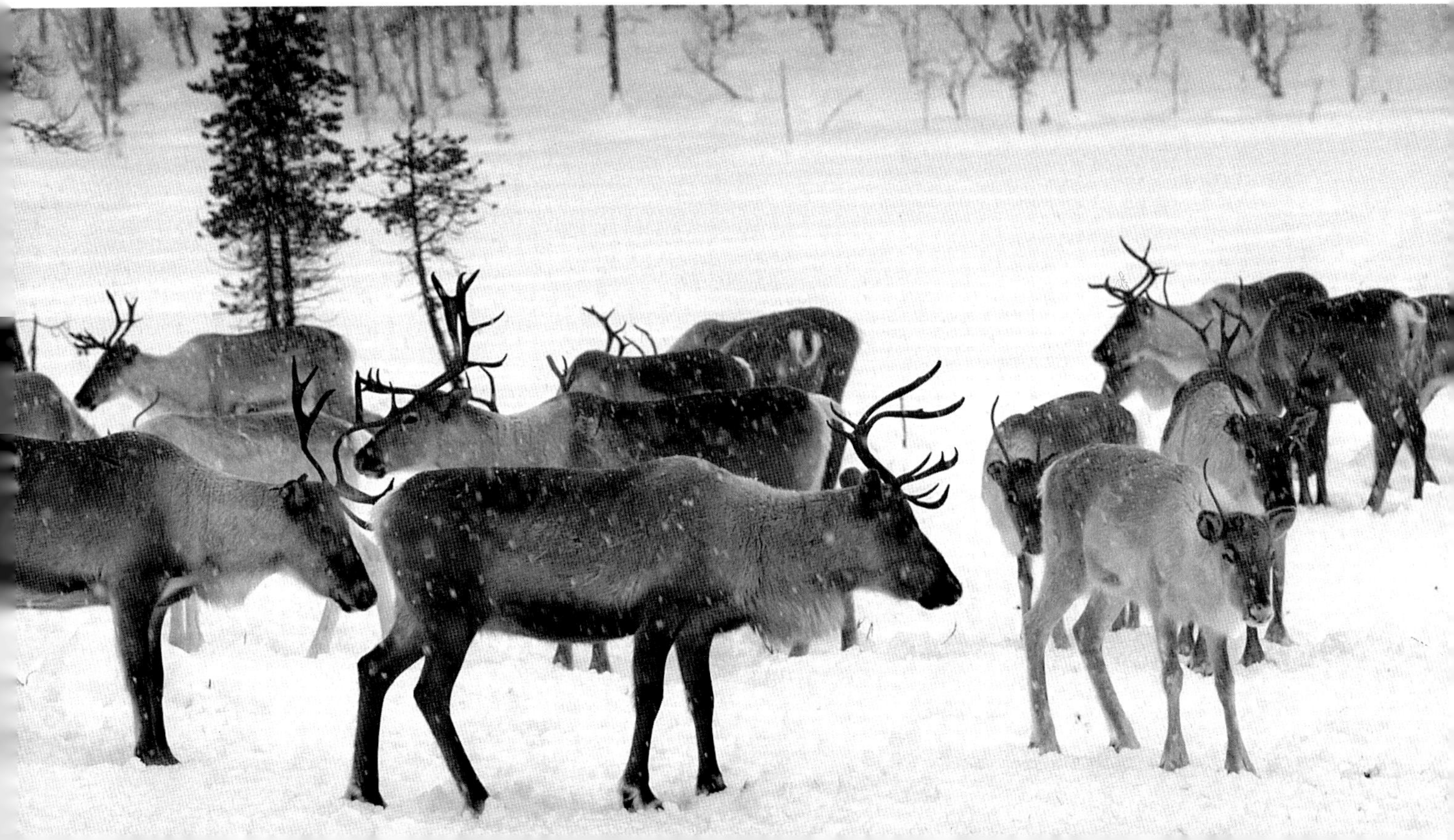

Grenze auf und gehen dem Bärenpfad wahrscheinlich »aus dem Weg«. Hingegen scheint es manchmal wahre Elch-Treffs zu geben, wenn man es an der häufigen Losung mißt, die überall entlang der Wanderroute herumliegt.

Nicht nur der präzisen Beschreibung, sondern auch der unterschiedlichen Anforderungen wegen haben wir den Bärenweg in zwei Abschnitte aufgeteilt. Der nördliche Abschnitt ist für Familien leichter zu realisieren, der südliche Abschnitt hingegen ist teilweise schwer. Leider ist Kiutaköngäs bzw. Ansakämppä letztlich nicht durch eine Busverbindung erreichbar. Wer hier also nicht auf ein Taxi ausweicht oder den Nordabschnitt wieder zurück wandert, muß zunächst bis Juuma gehen. Die Strecke am Kitkanjoki-Fluß ist dabei allerdings sehr anstrengend.

1. Tag: Rukatunturi–Ristikallio–Taivalköngäs, 7 km, 2½ Std.

Wir lassen unser Auto auf dem Parkplatz beim *Hotel Rukahovi/Rukatunturi* stehen und nehmen den Bus, der entweder früh morgens oder nachmittags von Kuusamo nach Salla fährt. Dieser Bus stoppt extra beim Hotel aber auch in der Nähe der Jugendherberge »Salmilampi«. Wir fahren mit dem Bus bis zur Haltestelle *Ristikallio* (mit dem Busfahrer abstimmen). Dort beginnt beim Autoparkplatz die Beschilderung und Markierung für den Bärenweg.

Die ersten vier Kilometer sind eigentlich unschwierig. Nach Betreten des *Oulanka-Nationalparks* folgt der Pfad zeitweise dem *Aventojoki-Fluß*, Richtung Nordost, führt dann aber nach und nach etwas bergauf durch den Wald und schließlich auf die felsige Aussichtskanzel Ristikallio hinauf. Anschließend geht es recht steil zur *Ristikallio-Autiotupa* hinab (10 Betten), die am Aventojoki liegt.

Nun folgen wir der Markierung auf bequem zu gehendem Gelände durch den Wald und erreichen schon nach weniger als zwei Kilometern die offene *Puikkokämppä-Hütte* (6 Betten). Von hier sind es bis zu den Taivalköngäs-Schluchten und Stromschnellen nochmals nur knapp zwei Kilometer. Die

Der Bärenweg von Kuusamo führt durch abgelegene Wildmark und folgt zwei Tage lang dem stromschnellenreichen Oulanka-Fluß. Hier wird die Taivalköngas-Schlucht auf einer schwankenden, aber sicheren Hängebrücke überquert.

idyllische, dicht an einem Wasserfall gelegene *Taivalköngäs-Autiotupa* ist daher bald erreicht (10 bis max. 15 Betten). Die Holztreppe, die zur Hütte hinunterführt, ist bei Nässe sehr glitschig!

2. Tag: *Taivalköngäs–Kiutaköngäs–Ansakämppä, 17 km, 6–6½ Std.*

Die heutige Tagesetappe beginnt mit einem Paukenschlag. Es geht nacheinander über drei schwankende (aber sichere) Hängebrücken hinweg, die man einzeln überqueren sollte. Nach der zweiten Hängebrücke nicht den Berg hoch gehen (jenseits würde ein sehr steiler, z. T. gefährlicher Abstieg folgen), sondern den Pfad nehmen, der den Berg links umrundet. So kommt man auf ungefährlichere Weise zur dritten und letzten Hängebrücke. Nach der Brücke steigt der Pfad zunächst einmal steil durch den Wald hoch. Oben angekommen schwenkt der Weg nach Südosten. Die gesamte Wegstrecke ist nun bis nach Kiutaköngäs (11 km) in südöstlicher Richtung verlaufend gut markiert, bleibt ständig in der Nähe, bzw. oberhalb des *Oulankajoki*-Nordostufers, es wird einem aber nicht erspart, ab und zu in kleinere Querschluchten hinab- und wieder hinaufzusteigen.

Kurz vor Kiutaköngäs befindet sich ein Campingplatz, ab da ist es dann mit der Ruhe und dem einsamen Waldpfad kurzfristig vorbei. Denn *Kiutaköngäs* ist eine Touristenattraktion, die auch mit dem Auto erreichbar ist und viele Angler anlockt. Hier hat sich der wilde Oulankajoki eine Schlucht gegraben, die er donnernd und auf 600 m Länge hinabschießt. Direkt beim Autoparkplatz ist im Sommer 1988 ein Besucher-/Informationszentrum des Oulanka-Nationalparks eröffnet worden (Ausstellung, Führer, Café), und hier nun also,am Südufer des Oulankajoki, beginnt die Schlußetappe bis zur *Ansakämppä-Autiotupa* (10–15 Betten). Außerdem gibt eine dort befindliche Schautafel den weiteren Wegverlauf an bzw. weist auf den rechts des Bärenweges verlaufenden Naturlehrpfad hin, der in einer halbkreisförmigen Schlaufe von und nach Kiutaköngäs führt. Diese restlichen gut sechs Kilometer verlaufen unschwierig im Wald, d. h. größtenteils mit prächtiger Aussicht auf das sich windende Flußbett des Oulankajoki. Zwischendurch muß man wohl einmal in eine querlaufende, kleinere Schlucht hinabsteigen und kurzzeitig direkt am Flußufer entlanggehen, aber sonst ist die Strecke fast eine ausgesprochene Panorama-Tour über dem Oulanka-Tal. Die Ansakämppä-Hütte liegt direkt am Fluß, der Bärenweg läuft aber oben im Wald vorbei. Doch das Hinweis-Schild und die Holztreppe zur Hütte hinunter sind nicht zu übersehen.

Folgende Abbildungen:
Der Oulanka ist der alles dominierende Flußlauf am Bärenweg. Durch die Kiutaköngäs-Schlucht (rechtes Bild) hat er sich ein tiefes Flußbett gegraben, in dem er auf 600 Meter Länge hinabschießt.

27. Der Bärenweg von Kuusamo II
Finnlands Tor zu Wald und Wildnis

Südlicher Abschnitt von Ansakämppä nach Rukahovi

> *Tourenschlüssel*
> 3 Tage, 44 km, mittelschwer – schwer
> Gummistiefel
> Hüttentour oder Zelttour
> *Beste Zeit:* 10. 6.–20. 9.
> *Karte:* Ulkoilukartta (Wanderkarte) 1:50 000
> »Rukatunturi–Oulanka«

1. Tag: *Ansakämppä–Jussinkämppä–Juuma, 20 km, 7–8 Std.*

Diese Tagesetappe kann sehr viel Kraft kosten. Wer nicht trainiert ist, sollte, obwohl es keine überlange Distanz ist, lieber zwei Tage aufwenden. Die Strecke bis zur Jussinkämppä-Autiotupa ist eigentlich unschwierig, auch wenn sie in den Sumpfstrecken zeitweise schlechter markiert ist. Dafür hat man die Fußabdrücke im sumpfigen Matsch und zwischendurch Holzdielen. Zunächst geht es oberhalb des *Oulankajoki* entlang, dann aber schwenkt der Pfad mehr nach Südsüdosten und führt eine bewaldete Anhöhe hinauf. Oben geht es geraume Zeit durch eine sumpfige Landschaft, die vom Kulmakkapuro-Bach durchflossen ist. Dieser kommt vom *Kulmakkajärvi-See,* auf dessen Ostufer wir zuhalten bzw. daran entlang wandern. An seinem südöstlichen Zipfel nehmen wir die ausgeschilderte Abzweigung zur *Jussinkämppä-Hütte* (10–15 Betten), die auf einer Landzunge am Seeufer liegt.

Von dort führt dann ein anderer Pfad zum Hauptpfad zurück bzw. hinüber, der ebenfalls markiert ist und mit Holzdielen die Sumpfstrecken überwindet. Schließlich geht es fast genau in südlicher Richtung eine bewaldete Höhe hinauf. Vorher müssen wir aber das vom Pesospuro-Bächlein durchflossene Sumpfgebiet hinter uns bringen. Hier unbedingt aufpassen, daß man nicht versehentlich dem Pesospuro-Tälchen folgt – ausgerechnet hier ist die Markierung schlecht –, sondern daß man den Südzipfel des *Pesosjärvi-Sees* erreicht. Ab diesem Südzipfel geht es nochmals etwas bergan, dann aber recht steil in das *Saaripuro-Tal* abwärts. Der Weg geht nicht ganz bis zum Sumpf hinab, sondern bleibt auf halber Höhe bzw. am Talrand. Dabei schwenkt der Pfad von Süd auf Südost. Später wird es notwendig, den *Saaripuro-Bach* an einer Stelle zu überqueren, die wir selbst herausfinden müssen (z. B. umgefallener Baumstamm). Am jenseitigen Ufer unbedingt wieder zur Markierung zu-

rück. Nicht auf dem verlockenden Pfad auf dem Kiesrücken bleiben (vermutlich ausgetretener Wildwechsel), sonst kommen wir nie zur Rastplatz-Feuerstelle »Kahlaamo« am *Kitkanjoki-Fluß*. War die seitherige Strecke schon etwas anspruchsvoller, kommt es nun ziemlich hart. Die Route beginnt ganz harmlos über die Uferwiesen des Kitkanjoki dahin zu verlaufen, folgt dann aber über gut drei Kilometer ganz dicht dem Ufer des reißenden Flußes. Es ist manchmal gerade noch für eine Person Platz, denn rechts steigt steil der Wald hoch, links schießt der Fluß vorbei, und laufend muß man über umgefallene Holzstämme hinwegsteigen. Die Strecke geht in die Knochen und findet ihren Abschluß erst darin, daß man zum Schluß auch noch fast anderthalb Kilometer steil bergan muß, bis man auf den bewaldeten Höhen endlich Erholung findet. Bald darauf erreichen wir eine Wegkreuzung mit Informationstafel, die uns die 2,5 Kilometer bis nach Juuma hinab veranschaulicht.

Die längere und sehr anstrengende südliche Variante zu den Jyrävä-Stromschnellen auch noch am gleichen Tag ist nicht empfehlenswert. Erstens ist die Markierung nicht eindeutig, weil dort mehrere Pfade verlaufen, eher verwirrend als Klarheit schaffend, und zweitens gibt es – Achtung! – entgegen der Informationsschrift, die von offizieller finnischer Seite herausgegeben wird, keine Hängebrücke, um zur Siilasmaja-Autiotupa hinüber zu kommen. Wer wie ich dieser leichtsinnig verbreiteten Falschinformation aufgesessen ist, hat einen sehr harten Tag hinter sich zu bringen. Eine Flußüberquerung ist an dieser Stelle jedenfalls unmöglich bzw. eindeutig lebensgefährlich. Wir übernachten also in Juuma (privat, Hüttenvermietung). Die Jyrävä-Stromschnellen können wir jedoch am nächsten Tag mittels eines kurzen Abstechers zur Siilasmaja-Hütte dennoch besuchen.

2. Tag: Juuma–Porontimajoen, 10 km, 3 Std.

Von Juuma starten wir der Beschilderung folgend nach Süden und erreichen schon bald die *Myllykoski-Stromschnellen* bzw. die ehemalige Myllykoski-Mühle. Dort setzen wir unseren Weg Richtung Porontimajoen fort und passieren dabei die Pfad-Abzweigung zur *Siilasmaja-Hütte*. Die nun folgende Etappe führt noch gut markiert auf einem Waldweg immer weiter nach Süden, bis wir die etwas sumpfigen Passagen zwischen den *Lummiskonsuo-Seen* durchqueren. Nachdem wir dann in gleichbleibender Richtung einen Forstweg gekreuzt haben, betreten wir ein abgeholztes Waldstück, was weder unseren Wanderweg noch die Markierung sonderlich geschont hat. Wer aufpaßt (man sieht Markierungsreste), den etwas ausgetretenen Pfad verfolgt und dabei nun in südwestli-

Die kleine Porontimajoen-Hütte bietet nur zwei Personen Platz – aber ebenso wenigstens zwei frechen Waldmäusen.

cher Richtung wandert, der wird die Route nicht verlieren. Hauptsache ist, wir stehen nach insgesamt ca. 8,5 Kilometer auf der Straße Nr. 18891. Dort finden wir schließlich die Markierung zur nurmehr 1,5 Kilometer entfernten *Porontimajoen-Hütte.* Auch über diese »Autiotupa« existieren falsche Informationen. Sie hat nicht 12, sondern nur 2 Betten. Außerdem steht unmittelbar daneben eine Hütte (das ist die alte Mühle), die direkt über dem Bach erbaut ist und nur guten Schläfern (höchstens 4 Personen) ein Quartier bietet. In der alten Mühle gibt es keine Heiz- oder Kochmöglichkeit. Der Holzbalken über den Bach erfordert etwas seiltänzerische Qualitäten und ist sehr glitschig.

3. Tag: Porontimajoen–Hotel Rukahovi/Rukatunturi, 14 km, 5–5½ Std.

Zunächst geht es unschwer durch bewaldete Anhöhen zur Straße Nr. 8694 nach Süden. Die Markierung ist gut. Dann folgen wir knapp sechs Kilometer der asphaltierten Landstraße nach Westen, bis wir genau zwischen dem *Rukatunturi-Höhenzug* zur Linken und dem *Konttainen-Berg (434 m)* zur Rechten stehen (Autoparkplatz). Wir folgen hier also nicht dem Bärenweg! Wir lassen nämlich unseren schweren Rucksack im Gebüsch beim Autoparkplatz und gehen ohne Ge-

*Folgende Abbildung:
Abendstimmung an einem See bei Kuusamo.*

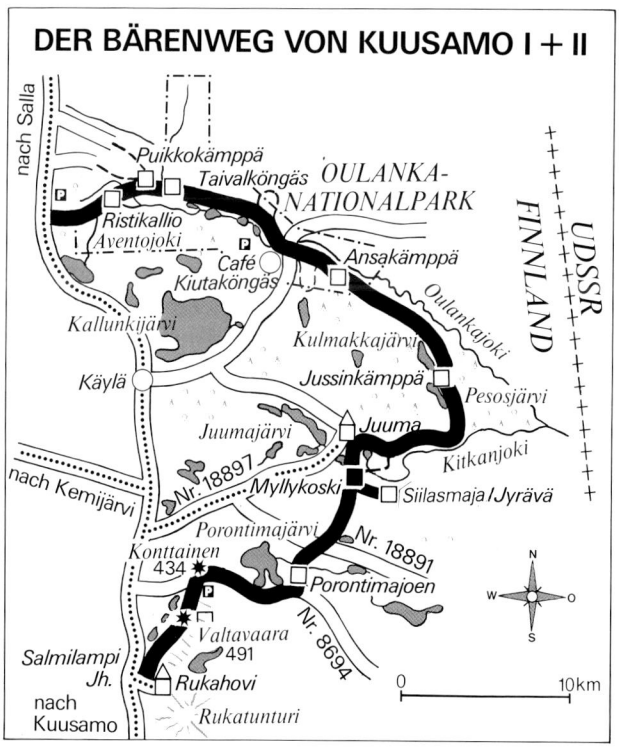

135

päck auf den Aussichtsgipfel. Wegen des kraftraubenden bis schindenden Reststücks, das nun folgt, werden wir froh sein, uns geschont zu haben.

Vom Autoparkplatz an der Straße Nr. 8694 geht es von Beginn an sehr steil den Berg hoch in Richtung Süden. Oben angekommen bleibt uns nicht allzuviel Zeit, Erholung zu finden, denn auf den gesamten restlichen sechs Kilometern (offiziell acht ist falsch) gibt es acht Abstiege und auch erneute Aufstiege, die allesamt, bedingt durch das Rucksackgewicht, gewaltig an die Substanz gehen. Der Rukatunturi-Höhenzug ist nämlich ständig von Quertälern durchzogen. Auf dem *Valtavaara-Gipfel* (491 m) befindet sich eine Schutzhütte, die Strecke ist gut markiert und deutlich ausgetreten. Um die müden Knochen bei der Ankunft im *Rukahovi-Hotel* wieder auf Vordermann zu bringen, hilft eigentlich nur noch ein Wundermittel: saunieren. Und da bleibt dann immer noch genügend Zeit, über die Frage nachzudenken, ob der Wagen wohl anspringt.

Touristische Angaben: Bärenweg I+II

Der gesamte Bärenweg ist – in Skandinavien einmalig – mit weißen Farbklecksen markiert. Diese **Markierung** ist manchmal nicht leicht zu verfolgen. In Abschnitten mit überwiegend Birkenwald dominiert nun mal die weiße oder helle Rinde der Birke und eben nicht die Markierung. Dieser »geniale« Einfall wirkt sich erst recht bei einer Skitour im Winter aus. Weiß der Himmel, was da gedacht wurde!

Schwierigkeitsgrade: Bärenweg I, der Abschnitt Ristikallio-Parkplatz–Kiutaköngäs–Ansakämppä ist leicht bis mittelschwer; Bärenweg II, der Abschnitt Ansakämppä–Juuma ist mittelschwer bis schwer; der Abschnitt Juuma–Rukatunturi ist mittelschwer, aber ab Aufstieg zum Rukatunturi-Höhenzug schwer.

Der **Oulanka-Nationalpark** wurde schon 1910 zum Schutzgebiet vorgeschlagen, ist aber nun seit 1956 ein Nationalpark und umfaßt 206 km^2.

Busverbindungen: Ich hatte einigen Verdruß, weil man sowohl im Touristenbüro Kuusamo als auch im Hotel Rukahovi – obwohl Fahrpläne vorliegen – nicht in der Lage war, richtige Abfahrtszeiten für den Bus nach Ristikallio zu nennen. Ich empfehle also ein gesundes Mißtrauen und gegebenenfalls die »Standby-Methode«. Das heißt jeden ankommenden Busfahrer auf das Fahrziel »Ristikallio« hin anzusprechen. (Wie erwähnt fährt auf jeden Fall frühmorgens und nachmittags ein Bus.)

Trotzdem betrachte ich dieses Ärgernis noch positiv, denn in einem überlaufenen Gebiet wäre das alles schon längst schrecklich perfekt organisiert.

Von und nach Rovaniemi gibt es ebenfalls eine Busverbindung. Diese ist für alle diejenigen interessant, die zumindest ab Helsinki die relativ billigen Inlandflüge ausnützen.

28. Karelische Pfade I
Der Koli-Naturlehrpfad

Rund um den Koli-Höhenzug

Tourenschlüssel
½–1 Tag, 7 km, leicht
Bergstiefel oder Wanderschuhe
Beste Zeit: 1. 6.–25. 9.
Karte: Routenkarte im Hotel Koli erhältlich.
Unsere Zeichnung reicht aus.
Jedoch existiert eine »Peruskartan
Pienennös« 1:50000 Blatt 4313 2

Es mag sich überraschend lesen, aber in dem im Vergleich zu Nordfinnland doch schon dichter besiedelten Südfinnland verlaufen die meisten Wanderwege durch Gegenden, die entweder land- und forstwirtschaftlich nutzbar gemacht wurden oder eben von Straßen und kleineren Ortschaften durchzogen sind. Da wir jedoch in diesem Buch keine Pfade vorstellen, die wir auch im Harz, im Bayerischen Wald oder im Schwarzwald haben könnten, bin ich recht froh, zwei bzw. drei karelische Pfade empfehlen zu können, die dem bisher vertretenen Standard entsprechen. Karelien, das Grenzland zwischen Lappenranta, Ilomantsi und Nurmes ist sowieso eine der schönsten Ecken Südfinnlands, und noch heute kann es eigentlich als das Ur-Finnland bezeichnet werden. Die Pfade konzentrieren sich auf den Koli, die höchste Erhebung Südostfinnlands (347 m), und auf die großen Wälder und Moore um Ilomantsi.

½–1 Tag: Der Koli-Naturlehrpfad, 7 km, 3 Std.

Den gerade nur sieben Kilometer langen Koli-Naturlehrpfad habe ich deshalb mit aufgenommen, weil der Koli (außer beim Fernsehturm in Kuopio) der einzige Berg in Südfinnland ist, der eine fantastische Aussicht über die so typischen Seenlandschaften Finnlands bietet. Sonst ist das nur per Flugzeug möglich oder auf Werbe-Postern. Zwangsläufig fährt also jeder Karelien-Besucher per Auto zum *Hotel Koli* hinauf. Ebenso kommen sehr viele Touristen-Busse. Aber zwischen Lieksa (am Ostufer des Pielinen-Sees) und Koli verkehrt mehrmals täglich ein Personenschiff. Man muß also nicht fast zweihundert Kilometer um den See herumfahren.

Ausländische Besucher wissen in der Regel nichts von diesem Naturlehrpfad, bzw. es sagt ihnen niemand etwas. Jedenfalls ist im Hotel Koli ein zehnseitiges englischsprachiges Info-Heftchen über den »Koli-Nature-Trail« erhältlich. Da dies aber in der Hotel-Rezeption nicht unbedingt jeder weiß, hier eine kurze Schilderung über den Verlauf des markierten Weges:

Der Pfad beginnt beim Hotel und führt in nördlicher Richtung auf einer Art Panoramaweg durch den Hangwald abwärts. Unten schwenkt er in südlicher Richtung und führt auf halber Höhe zwischen Pielinen-See und Koli-Gipfel recht kräftig bis zum *Pieni-Koli* (kleiner Koli) hinauf. Anschließend geht es weiter nach Süden durch eine tiefe Schlucht (steiler Abstieg, steiler Aufstieg) zum Haupthöhenzug bergan. Am südlichen Endpunkt angekommen, schwenkt der Pfad wieder genau nach Norden um und berührt mehrere Gipfel des Koli-Höhenzuges. Der *Ukko-Koli* ist mit 347 m der höchste Felsen und stets von den vom nahen Hotel kommenden Besuchern vereinnahmt. Leider gibt es das Informations-Heftchen (noch) nicht in Deutsch. Hier die Kurzfassung des 15 Anlauf-Punkte umfassenden Naturpfades:

Punkt 1: Lakisuo-Sumpf. Torfmoor in einer Senke zwischen den Felsen. Gemischter Laub- und Nadelwald.

Punkt 2: Aussicht über den Pielinen-See. Der See ist rund 100 Kilometer lang. Die breiteste Stelle ist 30 Kilometer. Der See liegt 94 m ü. M., der Aussichtspunkt liegt 161 m über der Seeoberfläche.

Punkt 3: Neu angepflanzter Fichtenbestand. Früher standen hier Birken, deren Baumkronen jedoch unter der Schneelast zusammenbrachen. Die neuen Fichten stammen aus einem südlicheren Gebiet. Es soll beobachtet werden, ob diese Fichtenart nach hier ohne Schaden verpflanzbar ist.

Punkt 4: Ursprünglicher Wald. Dieses Waldstück soll so belassen werden. Nur die Natur soll über Entwicklungen und Veränderungen entscheiden. Der Wanderer kann gut beobachten, wie sich Pflanzen bzw. Bäume im gegenseitigen Wettbewerb durchsetzen müssen (Stichwort: »Auslese der Natur«).

Punkt 5: Heutiger Birkenbestand in einem vor ca. 80 Jahren durch Brandrodung zerstörten Waldstück. Noch bis zur Jahrhundertwende war dies die übliche Methode, den Boden für eine spätere landwirtschaftliche Nutzung zu kultivieren.

Punkt 6: Hier folgt der Pfad einige Zeit lang der Seeuferstraße (Waldweg), steigt dann aber wieder die Waldhänge hoch.

Punkt 7: Portinautio. Dies ist die Stelle eines alten Bauernhofes, dessen letzte Bewohner allerdings schon 1920 weggezogen sind. Das Gebäude wurde abgetragen und bei der Schiffsanlegestelle (Lieksa-Koli) wieder aufgebaut.

Punkt 8: Ski-Hang. Hier verläuft der Pfad unter dem Sessellift über den Ski-Hang hinweg. Erster Ski-Hang in Koli um 1935.

Punkt 9: Kultivierter Fichtenbestand.

Punkt 10: Fauna. Viele Vögel bevorzugen diese Hänge und dichtbewachsene Haine. Tote Bäume bieten sichere Nistplätze. Hier gibt es auch Fuchs, Marder, Elch, und sogar Biber finden hier ihren Lebensraum.

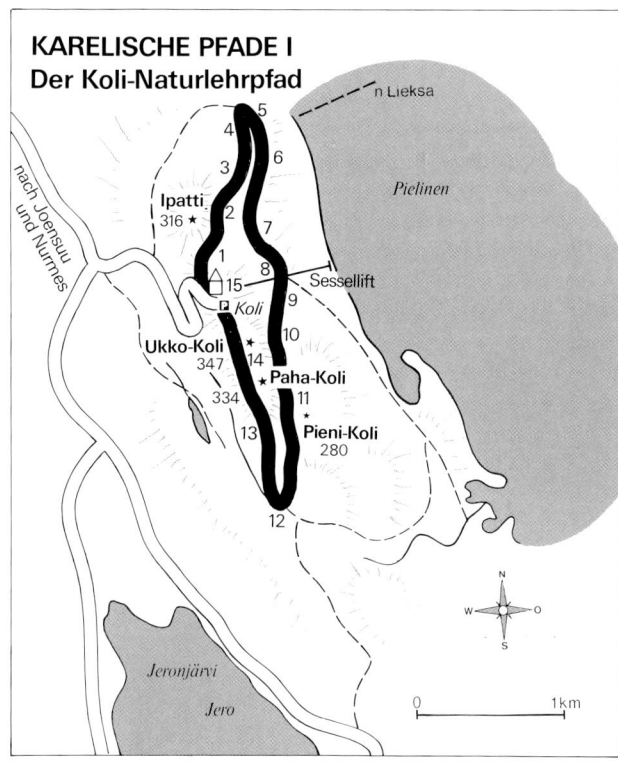

KARELISCHE PFADE I
Der Koli-Naturlehrpfad

Punkt 11: Der Felsengrund. Felsiger Boden auf dem hauptsächlich nur Kiefern wachsen, Moos und Flechten.

Punkt 12: Die Mäkränaho-Lichtung. Ehemals für einen geplanten Bauernhof gerodetes Waldstück.

Punkt 13: Käräjäkallio. In alten Zeiten ein ehemaliger Versammlungsplatz, im Stile von Thing-Plätzen. Später ein Tanzplatz, um das Mittsommer-Fest abzuhalten.

Punkt 14: Ukko-Koli. Der Ukko-Koli ist der höchste Gipfel des Koli-Höhenzuges (347 m. ü. M. und 253 m über der Seeoberfläche des Pielinen). Dieser Höhenzug ist ein Überbleibsel der prähistorischen karelischen Gebirgskette, die vor mehr als 1000 Millionen Jahren wahrscheinlich einmal 6000–7000 Meter hoch war.

Punkt 15: Hotel Koli. Die erste Übernachtungsstätte wurde 1896 vom Finnischen Touristenverband dort oben erbaut.

Quelle: Forstliche Forschungsanstalt, Unioninkatu 40 A, 00170 Helsinki 17.

Folgende Abbildung:
Insel im Gegenlicht. Der Pielinen-See bei Koli.

29. Karelische Pfade II
Die Kennerroute

Von Ilomantsi zum Petkeljärvi-Nationalpark

Tourenschlüssel (SF)
1–2 Tage, 19/26 km, leicht – mittelschwer
Gummistiefel
Beste Zeit: 5. 6.–25. 9.
Karten: Suomen Tiekartta (Straßenkarte)
1:200 000 »GT 9«
oder: »Peruskartan Pienennös«
1:50 000 Blatt 4244 1, 4243 1+2

Die Gemeinde Ilomantsi liegt sogar noch einige Kilometer östlicher als Leningrad und ist trotz ihrer abgeschiedenen Lage in den finnischen Grenzwäldern eine aufstrebende Kleinstadt. Umgeben von riesigen Wäldern und Seen ist das »Kirchspiel von Ilomantsi« ein ideales Ferien- und Wandergebiet. Wer sich als Besucher beim Touristenbüro/Gewerbebüro in Ilomantsi erkundigt, bekommt nicht nur Informationen (in Deutsch) über die Wanderwege, sondern auch kulturell-historisches Wissen über die Umgebung vermittelt. Stichworte sind: Die Kalevala (finnisches Nationalepos), Runensänger (Runen = mündlich überlieferte karelische Volksdichtung und Erzählungen), Orthodoxie und Praasniekkas. Über 25% der Gemeinde sind orthodoxen Glaubens, in der Umgebung werden alljährlich Kirchen-Volksfeste (Praasniekkas) gefeiert.
Bisher gab es bei Ilomantsi nur einen Wanderpfad. Dieser trägt den stolzen Titel »Die Kennerroute« (Taitajantaival), womit man an eben jene Barden erinnern will, die die Runen »gekannt« haben und auf ihren Wanderungen durch Karelien für eine Weiterverbreitung sorgten.
Daneben – vielleicht im Anschluß? – besteht die Möglichkeit, auf dem »Susitaival« (Wolfspfad) zu wandern, der in Möhko beginnt. Doch zunächst zur »Kennerroute«.

1. Tag: *Von Ilomantsi/Putkela zum Petkeljärvi-Nationalpark, 26 km.*

Mit dem Bus oder Taxi bis zum eigentlichen Beginn der Route, beim Dörfchen *Putkela.* Dort der Markierung folgend in den Wald hinein. Bald schon beginnt die für die gesamte Route so typische Landschaft, labyrinthartige Berg- und Kiesrücken zwischen zahllosen Wassern und Seen. Die Markierung ist deutlich, der Pfad gut ausgetreten. Nach knapp sieben Kilometern passieren wir dann das Feriendorf (Campingplatz) *Ruhkaranta,* und kurz danach erreichen wir die Straße Ilo-

mantsi-Möhkö. Natürlich ist eines sehr naheliegend: Wer per Zelt oder gemieteter Hütte in Ruhkaranta übernachtet, fährt selbstverständlich nicht zuerst nach Ilomantsi bzw. Putkela, sondern spart sich diese sieben Kilometer. Man beginnt sinnvollerweise also in Ruhkaranta (ganzjährig geöffnet) und hat so eine bequem zu gehende Tagesstrecke von nur noch 19 Kilometer vor sich.
Auf der anderen Seite der Landstraße Ilomantsi-Möhkö führt die orangefarbene Markierung wieder in den Wald und vorwiegend in südöstlicher Richtung. Die gesamte Strecke ist sehr gut zu bewältigen und eine ständige Abwechslung von Seen und auf- und abfallenden Kiesrücken im weit und breit stillen Wald. Und, dies ist eine landschaftlich ungewöhnlich schöne Tour. Entlang des markierten Pfades befinden sich drei Feuerstellen, wo wir rasten können. Am Schlußpunkt, im Petkeljärvi-Nationalpark, gibt es den *Campingplatz Petraniemi* (mit Übernachtungshütte), der wunderschön auf einer Landzunge am *Petkeljärvi-See* liegt. Wer hier nicht übernachten will, geht auf dem geschotterten Waldweg (PKW-Zufahrt er-

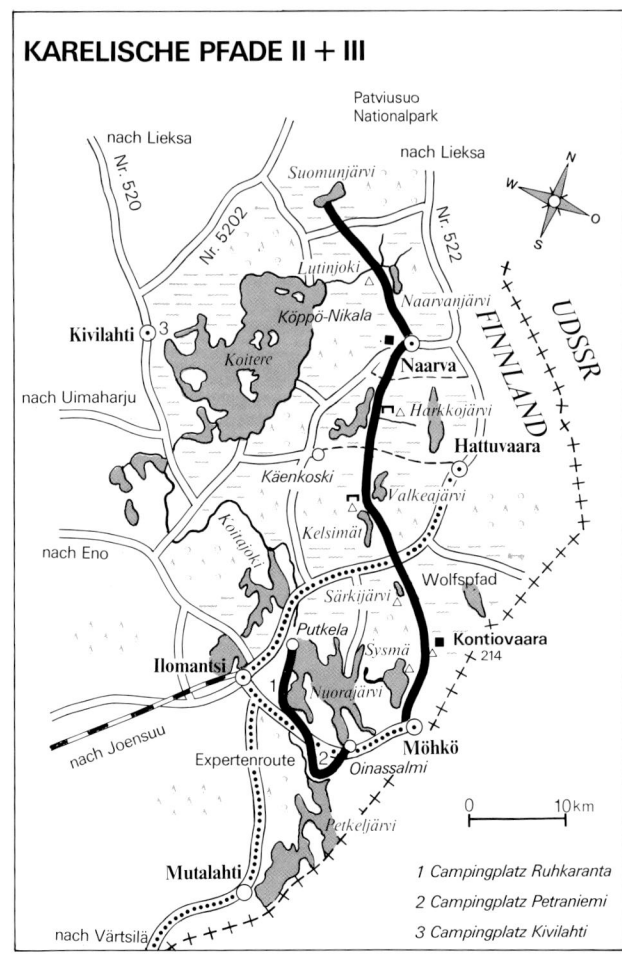

KARELISCHE PFADE II + III

1 Campingplatz Ruhkaranta
2 Campingplatz Petraniemi
3 Campingplatz Kivilahti

laubt) ca. 5 Kilometer bis zur Landstraße zurück und findet bei *Oinassalmi* eine Bushaltestelle. Dort stoppt (Zeichen geben!) am Spätnachmittag ein Bus, der uns nach Ruhkaranta oder Ilomantsi bringt.

Und hier ein noch »verstecktes Bonbon«: Die Expertenroute führt zweimal an Seen vorbei, wo es jeweils einen recht großen Biberbau zu sehen gibt. Allerdings, die Natur fordert, daß wir unsere Augen öffnen und das »Bonbon« selbst suchen. Sie liefert uns die Biberbauten nicht zum Darüberstolpern. Aber die Sache ist ganz einfach. Wo wir die vom Biber so typisch abgenagten Baumstämme sehen, da ist der Biberbau nicht mehr weit.

30. Karelische Pfade III
Der Wolfspfad

Von Möhkö bis zum Suomujärvi

Tourenschlüssel (SF)
4–5 Tage, 73 km, mittelschwer
Gummistiefel
Reine Zelttour
Beste Zeit: 5. 6.–25. 9.
Karten: Als Übersicht die Suomen Tiekartta
(Straßenkarte) 1:200 000 »GT 9«,
genauer: »Peruskartan Pienennös«
1:50 000 Blatt 4243 1 + 2, 4244 1, 5222 1
mit 4244 2, 4333 1, evtl. 4331 2

Diesmal nehmen wir den Bus von Ilomantsi bis Möhkö. Dort beginnt der Wolfspfad (Susitaival). Seinen Namen hat er mit sicherlich voller Berechtigung von den Wölfen, denn das Grenzgebiet Richtung Rußland wird im Volksmund nur die »Wolfsgrenze« genannt. Es ist jetzt aber keineswegs so, daß man auf dieser Wanderung gleich vor Wölfen Angst haben muß. Vielmehr kommen die Wölfe nur im bitterkalten Winterhalbjahr von Rußland herüber und treiben auf finnischen Waldbauernhöfen ihr Unwesen.

Die gesamte Strecke ist orangerot markiert (an Bäumen oder auf Steinen). Obwohl zwar ein Großteil des Geländes von Sümpfen, Torfmooren und Seen durchzogen ist, bilden die aus der Eiszeit zurückgebliebenen bewaldeten Höhenzüge und Bergrücken wiederum die Grundlage des Weges. An drei Stellen sind Ziehflöße installiert, um über die jeweiligen Flüs-

se zu kommen. Entlang der Route sind sieben Feuerstellen eingerichtet, und nur dort ist das Feuermachen erlaubt. Man sollte sich unbedingt an diese Vorschrift halten, denn in der Region von Ilomantsi (russisches Kontinentalklima) ist ein regenarmer Sommer die Regel. Die Waldbrandgefahr ist deshalb groß.

1. Tag: *Möhkö–Särkijärvi, 18 km, 5½–6 Std.*

Vom Eisenhüttenmuseum in nordöstlich-nördlicher Richtung über Norpanvaara bis zum *Sysmäjärvi-See* bzw. über die Landrücken an seinem Ostufer bis zum Nordende des Sees. Dort befindet sich die erste Feuerstelle. Danach geht es weiter in Richtung *Kontiovaara* (214 m) und Kivilampi bis zur Feuerstelle am *Särkijärvi*.

2. Tag: *Särkijärvi–Valkeajärvi, 13 km, 4½ Std.*

In nordwestlicher Richtung bis zur Landstraße Ilomantsi–Hattuvaara, darüber hinweg und weiter bis zum *Salmiselän-Fluß*. Dort mit dem Floß übersetzen und später zwischen den Seen Kelsimätjärvi und Valkeajärvi hindurch. In diesem Waldgebiet westlich des Valkeajärvi führt uns die Markierung zu einem »*Laavu*«. Laavus sind eine in den finnischen Wäldern weitverbreitete Form von Windschutz (überdacht und von drei Seiten geschlossen) und sehr gut zum Übernachten geeignet.

3. Tag: *Valkeajärvi–Harkkojärvi–Naarva, 22 km, 7 Std.*

In fast nördlicher Richtung bis zur (nicht öffentlichen) Forst- und Torfabbau-Straße von Käenkoski nach Hattuvaara und in gleichbleibender Richtung an die Ostufer des *Harkkojärvi* heran. Dort mit dem Floß über den Jorhonjoki/Hattujoki (Laavu, Feuerstelle) und weiter über eine erneut querlaufende Forststraße nach *Naarva*.

4. Tag: *Naarva–Suomunjärvi, 20 km, 6½ Std.*

Ab Naarva führt die Markierung in nordwestliche Richtung einem Waldweg folgend bis *Köppö-Nikala*. Von dort führt der Pfad durch die ausgedehnten Moore westlich des Naarvanjärvi bis zu den Feuerstellen am *Lutinjoki-Fluß*. Dort setzen wir mit dem Floß über. Am anderen Ufer beginnt ein Waldweg, der mit einem verzweigten Netz von anderen Forst- und Torfabbauwegen zwischen den Landstraßen 522 und 5202 zusammenhängt. Man muß nun selbst entscheiden, ob man die Reststrecke bis zum *Soumunjärvi* im 1982 gegründeten Patvinsuo-Nationalpark (100 km^2) weitergeht oder vorher zu den Landstraßen abzweigt. Je nachdem wie man seine Rückkehr nach Ilomantsi geregelt hat (siehe touristische Angaben).

Folgende Abbildungen:
Zufällige Begegnung am Koitere-See. Karelien ist die Landschaft, die man auch heute noch als Ur-Finnland bezeichnen kann.
Museumsdorf am Koitere-See.

Ilomantsi liegt sowohl am östlichen Ende der »Finnischen-Seenstraße« (von Pori nach Ilomantsi) als auch an der, den historischen Wurzeln Finnlands folgenden, »Straße der Runen und Grenzen«. Im Sommer gibt es im Ort selbst auch eine Jugendherberge.

Wolfspfad: Da es am Endpunkt des Wolfspfades keine Busverbindung gibt, mit dem Touristenbüro besprechen, wie man am besten nach Ilomantsi zurückkommt; z. B. per Taxi. Wer in den beiden am Wegrand liegenden Hütten übernachten will, vorher beim Touristenbüro anmelden bzw. erfragen. Dennoch bleibt der Wolfspfad eine Zelttour.

Langschaftige Stiefel: Ab und zu kann man in diesem Gebiet auch Kreuzottern begegnen. Normalerweise flüchten diese Schlangen, aber wenn man sich gegenseitig zu spät bemerkt, gibt es eventuell Angriffs-Reaktionen. Deshalb langschaftige Gummistiefel tragen!

Kontakte in Deutsch: Helga Airaksinen ist die Chefin des Campingplatzes »Timitraniemi« in Lieksa. Sie ist Berlinerin, lebt aber seit vielen Jahren in Finnland. Südlich von Ilomantsi-Mutalahti, an der Straße nach Värtsilä betreibt Marja Franken eine kleine Hotel-Pension. Die Anschrift lautet: Marja Franken, SF-82885 Putkivaara. Beide Frauen sprechen Deutsch und Finnisch und helfen gerne bei eventuellen Fragen.

Finnisch-russische Grenze: Die Grenze ist relativ ruhig, jedenfalls ohne Stacheldraht, Mauer und Selbstschußanlagen. Die Wachttürme können auch Feuer(wacht)türme sein (Waldbrand). Man darf sich das – mit Abstand – ansehen. Vor der eigentlichen Grenze nach Rußland existiert in Finnland eine meist 300–3000 Meter breite Grenzschutzzone, die mit gelben Ringen an den Bäumen markiert ist. Dieser Streifen darf nicht betreten werden. Außerdem ist es auf finnischer Seite strikt verboten, nach Osten zu fotografieren. Wer es dennoch tut und dabei erwischt wird, bekommt massiven Ärger und muß u. U. damit rechnen, daß er mit dem nächstbesten Flugzeug des Landes verwiesen wird.

Praasniekkas/Orthodoxie: Im Juni, Juli und August/September werden im Kirchenspiel von Ilomantsi drei Praasniekkas veranstaltet. Eine direkt in Ilomantsi, eine in Hattuvaara und die dritte in Mutalahti. Ebenso mindestens je eine in Lieksa und Joensuu.

Ein großer Teil (Süd-)Kareliens liegt auf heute sowjetischem Gebiet. Karelien war schon immer ostorientiert, daher der Bezug zur (russisch-)orthodoxen Kirche. Nördlichstes Missionsgebiet war schließlich die Petsamo-Region bei den Skolt-Lappen (zwischen Kirkenes und Murmansk).

Auf einer Insel im Ladoga-See (UdSSR) lag einst das berühmte Kloster Valamo. Die Mönche emigrierten nach Finnland und errichteten ihr Kloster »Uusi-Valamo« (Neu-Valamo) am Juojärvi, unweit der Straße Joensuu–Kuopio.

31. Die Bergslagen-Pfade I
Der Silverleden

Rund um Hällefors

> *Tourenschlüssel*
> 3–5 Tage, 50 km, leicht – mittelschwer
> Bergstiefel oder Gummistiefel
> Zelttour
> *Beste Zeit:* Mai bis Anfang Oktober
> *Karte:* Fritidskarta »Silverknuten« 1:40 000

In Schweden gibt es nicht nur eine Vielzahl von markierten Wanderwegen im Gebirge, sondern eine ebensolche, sogenannter »Låglandslederna«; wörtlich übersetzt: »Tieflandspfade«. Diese Übersetzung verfälscht jedoch erheblich. Gemeint sind Wanderwege in flacheren Gegenden bzw. in hügeligen Wald-, Seen- und Wiesenlandschaften. Im Vergleich zum Gebirge haben die »Flachlandpfade« dagegen fast alle eines gemeinsam: Sie führen mehr durch besiedelte Gebiete. Da hier ein Bauernhof relativ schnell erreichbar ist, sind die Ansprüche lange nicht so hoch wie z. B. auf einer Zelttour beim Kungsleden II. Dennoch gibt es einen großen Unterschied zu Wanderungen in unseren heimischen Wäldern. Es ist der »Erlebniswert Natur«.

Unter der Großauswahl an »Låglandslederna« sticht die Region von Bergslagen im Bezirk Örebro/Mittelschweden besonders hervor. Nur ungefähr 2–2½ Autostunden westlich von Stockholm existiert nämlich immer noch ein Stück Natur, wie es für Schweden nicht typischer sein könnte. Große Wälder, zahllose Seen, Elch, Biber, Auerhahn, fischreiche Gewässer und – trotz seiner selbstverständlichen Modernität – das Landleben mit sowas wie dem nostalgischen Hauch von »Bullerbü«. Gleichwohl ist Bergslagen historisch-kulturell gesehen hochinteressant und einer der ältesten Bergbau-Distrikte Schwedens. Mühelos lassen sich die Spuren des Silberabbaus und der Erzgewinnung bis in die Jahre um 1550 und 1640 zurückverfolgen. Und dies ist auch das Hauptmerkmal der nachfolgenden Touren: Lebendige Natur und kurzweilige Geschichte.

1. Tag: *Hällefors–Berslagsgården-Hotel, 16 km, 5½ Std.*

Der knapp fünfzig Kilometer lange und gut markierte »Silverleden« (Silberpfad) beginnt mitten in Hällefors und führt durch ein 350 Jahre altes Silbergruben-Areal. Nach ca. sieben Kilometern erreicht der Waldpfad einen Windschutz am *Norr-Älgen-See* (schöner Badestrand). Wenig später passieren wir die ausgediente *Sävenfors-Eisenhütte,* in der von 1881 bis

1926 Eisen und Stahl hergestellt und geschmiedet wurde. Hier können wir uns bei Regenwetter unterstellen und Rast halten. Zelten ist ebenfalls möglich. Einige Meter weiter liegen die Gebäude der Hällefors-Lachs-und-Forellenaufzucht, die wir unbedingt besichtigen sollten (Besuchszeiten werktäglich von 10–12 Uhr). Es wird sehr schön deutlich bzw. es ist gut zu verfolgen, wie aus dem Fischlaich schließlich ein junger Fisch heranwächst und sich bis zur Reife entwickelt.

An dieser Stelle, in einem Nebengebäude, ist das »Camp Sävenfors« untergebracht, eine Pension mit 10 Zimmern und 36 Betten. Die Übernachtung ist mit Halbpension oder per »Selbsthaushalt« möglich. Gleichzeitig beginnt hier ein zum Silverleden querlaufender Natur- und Angelpfad, der speziell

für die Jünger Petris angelegt wurde. Die Strecke führt ständig zu fischreichen Seen und Gewässern. An einigen Stellen wurden »Vindskydds« (Windschutz) errichtet, die auch in der neu herausgekommenen, speziell für diese Strecke gedruckten Karte verzeichnet sind: »Sväsjön-Fritidsromade 1:30 000«.
Der nördlichste Wendepunkt des Silverleden ist *Sävsjön*, wo wir nach gut 16 Kilometer Wanderung im »Bergslagsgården-Hotel« übernachten können. Wahlweise entweder mit Vollpension, Selbstverpflegung oder im Zelt. Hier lohnt es sich durchaus, einen oder zwei Tage zu bleiben, ein Kanu zu mieten und die nähere Umgebung auf dem Wasserwege zu erforschen. Hällefors ist die Kommune mit den meisten Elchen und Bibern von ganz Schweden. Hier also eventuell zweiter und dritter Tag als Kanutour, die dann, wie selten auf einer Wanderung möglich, den Aufenthalt in der Natur vollends abrundet.

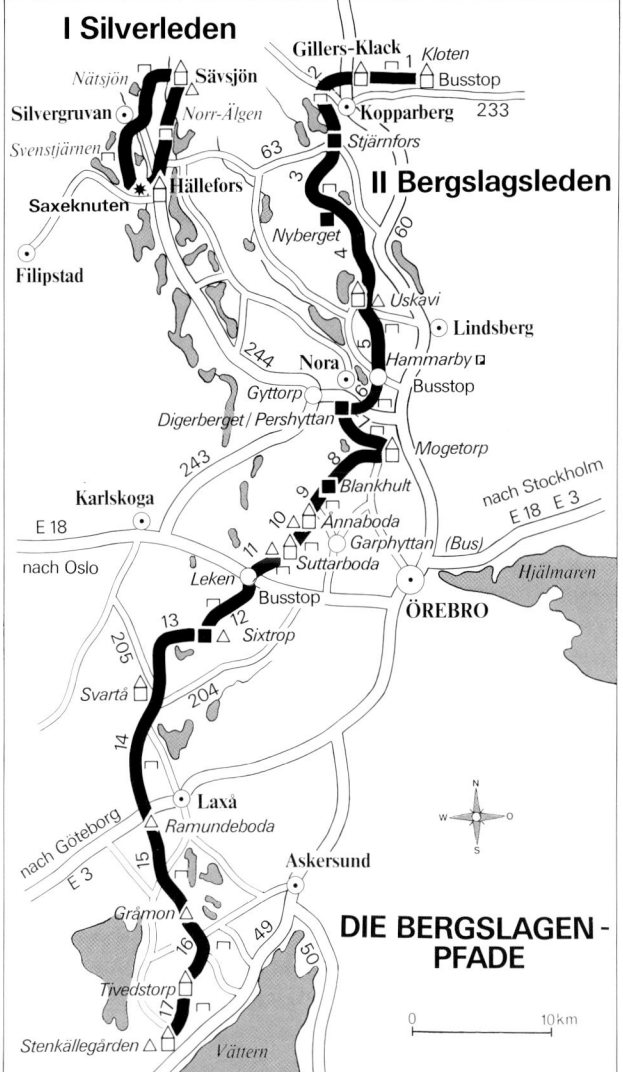

2./4. Tag: *Bergslagsgården–Svenstjärnen-See, 24 km, 8 Std.*

Nur anderthalb Kilometer weiter befindet sich noch ein ausgezeichneter Zeltplatz und Windschutz am Südufer des *Övre Sävsjön*. Von da an verläuft der Silverleden zwar noch kurze Zeit nach Westen, schwenkt dann aber eindeutig in südliche Richtung um. Die Strecke steigt dabei kräftig bergan und führt über die *Björnhöiden-Anhöhe*. Hier unbedingt bei der Markierung des Weges bleiben, denn entlang der Route befinden sich Überreste von Silbergruben (1550–1880). Schließlich finden wir am Südostende des *Nätsjön-Sees* wiederum einen Windschutz (9 km ab Bergslagsgården). Nun führt uns die Markierung kurzzeitig zur Straße Hällefors-Sävsjön, doch schon nach wenigen hundert Metern zweigt der Weg westwärts bzw. südlich der Silverknuten-Anhöhe nach *Silvergruvan* ab. In dieser Umgebung gibt es eine Menge ausgedienter Silbergruben. Anschließend geht es über den *Svartälven* (Brücke) auf die *Dammshöjden-Erhebung* zu. Der Anstieg zum Bergkamm ist ziemlich anstrengend, doch oben hat man eine prächtige Aussicht auf die Bergsladen-Wälder. Danach verläuft die Route durch den Wald abwärts und führt an den Lilla- und Stora-Rotjärnen-Seen nach Süden. Wenn wir anschließend den Svenstjärnen-See an seinem Ostufer umgangen haben, finden wir am Südende einen Windschutz.

3./5. Tag: *Svenstjärnen-Windschutz–Hällefors, 10 km, 3½ Std.*

Nun sind es zwar nur noch zehn Kilometer bis Hällefors, doch der Pfad, leicht südöstlich schwenkend, wartet in seinem letzten Teil mit einigen anstrengenden Steigungen auf. Zwischendurch berühren wir einen Waldweg, der uns zur Knuthöjden-Siedlung führen würde (und von dort nach Hällefors), der eigentliche Silverleden verläuft aber bis zum *Saxeknuten-Berg* (bei den Steinbrüchen aufpassen!). Dort geht es dann kräftig abfallend durch den Krokbornspark, am Eisenhütten-Werk vorbei, ins Ortszentrum von *Hällefors*.

32. Die Bergslagen-Pfade II
Der Bergslagsleden

Von Kloten nach Stenkällegården

Tourenschlüssel   (S)

3–17 Tage, 41–284 km, leicht – mittelschwer
Gummistiefel oder Bergstiefel
Zelttour, als Hüttentour möglich
Beste Zeit: 25. 5.–5. 10.
Karten: Im Faltblatt der jeweiligen
Tagesetappe enthalten (1:50 000)

Der Bergslagsleden ist seit Sommer 1980 fertiggestellt, insgesamt 284 km lang, deutlich markiert und durchquert den gesamten Örebro-Län (Län = Provinz). Der Pfad ist in 17 Tagesetappen eingeteilt, die man sowohl separat als auch kombiniert gehen kann. Voraussetzung ist, daß man sich an die angegebenen Adressen wendet, um das vollständige Informationsmaterial vor Beginn der Tour in Händen zu haben. Für jede einzelne Tagesetappe gibt es ein sehr gutes Informationsfaltblatt mit Karte 1:50 000 und allen notwendigen Angaben. Leider sind diese Faltblätter vorerst nur in Schwedisch erhältlich, aber mit der Zeit kann man das Wissenswerte schon herauslesen. Vor allem sollte man sich jedoch an Ort und Stelle mit dem Touristenbüro in Örebro unterhalten und alle Fragen bezüglich der Hütten und Schlüssel etc. abklären.

Vorschlag: *Teilstrecke Digerberget–Ånnaboda*

Einer der beliebtesten Abschnitte ist eine Drei-Tages-Tour auf den Etappen 7, 8 und 9. Die Wanderung verläuft in unschwierigem, flachen Gelände, durch waldreiche, schöne Natur, berührt dabei aber das für Bergslagen so typische Bergbau-Milieu mit alten Gruben, Reit- und Fahrwegen. Die drei Tagesetappen sind insgesamt 41 Kilometer lang.

1. Tag: Mit dem Läns-Bus (Buslinie des Bezirks Örebro) von

Örebro nach Nora. Wanderung *von Digerberget nach Mogetorp* (16 km). Abendessen und Übernachtung im »Wirtshaus Mogetorp«.

2. Tag: Frühstück. Wanderung *von Mogetorp nach Blankhult* (15 km). Einfachere Übernachtung im »Blankhults Friluftgård«. Selbsthaushalt. Mit dem Örebro-Touristenbüro vorher organisieren.

3. Tag: Die letzte Tagesetappe geht *von Blankhult bis Ånnaboda* (10 km). Vor der Bus-Rückreise nach Örebro kann man in Ånnaboda gut essen. Der Läns-Bus fährt nur sonntags ab Ånnaboda. An allen anderen Tagen müssen wir noch drei Kilometer bis nach Garphyttan wandern.

Und hier die **Gesamtübersicht** der Längen bzw. Schwierigkeitsgrade aller Etappen. Zwar liegen alle Tagestouren im Rahmen von leicht bis mittelschwer, doch haben wir der genaueren Definition wegen drei unterschiedliche Richtwerte angegeben.

Etappe 1: Kloten–Gillersklack, 21 km, anstrengend
Etappe 2: Gillersklack–Stjärnfors, 17 km, normal
Etappe 3: Stjärnfors–Nyberget, 23 km, anstrengend
Etappe 4: Nyberget–Uskavi, 24 km, anstrengend
Etappe 5: Uskavi–Hammarby, 17 km, normal
Etappe 6: Hammarby–Digerberget, 14 km, leicht
Etappe 7: Digerberget–Mogetorp, 16 km, normal
Etappe 8: Mogetorp–Blankhult, 15 km, normal
Etappe 9: Blankhult–Ånnaboda, 10 km, normal
Etappe 10: Ånnaboda–Suttarboda, 7 km, leicht
Etappe 11: Suttarboda–Leken, 13 km, normal
Etappe 12: Leken–Sixtorp, 20 km, anstrengend
Etappe 13: Sixtorp–Svartå-Herrgård, 29 km, normal
Etappe 14: Svartå-Herrgård–Ramundeboda, 19 km, normal
Etappe 15: Ramundeboda–Gråmon, 23 km, anstrengend
Etappe 16: Gråmon–Tivedstorp, 14 km, leicht
Etappe 17: Tivedstorp–Stenkällegården, 12 km, leicht

Touristische Angaben: Bergslagen-Pfade I+II

Weitere Informationen (Prospekte, Karten usw.): »*Silverleden*«: Hällefors Turistbyrå, Sikforsvägen 19, S-71200 Hällefors. »*Bergslagsleden*«: Örebro Läns Turistnämd, Box 1816, S-70118 Örebro. Die Adresse in Örebro ist das »Kreis-Touristenbüro« für den gesamten Örebro-Län und beantwortet auch alle anderen Fragen bezüglich eines Urlaubs im Bergslagen-Distrikt.

Hinweis: Meist ab Mitte September beginnt die Elch-Jagd. Es ist nicht ratsam, auf diesen Pfaden mit unauffälliger Kleidung zu wandern. Eine knallrote Jacke oder Mütze ist empfehlenswert.

Oben: Die »Violett-Heide«, Phyllodoce coerulea.
Unten links: Ein Storchschnabel-Blatt im herbstlichen Rot.
Unten rechts: Die »Hjortron«-Beere (schwedisch) heißt auf norwegisch »Molte«, in Finnland nennt man sie »Lakka« und in englisch »Cloudberry«. Im Deutschen gibt es keine exakte Entsprechung, in letzter Zeit allerdings spricht man immer öfter von der »Torfmoorbeere«. Etwas ungewöhnlich: rote Hjortrons sind noch unreif, aber blaßorange sind sie reif und zuckersüß.

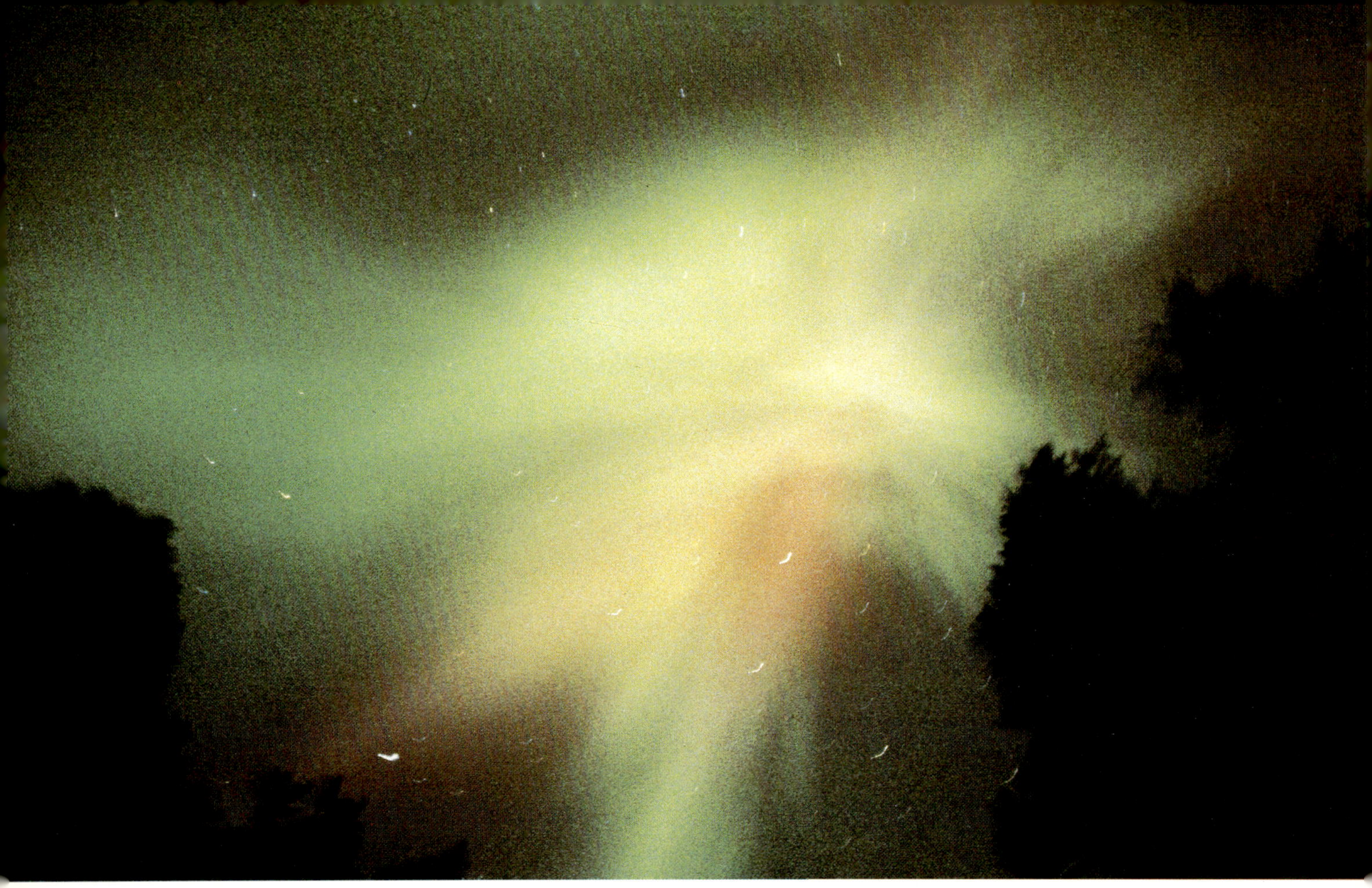
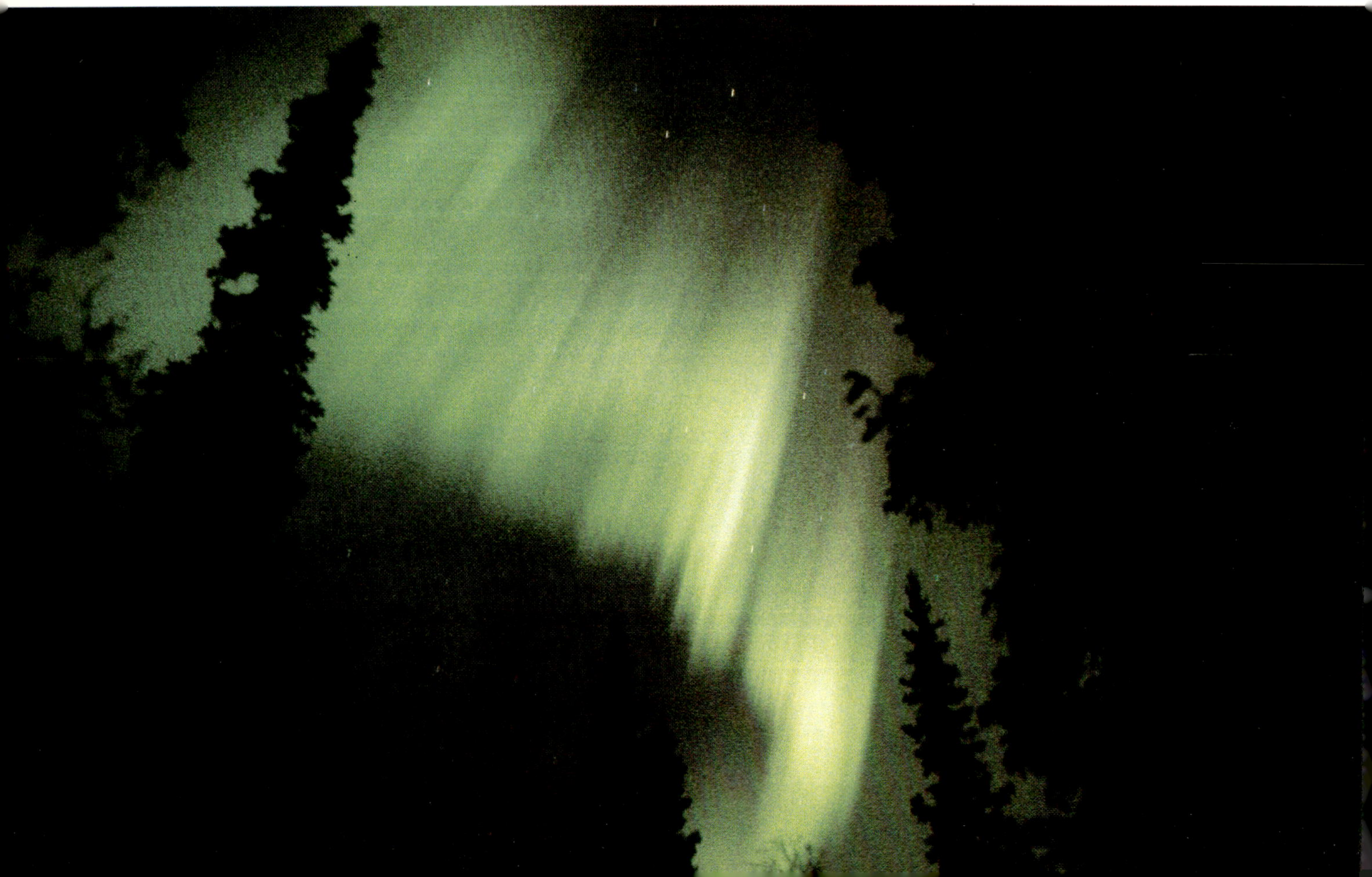

Nachwort

»Ich habe immer darauf hingewiesen, daß es nicht so leicht ist, die Samen mit den amerikanischen Indianern zu vergleichen. Denn es ist ein schwarzer Fleck in Amerikas Geschichte, daß die jeweiligen Regierungen immer wieder mit Waffen und Gewalt die Verträge gebrochen haben, die andere Regierungen vor ihnen mit den Indianern abgeschlossen hatten. Tatsächlich ist Schweden in einem Punkt zivilisierter: Man legt großen Wert darauf, daß alles gerecht und legal zugeht, bevor jemand zu schießen beginnt.«

Hugh Beach, Anthropologe (Harvard University).
Aus »Norrbottens-Kuriren« vom 11. 9. 1974.

Die nachfolgende Betrachtung **zur Situation der Samen (Lappen)** konzentriert sich deshalb auf Schweden, weil nur dort deutliche Konturen sichtbar sind, die die enorm komplizierte Problematik zwischen Samen und Skandinaviern verständlich machen.

Da die Samen, anders als die sich wehrenden nordamerikanischen Indianer, nie ein kriegerisches Volk waren, liest sich ihre Geschichte wie ein bitteres Rückzugsgefecht gegenüber der aus dem Süden vordringenden »Zivilisation«. Auch wenn im Nordeuropa von heute die Beziehungen zwischen Samen und Skandinaviern selbstverständlich liberal-demokratischen Charakter haben und nachweislich nach Verständigungswegen und Lösungen gesucht wird, unterschwellig gärt es doch, örtlich ist die Atmosphäre zuweilen regelrecht vergiftet. War es früher einmal – einhergehend mit der »Kolonisation« des Nordens – eine recht rabiate Christianisierungs-Politik, so sind das heute die Interessen der Forst- und Wasserkraftwerks-Wirtschaft. Morgen wird es Öl und Gas sein; Lappland ist schließlich ein Land der Ressourcen. Und, ob man es wahrhaben will oder nicht, Nordschweden ist im Denken und Handeln des Südens noch immer »Kolonie«.

In dieser Situation ist es daher kein Wunder, daß bestehende oder historische Vertragsregelungen immer mehr unter Druck geraten. Für einen Same jedoch, der schon immer gefischt, schon immer gejagt, schon immer Rentierzucht in seinem eigenen Land betrieben hat, ist diese Lebensweise kein »Privileg«, sondern (s)ein »natürliches Recht«. Und dieses Recht kann nun mal nur bewahrt werden, wenn wir im Süden – die Nationalität ist dabei gleichgültig – einsehen können, daß Lappland untergeht, wenn auch nur ein paar tausend Nichtsamen jagen, fischen, Hütten bauen oder Rentierzucht betrei-

Wie ein magischer Zauber schwirrt das Nordlicht über den Nachthimmel. Ab Anfang September ist es mit Sicherheit überall nördlich des Polarkreises zu sehen. Ein rotes Nordlicht ist allerdings außergewöhnlich.

ben dürfen. Aus samischer Sicht haben »wir« ja schon längst bewiesen, wie man die Zukunft Lapplands zu gestalten gedenkt. Es gibt in ganz Nordschweden nur noch zwei große, wilde Flüsse. Alle anderen Gewässer, vorläufig zumeist noch außerhalb der Gebirge, sind in einer zusammenhängenden Kette von Wasserkraftwerken und Staudämmen nutzbar gemacht. Darüber hinaus frißt sich die Forstwirtschaft immer tiefer in alte, angestammte Rentierweideplätze (jenseits der sog. »Odlingsgräns«), die im Frühjahr (Kälbergeburt) und Herbst (Brunftzeit) wechselseitig gebraucht werden. Zwar besteht in Schweden ein Gesetz über die Rentierzucht, das den Samen Exklusivrechte zusichert; das Gesetz gibt der Regierung allerdings auch die Möglichkeit, das Recht zu Rentierzucht in bestimmten Gebieten aufzuheben, die »für Zwecke von wesentlicher Bedeutung für die Allgemeinheit« benötigt werden. Und damit beginnen die Differenzen.

Zu einer recht heftigen Auseinandersetzung zwischen den schwedischen Regionalbehörden und den Samen kam es im Sommer 1982, als das Rentierzuchtgesetz übertrieben genau angewandt wurde. Ausschlaggebend dafür war die Handhabung der »Odlingsgräns« (wörtl. Urbarmachungsgrenze). Jenseits dieser Linie sollte es eigentlich keine Landwirtschaft, keine Wasserkraftwerke etc. geben. Diesseits der Grenze darf jedes herumstreunende Rentier, das nach dem 1. Mai angetroffen wird, theoretisch abgeschossen werden.

Wohl aufgrund schon lang anhaltender, lokaler Interessengegensätze kam es im August 1982 im Bezirk Västerbotten zu einem harten Beschluß der Provinzregierung. Es wurden Jägertrupps aufgestellt, die herumstreunende Rentiere abschossen und zur Zwangsschlachtung überstellten. Die Begleitumstände dieser Rentierjagd hatten den bitteren Beigeschmack von lange aufgestautem »Heimzahlen«. Plötzlich tauchten sogar längst vergessene Schimpfworte wie »Lappdjävlar« (Lappenteufel) wieder auf. Was Wunder also, daß durch die Samengemeinden ein Aufschrei an ohnmächtiger Wut lief. Sie wußten ja schon, daß sie nördlich der Odlingsgräns machtlos sind, um den Bau von Wasserkraftwerken zu stoppen, sie wußten aber noch nicht, daß sie auch machtlos sind, wenn südlich dieser Grenze ihre eigenen Rentiere abgeschossen werden. Denn – so schnell wird Zynismus zur Wirklichkeit – »man legt großen Wert darauf, daß alles gerecht und legal zugeht, bevor jemand zu schießen beginnt«. Ich möchte daher mit den Worten des samischen Dichters Paulus Utsi enden:

> »Solange wir Wasser haben,
> wo der Fisch lebt –
> solange wir Land haben,
> wo das Ren weidet und wandert –
> solange wir Grund und Boden haben,
> wo das Wild sich verbergen kann,
> haben wir Trost auf dieser Erde.«

Nationalparks und Naturreservate

Wir können bei der großen Anzahl von Nationalparks und Schutzgebieten keine bis ins letzte Detail gehende Übersicht geben, sondern konzentrieren uns auf die für Skandinavien-Besucher wichtigsten Punkte. Für all diese Parks, Reservate und anderen Schutzgebiete gibt es in allen drei Ländern spezielle Prospekte und Broschüren (über die Fremdenverkehrsämter erhältlich), die fast immer auch in Deutsch vorliegen.

Nationalpark

Hiermit soll eine größere oder landschaftlich einmalige Region in ihrem natürlichen Zustand bewahrt werden. Das entsprechende Gebiet darf oder soll der Allgemeinheit zugänglich gemacht werden, wenn dabei der ursprüngliche Charakter nicht verlorengeht.

Naturreservat

Schutzbereich für eine Landschaft von wesentlicher Bedeutung entweder a) für die Vermittlung von Kenntnissen über die jeweils landestypische Natur oder b) für das »Freiluftleben« der Bevölkerung. »Freiluftleben« wird hier als Sammelbegriff für zum Beispiel Wandern, Kanufahren, Skifahren, Angeln etc. verstanden.

Beim Aufenthalt in Nationalparks gelten – für alle drei Länder allgemein – folgende Verbote und Gebote, die man gern auch auf Naturreservate ausgedehnt sieht.

Folgendes ist erlaubt:

1. Das Zelten. In Finnland jedoch nur an den dafür kenntlich gemachten Zelt- oder Rastplätzen.
2. Im Notfall Zweige und Äste für ein Feuer oder für den Bau eines Witterungsschutzes zu verwenden.
3. Das Pflücken von Beeren für den unmittelbaren Verzehr.
4. Das Töten eines Tieres in Notwehr, bei Angriff auf eine Person oder Eigentum.
5. Das Mitführen von Zughunden/Schlittenhunden, meistens in der Zeit von 1. Januar bis 30. April, unter der Voraussetzung, daß sie ständig unter Aufsicht gehalten werden (vor Ort genau erkundigen). Ausnahmen gibt es für bestimmte Samengemeinden.
6. Mitgebrachte Reittiere oder Lasttiere während des Aufenthalts oder der Durchquerung eines Nationalparks weiden zu lassen (vor Ort genau erkundigen).

Vorhergehende Doppelseite:
Der Pielinen-See bei Koli.

Der »Tvinnevoss« nördlich der Hardangervidda bei Voss.

Folgendes ist verboten:

1. Das Beschädigen oder Zerstören der Bodenfläche, fester Naturformationen oder das Entfernen und Abtransportieren von Mineralien.
2. Das Fällen oder Beschädigen von lebenden oder toten Bäumen und Büschen, ebenso das Entfernen von Pflanzen oder Pflanzenteilen.
3. Das Fischen ohne besondere Genehmigung.
4. Das Jagen, Fangen oder absichtliche Töten von wilden Tieren oder das Abtransportieren von getöteten oder gefangenen Tieren. Ebenso das Beschädigen oder Fortführen von Vogeleiern, Fischlaich, Nestern und Bauten.
5. Das Bauen oder Errichten einer Hütte oder eines Wohnhauses; die Urbarmachung für landwirtschaftliche Nutzung, das Anlegen von Viehweiden. Ausnahmen gibt es nur für staatliche Naturschutzbehörden oder teilweise für die Samen.
6. Das Mitführen eines Hundes (siehe »Folgendes ist erlaubt«).
7. Das Benützen von motorgetriebenen Fahrzeugen, Motorbooten oder das Landen von Luftfahrzeugen. Ausnahmen für staatliche Stellen bzw. Polizei oder Rettungsdienste, Samen und in einigen Fällen für bestimmte Flugverbindungen zu samischen Sommerlagern.

Adressen der skandinavischen Fremdenverkehrsbüros

Finnisches Fremdenverkehrsamt
Georgsplatz 1
2000 Hamburg 1

Finnisches Fremdenverkehrsamt
Franzstraße 5
8000 München 40

Norwegisches Fremdenverkehrsamt
Hermannstraße 32
2000 Hamburg 1

Schwedische
Touristik-Information
Glockengießerwall 2–4
2000 Hamburg 1

In Landkarten gebrauchte Begriffe

Deutsch	Schwedisch	Norwegisch	Finnisch	Samisch
Abhang/ Steilhang	slänt, sluttning, klippbrant	bakke, hallet, halline li, lii, lia	rinne, jyrkänne	pakte, bákti
Ausläufer	utlöpare	aksla, utløper	sivuhaara	njunis
Bach	bäkken, bäck	bekken, å, åi, åa, åni	puro	jåkka, jåkkå, jåk-kåtj, johka, jogaš, jokk
Berg(e), Gebirge	berg fjäll	berget, bergi fjell	tunturi	tuoddar, tuottar, duoddar, várri, åive, oaivvi
Bergrücken	bergsrygg	hei, heiane, ås, åsen	tunturinselänne	tjarro, čorru
Bucht	vik, viken, bukt	våg, vågen, vik, vika, viki	lahti	luokta, luovtta
Brücke	bro	bru	silta	—
Fluß	älv, älven, flod	elv, elva, elvi	joki	ätno, äno, eatnu, eanu
Gebirgskamm	bergskam	ryggen, egg, egga, eggi	vuorenselänne	—
Geröllhalde	rullstens-sluttning ·	ur, urd, urdi, urda	kivikkorinne	—
Gipfel	topp, toppen, bergspets, krön	hö, höene, högda, högdane, nibba, nut, nuten, nutane, pigg, piggen, tind, tinden, tindane, topp	kero vuorenhuippu	kaise, gáisi, gáissi, tjåkka, tjåkkå, čohkka, čohka
Gletscher	glaciär, jökel	jökul, bre, breen	jäätikkö	jägna, jiekna
groß	stor	stor	suuri	stuore, stuorra
Höhe, Anhöhe, Hügel	kulle, backen knalle, höjd	haug, haugen, hau-gane, hovd, hovda, hö, höene, högda, högdane, hoyde	vaara	vare, tieva, dievva
Hütte, Hütten	Stuga, Stugorna	hytte, hyttene	Autiotupa, Varaustupa, Kämppa	—

Deutsch	Schwedisch	Norwegisch	Finnisch	Samisch
Insel	ö, holme	holmen, öy, öya, yni	saari	suolu, suoloi, sullu
Kar	Nischdal	botn, botnane	sammio	—
klein	liten, mindre	litle, liten	pieni	unna, unni, utse, uhoi
kurz	kort	kort	lyhyt	—
Land	land, jord	land, jord	maa	ätna, eatnan, eatnama
Landenge	udde, näs	eid, eidet	kannas	njarga
Landzunge	landtunga, näs	tangen, nes, odde	niemeke	njarka, njárgga
lang	lang	lang	pitkä	kukkes, guhkis
Loch, Höhle	grop, håla, hål, grotta	dokk, dokki, hull, grop	kolo, luola	—
Meer	hav	hav	meri	mearra
mittel	mellan, medel	mellom, middels	keski	kaska, gaska
Moor	myr, mosse, kärr	myr	suo	jeaggi, ape, åhpi
Nationalpark	nationalpark	nasjonalpark	Kansallispuisto	—
Norden, nördlich	norr, nordlig	nordre, nord	Pohjoinen, pohjois	nuorta
Osten, östlich	öster, östlig	austre, öst, östre	Itä, itäinen	lule, lulep
ober(e) -es	övre	övre	ylä-	padje, badji
Paß	(berg)pass	döra, skard, skardet, strupen	sola	durrie
Pfad	led	sti	reitti	—
See(n), Teich	sjö, sjöarna, damm	sjö, sjöane, tjörn, tjörnan, vatn, vatnet, vann	järvi, lampi	javrie, jávri, jaure, haure, javraš, luob-bal, luoppal
Schlucht	klyfta, ravin	kløft	Kuru	kårsa, kårså, gorrsa
Stromschnellen, Wasserfall	fors vattenfall	foss	koski, vesiputous	kuoikka, guoikka
Süden, südlich	söder, sydlig	syd, sydlig, söre, sönder	Etelä, eteläinen	årje, årjep
Tal	dal, dalen	dal, dalen	laakso	vagge, vággi
untere, nieder(e) -er	nedre, undre nedersta	nedre	ala-, matala	vuolle, vuolep, vuolib
Urwald, Wald	urskog, skog	urskog, skog	aarniometsä, metsä	vuobme, vuopmi, vuomi
Weite, Ebene	vidd, slätt	vidda	leveys, taso	riidudat
Westen, westlich	väster, västlig	vestre, vest	Länsi, läntinen	alle, alep
Zeltplatz, Lagerplatz	tältplats, lagerplats	teltplass	teltailu, retkeilupaikka	—

Verzeichnis der Touren

Zeichenschlüssel für die Karten im Text

▬▬▬	beschriebene Wanderroute
▬╫▬╫▬	beschriebene Skiroute
‑ ‑ ‑ ‑ ‑	anderer Pfad
═══════	Hauptstraße
▬•••••••▬	Straße mit Busverbindung
════════	Nebenstraße
▬▭▬▭▬	Eisenbahn
☎	Telefonleitung
▬⊥▬	Brücke
⊥ Watstelle	Watstelle
‑ ‑ ‑ ‑	Bootsfahrt (evtl. rudern)
+ + + + +	Ländergrenze
‑•‑•‑•‑	Nationalparkgrenze
⟋⟋⟋	Rentierzaun
🛖	bewirtschaftete Hütte, Hotel
▢	unbewirtschaftete Hütte, offen
▪	unbewirtschaftete Hütte, geschlossen (Schlüssel erforderlich)
⊓	Windschutz/Rastschutz
△	Lagerplatz
⊙	Ort
○	Bauernhof, kleine Siedlung
★	Berggipfel
🅿	mit dem Auto erreichbar
⛵	Landeplatz für Wasserflugzeuge
⋀⋀	Wald
‑‑‑	Sumpfgebiet

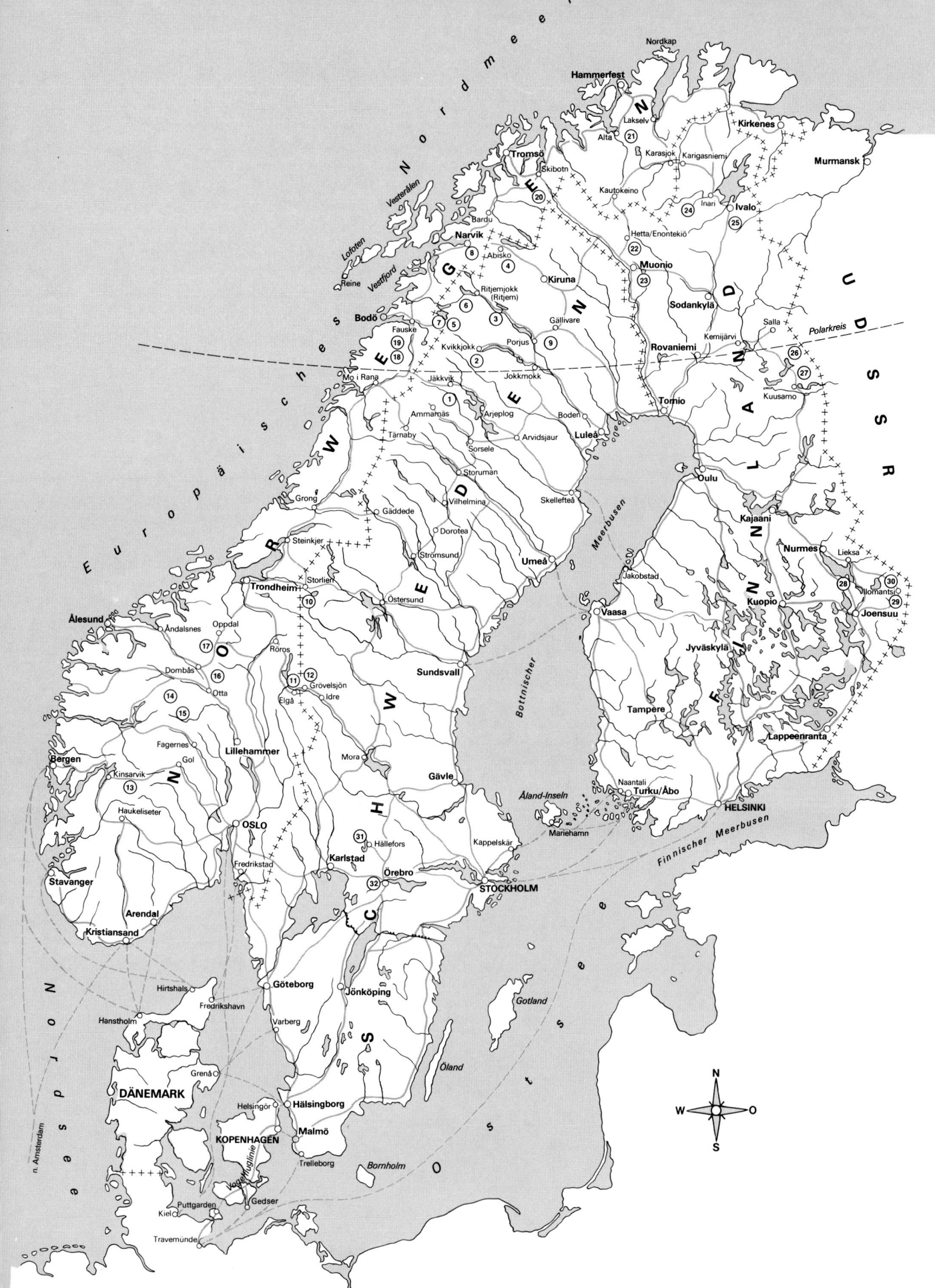

Literaturhinweise

In Norwegisch
Til fots på Hardangervidda, Verlag Gyldendal, Oslo
Til fots i Rondane-Dovrefjell-Trollheimen, Verlag
  Gyldendal, Oslo
Til fots i Femundsmarka og Sylene, Verlag Gyldendal, Oslo
Til fots i Jotunheimen, Verlag Gyldendal, Oslo

In Schwedisch
Växter och djur i fjällen, Bonniers Förlag AB, Stockholm
Fjäll '83 (Hüttenverzeichnis, erscheint jährlich neu), Svenska
  Turistföreningen (STF), Stockholm
Gunnar Östman, Vinter-fjäll, Ultima Thule, Alvesta
Per Stening, Vandra i fjällen, Bonniers Förlag AB, Stockholm
Vandringsleder pa Nordkalotten, Sekretariat des Nordischen
  Ministerrates, Oslo

In Englisch
Mountain Flowers of Scandinavia, Trondhjems Turistfore-
  ning, Trondheim
Finland – The home of cross-country skiing, Suomen Latu,
  Helsinki

In Deutsch
Nordnorwegen, Merian, Hoffman und Campe Verlag, Ham-
  burg
Norwegens Fjordland, Merian, Hoffmann und Campe Verlag,
  Hamburg
Erling Welle-Strand, Bergwandern in Norwegen, Nortra-
  books, Oslo
Schweden, Merian, Hoffmann und Campe Verlag, Hamburg
Wandern in Schweden, Fjäll 87/88 (deutsche Ausgabe von
  »Fjäll '87« des STF), Nordeuropa-Reisehandbuch, Bd. 12,
  Nordis, Düsseldorf
Bengt Edholm und Albert Falck, Padjelanta, Gällivare
Lappland, Time-Life International, Amsterdam
Crottet/Mendez, Lappland, Nymphenburger Verlagshand-
  lung, München
H. O. Meissner, Die überlistete Wildnis, Bertelsmann Verlag,
  Gütersloh
Heinz Volz, Überleben, Walhalla und Praetoria Verlag, Re-
  gensburg
Adolf Mokrejs, Zeltwandern heute, Ein Ratgeber für Wande-
  rungen, Bergfahrten und Trekkingtouren, F. Bruckmann
  Verlag, München

Hinweise für den Leser

Betrifft: Tschernobyl
Es hat schon fast tragikomische Züge, wenn wir heute sagen
können: Keines der von uns vorgestellten Wandergebiete lag/
liegt im Zentrum des »Tschernobyl-Streifens«, der sich (ab
Stockholm nördlich) etwa auf der Linie Sundsvall – Mo i Rana
(Norw.) erstreckt(e). So haben wir es bei der bisherigen Tourenauswahl belassen. Weite Teile – praktisch alles nördlich
des Polarkreises – waren im Jahre 1986 mit Cäsium 137 zwischen 0–2 Kilobecquerel pro m^2 belastet; südlich und nördlich der angegebenen Linie stieg die Belastung auf 3–5 kBq/m^2
(teilweise Tour 1, 10, 11, 12) und lag damit noch unter den
Werten von z. B. Oberschwaben und Allgäu. In diesen Tou-
rengebieten würde ich den Konsum von Beeren, Fischen und
Pilzen etwas reduzieren.
Wen es allerdings schwerwiegend getroffen hat, sind die Samen im südlichen Lappland, die ihre Rentiere größtenteils zur
Schlachtbank führen mußten. Nachdem sich aber abzeichne-
te, welche finanziellen Belastungen da auf den schwedischen
Staat zukommen (könnten), hat man Rentiere nicht mehr in
der für ganz Schweden gültigen Liste der »Grundnahrungsmit-
tel« (Höchstbelastung: 300 Bq.) geführt/aufgenommen.

* * *

Wenn Sie, lieber Leser, Abweichungen von den beschriebenen Tatsachen feststellen sollten, wären wir für eine Mittei-
lung dankbar. Durch Eisbruch, Sturm- und Hochwasserschä-
den gibt es hin und wieder Veränderungen im Wegeverlauf.

Autor und Verlag

Bildnachweis

Ewald Dotzauer, München 60; Helge Sunde, Nesttun
(Norwegen) 78, 80, 84, 85, 87, 109, 110/111, 113.
Alle übrigen Aufnahmen stammen vom Autor.

Die Kartenskizzen zeichnete Evelyn Bayer, Röhrmoos, die
Darstellungen im Einführungsteil Otto Glombinski, München.